Le strade
451

I edizione: novembre 2020

Via Isonzo 42, Roma

ISBN 978-88-9325-845-6

www.fazieditore.it

In relazione all'immagine di copertina, l'editore è a disposizione degli aventi diritto che non è riuscito a rintracciare.

Saverio Simonelli

Cercando Beethoven

Fazi Editore

Alcuni personaggi presenti nel libro sono stati inseriti per esigenze narrative. Qualcuno, seppur realmente esistito, poteva trovarsi altrove in quegli anni.

Tutto quello che faccio,
a parte la musica,
è stupido e mal fatto.

LUDWIG VAN BEETHOVEN

PRIMA PARTE

Heiligenstadt, 26 marzo 1827

Heiligenstadt, agosto 1808

1

Quando c'è la luna il silenzio è perfetto. E in silenzio io la guardo, attraverso il cristallo del mio calice. Lo sollevo alla giusta altezza così sembra si unisca al mio brindisi, con la sua faccia d'argento.

Ho preteso di avere un calice così: snello e prezioso. Il vecchio Manfred voleva darmi uno dei suoi boccali ma io no, gli ho detto, che li lasci pure agli ubriaconi di passaggio alla sua locanda; a me serviva una cosa degna dell'uomo alla cui memoria sto brindando, un sovrappiù per quel luogo così come un sovrappiù per il mondo è stata la sua musica.

Da oltre un'ora ha smesso di piovere. Sull'erba il vapore finge di essere già nuvole e una brezza prova a sussurrare tra i rami degli alberi, ma non può fare molto. Le gemme sono ancora neonate, le cedono facilmente senza opporre resistenza. Senza far rumore.

Ci sono solo io, questo calice di mosto e la luna.

Venti anni fa, all'inizio della storia che sto iniziando a raccontare, l'atmosfera era molto diversa anche se stavo seduto pressappoco in questo punto. Era estate però e l'erba era percorsa da piccole vite affaccendate. Di fronte, un gruppo di musicisti aveva appena concluso un pezzo. Mancava poco al tramonto.

È bello il momento in cui la musica lascia il campo al

silenzio e gli si affida. Il mio maestro all'epoca mi diceva sempre di rimanere concentrato anche oltre l'ultima nota. Perché anche il silenzio, quel silenzio lì, tu devi suonarlo, insisteva.

Perché c'è piacere nel silenzio dopo la musica. È musica di quella stessa musica.

Quando parlava così mica lo seguivo tanto, io. Anzi, tra me e me credevo si atteggiasse troppo. Ma lì, sotto un albero a pochi metri di distanza da una stazione di posta, mentre quei musicisti di strada stavano smontando prima di ripartire verso chissà dove, proprio lì, dicevo, stavo iniziando a capirlo.

Reduce com'ero da una serie di lezioni ammanierate, tra parrucche e redingote, mi aveva sedotto la genuinità di quell'ensemble. Erano liberi, non c'era un'altra parola per definirne lo spirito. Stavano solo offrendo qualche minuto di piacere in cambio di una moneta. Al buon cuore di chi passava per di là. Quello volevano. Nulla di più. E quel piacere persisteva oltre la musica.

Intanto il primo violino, quello che li aveva diretti, si stava voltando a destra e a sinistra complimentandosi. Così mi sembrò carino da parte mia mettere da parte le riflessioni e ricompensarli con un paio di fiorini. Subito dopo anche due giovani signore che come me aspettavano la carrozza al cambio dei cavalli fecero lo stesso.

Lui ci ringraziò con un inchino profondo di grande eleganza. Era un uomo giovane, alto, dal fisico molto asciutto, i capelli lunghi e legati dietro la nuca. Indossava una camicia bianca con ampie maniche a sbuffo e un gilet marrone sopra un paio di pantaloni esageratamente larghi al cavallo, eppure aveva dei modi che tradivano nobiltà e compostezza, un profondo senso di armonia tra l'uomo e il musicista, perché solo un musicista di un certo calibro avrebbe saputo tirare fuori un'esecuzione più che dignitosa in quelle condizioni di precarietà, tra starnazzare di oche e belati di capre, mentre l'olezzo di vacca sconsigliava soste troppo prolungate.

Mentre riponevano gli strumenti gli chiesi se era il *Settimino* di Beethoven quello che avevano eseguito. Lui si voltò con un sorriso compiaciuto ma si mise anche sulla difensiva, un po' seccato – non saprei dire meglio – e senza rispondermi direttamente mi chiese se anch'io fossi musicista.

Non sono un ipocrita ma gli risposi che per me quella definizione era eccessiva, tutt'al più mi consideravo un apprendista con la fortuna di avere trovato qualche buon insegnante. Buono, ma soprattutto paziente. Poi mi presentai.

Lui sorrise, in maniera più convinta.

Si chiamava Andreas Janowsky, mi disse, e con i suoi compagni stava andando a Vienna. Lungo la strada si erano fermati vicino ad alcune locande per alzare qualche soldo. Gli occhi grigi, mobilissimi, ora mi inquadravano di sfuggita, ora vagavano altrove; esprimevano, pensai, una frenesia così inconsueta in quel colore tenue e riposante.

Io invece stavo aspettando l'arrivo di mio fratello Kaspar che faceva il medico a Jena e sarebbe giunto di lì a poco con il postale. Aggiunsi che ero in villeggiatura con mia madre a Heiligenstadt da pochi giorni, ma mentre stavo per dargli qualche altro dettaglio mi fermò. Si avvicinò e mi mise una mano sulla spalla. Un gesto di familiarità che non mi aspettavo.

«Sappiate comunque che musicista non è mai una parola esagerata», disse deciso e perentorio. «È pittore chi affresca la Cappella Sistina e chi dipinge un'edicoletta di campagna. E lo stesso vale per la musica. Non ci sono graduatorie con l'arte. Conta quello che si vuole dire».

«Avete ragione», replicai senza sottrarmi alla presa. «È anche quello che dice il mio maestro».

«Mi fa piacere. Piacere per voi. Magari allora la vostra umiltà non è frutto del suo atteggiamento».

«No. No. Direi proprio di no».

«Siete fortunato, dunque».

«Credo proprio di esserlo. La musica mi interessa più di ogni altra cosa. Penso sia lo stesso per voi».

Annuì stringendo le labbra e con un cenno sbrigativo del capo. Si chinò e sistemò lo strumento dentro la custodia. Quindi raccolse da terra una sacca di cuoio e ci infilò dentro il tutto. Poi si voltò di nuovo verso di me.

«Comunque non è da tutti riconoscere un pezzo al primo ascolto, tanto più se così inutile come il *Settimino*».

«Inutile? E allora perché lo suonate?». Me ne uscii così spontaneamente, ma mentre finivo la frase mi resi conto dello sbaglio. Tempi, concetto. Un po' tutto... Mi guardò con degnazione.

«Pensate allora che in quel pezzo miserando ci sia davvero quello che Beethoven vuole dire? Che lo rappresenti? Pensate davvero questo?».

Rimasi in silenzio. Qualsiasi cosa avessi risposto l'avrebbe scontentato. Quello almeno l'avevo capito.

«Ecco, il silenzio è quello che la maggior parte della gente mi riserva quando parlo così. Va bene, mi sono rassegnato. Non preoccupatevi. Forse non è una discussione da fare qui e a quest'ora».

Frattanto gli si era avvicinato il contrabbassista, un ragazzo biondissimo grande e grosso.

«Abbiamo da mangiare per tutti stasera?».

«Mi pare che Queenia sia andata a controllare. Guarda, ha lasciato il clarinetto qui per terra».

La ragazza in realtà non se ne era andata verso il loro carro. Gironzolava ai bordi del boschetto come se stesse inseguendo qualcosa. La lunga gonna nera le lasciava scoperte le caviglie, mentre la camiciola spiccava col suo bianco su quel mosaico di rami e foglie.

Poi si girò e riannodandosi i capelli con un fermaglio si riavvicinò al gruppo. Erano nerissimi, mentre i suoi occhi di un verde tenue, infantile, sotto l'onda folta delle sopracciglia, si accordavano meglio con le guance rosa pallido e un mento rotondo, affabile e gentile. Mi sentii in imbarazzo, però, e cercai il modo di congedarmi. Andreas mi anticipò.

«Perdonateci ma abbiamo un po' di cose da sistemare. Comunque è stato un piacere e mi ha davvero colpito il modo in cui ci avete seguito mentre suonavamo. E per quanto riguarda il *Settimino*, be', magari se ne riparlerà. In ogni caso ho validi motivi per credere che Beethoven sarebbe d'accordo con me. Buon apprendistato nel frattempo, se proprio volete continuare a chiamarlo così».

Gli sorrisi, anche se quell'allusione mi aveva un po' disorientato. Per buona educazione feci comunque un cenno di saluto a quelli della compagnia che erano rimasti nelle vicinanze, poi mi girai per tornare sui miei passi.

Era strano, pensavo, prima aveva detto che nell'arte non ci sono graduatorie, poi invece aveva liquidato il brano di un grande musicista quasi con disprezzo. Quel pezzo poi che si erano impegnati così tanto per eseguire bene. E tutto questo a pochi passi di distanza da dove Beethoven stesso viveva. Forse non ne era al corrente, conclusi.

Proprio in quel momento dalla quercia si alzò il chiacchierio dei grilli. Se quegli altri umani avevano smesso, ora toccava a loro fare musica. E non volevano sfigurare. Il sole non accennava ad abbandonare la scena. L'autunno era ancora lontano.

Ci sono momenti prima di sera in campagna, quando

anche le cose più vicine sembrano proiettate altrove. Immobili e perfettamente scontornate dalla luce. Prima di cedere alla vaghezza diffusa del crepuscolo, i colori hanno qualche istante di totale brillantezza. La grazia non appartiene solo al mattino, pensai.

Camminando lentamente raggiunsi il portico di fronte alla locanda a fianco della stazione di posta. Lì la vita si era ripresa i propri diritti. Alcuni bambini stavano colpendo la vasca di metallo con dei bastoni, due galline razzolavano lì accanto mentre qualcuno all'interno reclamava a gran voce una zuppa.

2

Manfred era un uomo che sapeva andare d'accordo con la vita. Le sue proprietà se le era organizzate per bene. Reduce da una prima parte di esistenza movimentata e varia aveva messo a frutto una serie di esperienze eterogenee, amicizie importanti e qualche buona lettura. Militare, maestro di scuola, tenore dilettante, perfino contabile. Negli anni aveva fatto di quella locanda una piccola azienda agricola. Prima aveva acquisito alcuni appezzamenti di terreno e poi li aveva fatti dissodare così bene che ora presentavano una piacevole varietà di coltivazioni. Possedeva un aratro e una cantina ben fornita e negli anni buoni era in grado di vendere anche qualche botte di vino, oltre quelle che smerciava nella locanda. La figlia maggiore, vedova di un marito caduto in guerra, gli aveva portato però in dote due nipoti robusti e volenterosi. Già dall'età di otto anni avevano iniziato a darsi da fare ogni estate raccogliendo erba e fogliame, radunando le stoppie e trasportando piccoli attrezzi. Quello più grande era già in grado di portare al pascolo lungo i maggesi le quattro mucche acquistate al mercato di Döbling.

Appollaiato dietro al bancone Manfred ora osservava il variopinto campione di umanità in attesa del pasto serale. Lì davanti una coppia sulla sessantina: lui dall'aria tranquilla e distaccata ma rubizzo nel volto solcato in superficie da una cartografia di capillari, fumava la pipa con la pasciuta temperanza del burocrate statale, lei sistemava accuratamente la pettorina damascata che conteneva il décolleté un tempo prodigo e ancora maliziosamente convinto di una remota capacità di attrattiva. Più a destra, un terzetto di studenti che, dopo l'ennesima birra e ancora a stomaco vuoto, sbeffeggiava le posture di un docente. C'erano infine, ma più discosti, altri singoli avventori. Piuttosto anonimi e silenziosi. Il gruppo più originale però era un quintetto di giocatori avvolti in una nuvola di fumo. Gli sguardi affilati, le mani immobili, in attesa, come prima di un duello.

Passai lì accanto, per poi dirigermi poco più avanti nella penombra del locale, dandomi un contegno e tenendomi a distanza da Manfred con il quale, a quanto sapevo, i miei amici avevano una questione in sospeso che risaliva all'estate precedente, quando secondo lui avevano attirato una volpe nel suo pollaio. Lui, che non si era fatto fregare e a colpi di schioppo l'aveva scacciata, era convinto di avere visto tre figure familiari che si erano immediatamente dileguate. Chissà perché temevo di essere scambiato per uno di loro. Poi improvvisamente l'atmosfera al tavolo da gioco si animò.

«Come al solito mi hai imbrogliato», protestò tra le risate degli altri un tipo con i baffetti sottili e due occhi piccoli che strizzava ancora di più per il fumo e il disappunto.

Quello che teneva il mazzo aveva sollevato l'ultima carta dal tavolo e gli aveva allungato una monetina da mezzo fiorino. Parlava più piano ma sembrava volesse rispiegargli le regole del gioco. Un terzo giocatore, che a differenza degli altri sedeva del tutto pacificato con la sorte, sorrideva con le spalle adagiate perfettamente allo schienale. Con la mano sinistra continuava a stuzzicarsi le labbra, mentre la destra pescava nella tasca del panciotto.

«E poi è colpa sua se l'ho presa... lui e le sue storie. Evidentemente stanno d'accordo», proseguì l'ometto baffuto indicando Manfred che alzò gli occhi al cielo, fingendo di essere colpito dall'illazione. In realtà non vedeva l'ora di essere coinvolto.

«Se cominciamo così non la finiamo più però...», interloquì un altro.

«Eh no, signori, prego parlate... di che storie si tratta?», lo interruppe un quarto giocatore dall'aspetto forestiero. Pensai che fosse il classico frequentatore di locande che appena ne ha l'occasione millanta esperienze strabilianti perché conosce il mondo. E coglie ogni occasione buona per far suo un aneddoto nuovo.

«*Ssh*», lo zittì il mazziere. «Manfred non aspetta altro. È uno di quei locandieri che amano ripetere le loro storie fino alla noia. E su quelle più lontane ha una memoria di ferro».

Manfred però si stava impossessando della scena e delle carte raccattandole dal tavolo da gioco. Con la manualità sapiente del giocatore consumato le mischiò a lungo per squadernarne poi quattro. Variopinte, misteriose e intriganti come dei tarocchi. Sapeva bene quanto contribuissero all'attrattiva del suo locale, con quel tocco di mistero che non guastava.

Il mazziere lo guardò rassegnato, riprendendo meccanicamente a impilare le monete dal basso in alto, in ordine decrescente secondo il loro diametro. Quella era la realtà, pareva dirgli, e al diavolo le storie.

«Guardate qui e poi alla parete, nella teca», esclamò Manfred con tono solenne.

Nessuno dei giocatori sollevò lo sguardo tranne il forestiero. In compenso si era formato intorno al tavolo un discreto capannello. Con la coda dell'occhio vidi entrare Kaspar. Gli feci cenno di raggiungermi.

«Sono dello stesso tipo o no?», proseguì Manfred e poi fece quasi per afferrargli un braccio. «Comprese le primule…».

Il forestiero annuì, l'aria sorniona ma interrogativa.

«Poi c'è il maresciallo, l'infante e la piramide. Sono le mie magnifiche quattro».

«Quindi quelle con cui giochiamo sono delle copie?», chiese.

«E certo, col tempo ne hanno fatte diverse, oltre a quelle del Cigno».

«Doveva fare l'attore, il vecchio», bisbigliò il mazziere all'orecchio del vicino. «Guarda come lo tiene sulla corda…».

«Perdonatemi, ma qui nel mazzo non vedo cigni», riprese lo straniero.

Manfred quasi gli rise in faccia. Anche l'altro di fronte a lui alzò gli occhi al cielo.

«Voi dunque non sapete a chi mi riferisco quando dico il Cigno? Va meglio se aggiungo il Cigno di Salisburgo?».

Con una pausa teatrale, studiata ad arte, sembrò gonfiarsi e levitare sul tavolo con tutta la sua mole che però pareva leggera come una mongolfiera.

«Eppure era seduto proprio lì, al vostro posto».

«Anche questa me l'aspettavo», commentò a bassa voce il mazziere. «Ogni volta cambia sedia pur di non perdersi la battuta».

«Parliamo di Wolfgang Amadeus Mozart, mio signore, questo nome invece vi dice qualcosa? Passò di qua in carne e ossa. E grazie a me che lo andai a salvare tra le brume di un freddissimo inverno».

«Badate bene, l'ultima volta che l'ho sentita era l'estate più calda degli ultimi dieci anni», precisò ancora una volta il mazziere.

«Ma non avete detto che ha una buona memoria?».

«Mai all'altezza del suo egocentrismo».

Nel frattempo Manfred procedeva spedito rievocando il danno occorso alla carrozza che doveva portare Mozart e la sua signora a Praga, poi il loro incontro casuale con uno dei suoi ragazzi di bottega che era subito andato a riferirgli l'accaduto. E allora lui incurante del freddo e della tempesta di neve era partito prontamente con due robuste bestie da tiro per recuperare i coniugi, ricondurli fino alla sua locanda, per poi rifocillarli e offrire loro un tetto per la notte.

«Oltre che un genio, era un uomo di gran cuore», proseguì a voce altissima per soverchiare il brusio crescente del capannello che gli si stava stringendo attorno. «Mi chiese se cinque gulden bastavano per ripagarmi, ma io gli assicurai che avevo solo fatto il mio dovere, soccorrere delle persone era un obbligo morale. Ma lui insisteva e insisteva finché, di punto in bianco, non mi invitò a sedermi al tavolo accanto a sé».

E qui Manfred si fermò per verificare quanto questo espediente narrativo avesse sorpreso l'uditorio, che infatti ammutolì. Alcuni per curiosità, la maggior parte per noia. Tacque anche lui ancora per qualche secondo e riprese fiato. Quindi proseguì, alzando il tono e il pathos del racconto.

«E allora tirò fuori da una sacca le carte, quelle carte». E qui si fermò di nuovo voltandosi lentamente verso la parete dove le magnifiche quattro troneggiavano nella teca dalla cornice dorata.

«E mi disse che a Milano anni prima aveva imparato un gioco, il Mercante in Fiera, e se ne era subito invaghito. Aveva perfino scritto alla sorella a Salisburgo proponendole una partita non appena fosse rientrato a casa. Non so se la fece mai quella partita, ciò che con assoluta certezza posso dirvi è che ne giocò una con me, la moglie e un mio aiutante per spiegarmi le regole».

L'uomo con i baffi provò a inserirsi, ma Manfred lo fulminò con uno sguardo di autentica ferocia. Poi proseguì verso il gran finale.

«In quella partita, dicevo, vinsi quattro dei cinque premi, così Mozart rinfrancato mi disse: "Adesso dovete riscuotere, sono le monete che vi dovevo". Io però fui irremovibile, non le accettai, potevo fare altrimenti?», e qui arrivò, come di prammatica, l'ultima pausa.

«Quelle carte che vedete, quelle carte lì, furono il suo regalo, e io ovviamente le ho sistemate lassù, perché non le toccasse nessuno, tanto più le vostre manacce di vagabondi e farabutti», tuonò, confidando nella risata finale per sublimare la scena.

«Alla tua salute allora!», gridò il mazziere sollevando un calice tra il tripudio generale.

«E a quella del Cigno», disse una voce all'angolo opposto, da dove un secondo dopo si alzò limpido e intonato il terzo tema della *Sinfonia Jupiter*. Era il violino di Andreas.

3

«Li avete conquistati», dissi. «Complimenti davvero. Non mi ero accorto che c'eravate anche voi».

Andreas sorrise.

C'eravamo seduti sotto la pergola. In cielo la luna si alternava alle nuvole. Kaspar fumava un lungo sigaro le cui volute di fumo corpose e filanti contribuivano ad accrescere l'humus poetica dell'atmosfera. L'aria era dolcissima. Nessuno voleva alzarsi.

Io però dentro di me provavo una vaga inquietudine. Quell'uomo mi somministrava quasi con malizia abilità, frasi a effetto, domande e silenzi. E poi quel *coup de théâtre* nella locanda, quella musica sublime offerta a degli avventori casuali. La *Jupiter* la conoscevo bene dalle parole del mio maestro, che diceva di aver visto Mozart mentre la componeva. Diceva pure che la doppia fuga finale era stata scritta di getto. Sulla partitura non c'erano correzioni.

Lo raccontai con una certa enfasi, forse un po' ingenua.

«Questo importa, certo», mi interruppe Andreas. «Ma in questo caso, qual è la differenza con un pezzo dove l'autore è intervenuto cento volte? Ci possono essere tutte le correzioni di questo mondo oppure nessuna. Non è quello che conta».

«Certo. Però fa parte di quello che si dice di Mozart»,

provai a commentare. «Noi invece siamo destinati a sbagliare...».

«Me la propinano da anni questa cosa, da quando ero bambino».

«Dite degli errori?».

«E non pensano a come è fatta la musica».

«In che senso?».

Non rispose. Anzi, abbassò lo sguardo e con un bastoncino che teneva nella mano sinistra si mise a spostare la ghiaia come se volesse scrivere qualcosa. Poi riprese, ma parlando con una nettezza impietosa.

«Quante ore di tecnica fate al giorno? Sapreste dirlo con certezza? Io no. Eppure...».

«Eppure? Cosa volete dire?».

«Nulla. Alla fine di un esercizio cosa resta? Lo ritrovate esattamente quel problema nella pratica? Vi sentite davvero di essere migliorato? C'è sempre altro che non sapevi e che ti capiterà. Parliamo di questo, una buona volta, e lasciamo il sentimento agli scribacchini».

«Non saprei dirvi», non trovai nulla di meglio per commentare. Troppe cose insieme. Lui allora improvvisamente si girò verso mio fratello.

«Avete fatto un buon viaggio da Jena?».

«Be' direi abbastanza, anche se ho dovuto cambiare tre carrozze, pagare secondo me troppo dei postiglioni indolenti che si fermavano in continuazione a fumare o a bere acquavite. Quindi ci ho messo di più di quanto pensassi».

Tacque, inspirando profondamente a occhi chiusi, quasi stesse riepilogando il tragitto. Poi proseguì scandendo bene le parole, come per un referto medico.

«E però non pensavo che il paese fosse così spopolato. Non saprei dire quante miglia di strada abbiamo fatto senza incontrare anima viva. Forse stanno tutti chiusi dentro casa. Dovunque mi girassi solo campi incolti, brughiere grigiastre o tratti di bosco così fitti che i cavalli quasi si rifiutavano di passarci in mezzo. Nelle campagne le abitazioni sono stamberghe col tetto di paglia e fango. Ecco i frutti della guerra. Gli unici che porta questo secolo disgraziato. Nella contea di Rietberg, in Vestfalia, ho parlato con dei reduci che pretendevano la pensione per aver servito l'Impero. Parlano così ancora oggi, due anni dopo l'abdicazione di Francesco I, ci pensate?».

«Quindi questa vecchia Austria bistrattata non sarebbe da disprezzare se trattasse con Napoleone», osservò Andreas.

«Ne siete così sicuro?», ribatté Kaspar.

Mi sentii intimamente rinfrancato nella speranza che mio fratello potesse metterlo in difficoltà.

«Un musicista almeno ha buone orecchie per ascoltare quello che si dice in giro», gli rispose prontamente.

«Se ne dicono così tante che bisogna essere vicini alle bocche giuste, però».

«Non mi sembra ce ne siano di più esperte e aggiornate nel Nord della Germania. E a Jena lo avete verificato sul campo di battaglia».

«Più che con le voci ho avuto a che fare con gambe e braccia da amputare, infezioni da curare, moribondi da accompagnare e vi risparmio il resto».

Andreas sorrise amaramente, scuotendo il capo.

Mio fratello non era il tipo da godersi una vittoria dialettica e infierire sull'avversario in ritirata. Si era chiaramente accontentato di opporre la realtà della vita alle chiacchiere da caffè. E cambiò subito discorso. E tono, ovviamente.

«Siete già stato altre volte a Vienna?».

Andreas sbuffò, con un'espressione negli occhi che poteva sottintendere qualsiasi sentimento. Magari si sentiva davvero in difetto.

«È una storia lunga. Diciamo che ci abito per la maggior parte dell'anno, ma sono nato a Plzeň e la mia famiglia vive ancora lì».

«Ad ogni modo Vienna è la città ideale per dei musicisti», insistette Kaspar.

«I... musicisti, certo», replicò, «gente strana, vero?».

E a quel punto mi guardò fisso. Ora cercava complicità? Mi limitai a sorridere.

«Ne so qualcosa anch'io», gli rispose Kaspar lisciandosi il mento.

«Le cose, comunque, si sono complicate», riprese. «C'è chi sta già cambiando idea. La nostra orchestra è appena nata e già potrebbe sciogliersi».

Ecco un'altra stranezza, pensai. Solo poche ore prima pareva volessero conquistare la capitale e ora stavano per tornare indietro? Ci spiegò che qualcuno aveva fatto il passo più lungo della gamba. La ragazza, il contrabbassista e il cornista vivevano a Vienna, gli altri tre erano partiti con lui dalla Boemia sulle ali dell'entusiasmo ma ora forse volevano tirarsi fuori. Uno solo, un tale Lothar, aveva una mezza promessa da parte di un amico del padre che aveva bisogno di un precettore per il figlio. Ma non ci contava più di tanto.

«Gli ho detto io di non fidarsi di certi ragazzi di buona famiglia», aggiunse alzando il tono della voce. «Sono viziati, volubili, non ti danno nessuna sicurezza».

«Allora è anche un po' colpa vostra se ora dubita?», intervenne Kaspar.

«Se è una colpa dire sempre quello che uno pensa, allora sì, mi prendo questa colpa e con orgoglio».

Non sapevo cosa aggiungere. Avevo imparato già da adolescente quanto è difficile il ruolo di terzo in una discussione, soprattutto se, come in questo caso, sei il più piccolo e vieni quindi guardato forse con condiscendenza ma sicuramente senza troppa considerazione. La torcia davanti alla locanda diffondeva un'aura aranciata. Due nuvole esili ma veloci stavano schermando la luna e il chiarore si era fatto più tenue. Vega splendeva nitida allo zenit di quel cielo.

Improvvisamente però mi venne in mente che anch'io avevo un asso nella manica. Quella cosa che volevo dirgli da subito e non avevo trovato ancora il modo adatto, tanto lui mi soverchiava.

«Penso che potrei darvi un suggerimento». E mentre lo dicevo studiavo la maniera migliore per prolungare l'effetto sorpresa.

Andreas rialzò meccanicamente il capo. Kaspar sembrava sorridermi o forse stava solo cercando di dissimulare l'aria di superiorità del fratello maggiore.

«Ecco, qui vicino, e forse può essere d'aiuto, c'è qualcuno che... insomma non avete idea di chi abita qui». Mi rendevo conto di essere molto tortuoso e perifrastico.

«Qualcuno che ha bisogno di lezioni?», mi chiese in tono un po' brusco Andreas.

«Se vi dico il nome capirete che non è proprio così», replicai.

«Si tratta di qualcuno che conoscete?».

«Conoscerlo ancora no, ma so come si chiama. E lo sapete anche voi. Avete suonato la sua musica oggi pomeriggio».

Eccolo il mio colpo a effetto, confezionato discretamente, pensai. Mi disturbava però la luce della torcia e non riuscii a fissare Andreas negli occhi per valutarne la reazione. Ci fu un lungo istante di silenzio. Avrei voluto anch'io il suo bastoncino.

«Beethoven?», Andreas aveva un'inflessione della voce indecifrabile.

«Proprio lui. Spesso trascorre qui l'estate. Ve lo garantisco».

«Qui a Heiligenstadt?».

«Sì».

Andreas cercò con lo sguardo mio fratello. Forse aveva bisogno di un garante, di una persona più attendibile? Ero ai suoi occhi il solito diciottenne entusiasta? Gli spiegai allora, cercando di fornirgli una descrizione il più possibile particolareggiata, che ero amico della famiglia Grillparzer: la signora e il figlio Franz avevano una casa al centro del paese sulla Probusgasse e condividevano il ballatoio proprio con il Maestro, le cui stanze erano a fianco delle loro.

«Quindi hanno modo di parlarci...».

Non riuscivo a capire se mi stesse provocando oppure desiderasse davvero informazioni più precise. Risposi che, a quanto mi aveva confidato il mio amico, Beethoven aveva un modo di fare piuttosto singolare. Una persona solitaria e irritabile, anche se in paese si diceva che di sera, nelle locande, si dava piuttosto da fare con cibo e buon vino.

Credendo forse di essermi d'aiuto mio fratello iniziò a magnificare il mosto che si mesceva qui in paese, ma Andreas gli rispose a tono citando le delizie delle birre boeme.

Mi sentii spiazzato. Kaspar, forte della sua competenza chimica, sosteneva che per fare una buona birra si doveva introdurre la stessa varietà di luppolo in momenti diversi del processo di bollitura. Secondo Andreas invece era più importante che questo avvenisse solo verso la fine per mantenere un aroma più intenso. Mi sembrava assurdo che un musicista fosse in grado di tenere testa al medico e al suo bagaglio di nozioni sicuramente più consistente, ma Andreas pareva non scomporsi in nessuna circostanza. Quanto a me, non potevo certo inserirmi in quella disputa, così mi alzai in piedi stiracchiandomi e feci un paio di passi annoiati avanti e indietro. Poi, esattamente come avevo fatto in precedenza, me ne uscii ad alta voce, senza pensarci troppo.

«Io comunque domattina vado da Franz e vediamo cosa mi consiglia di fare per incontrarlo. E voi?».

Nessuna risposta. Andreas alzò la testa stuzzicandosi il naso con la mano sinistra. Pensai che doveva essere mancino.

«Si è fatto tardi, vado dai ragazzi», disse come se indirettamente volesse smontarmi. «Grazie per la serata. Sono stato davvero bene. Forse ci rivedremo, amici».

Rimasi fermo mentre lui si alzava sorridendo come nulla fosse. Si voltò verso mio fratello e gli strinse la mano con deferenza, quindi mi passò accanto facendo un rapido inchino con la sinistra sul cuore.

Lo guardammo allontanarsi, il violino in spalla, un passo da trampoliere, spigliato e caracollante. Rimanemmo così ancora qualche secondo in silenzio. Mio fratello spense il sigaro, inspirò di nuovo e profondamente, a occhi chiusi.

«Un tipo davvero singolare il nostro violinista», disse girandosi verso di me.

«Lo conosco da poche ore, non saprei dirti», risposi.

«Mi pare che col violino se la cavi non male, vero?».

«Be' si, certamente...».

«Non sembri troppo convinto».

«Il mio maestro direbbe che non basta un solo ascolto per giudicare un musicista».

«Già, ma qui ci siamo solo io e te, quindi puoi pure sbilanciarti».

Mi inorgogliva questa sua insistenza nel richiedermi un giudizio. E però facevo fatica a espormi. Mi sentivo ancora troppo inadeguato anche di fronte a chi, come mio fratello, di musica sapeva poco o niente. Quando hai troppe velleità vaghe e confuse ma non credi ancora abbastanza in te stesso è questo il risultato. La buttai sul tecnicismo. Per darmi quell'aria di competenza che tuttavia ancora facevo fatica ad attribuirmi.

«Secondo me è un solista, il resto del gruppo non mi pare sia all'altezza, forse la ragazza. Lui è febbrile, gli altri faticano a stargli dietro».

«Ah ecco, quindi è lui quello bravo».

Capivo che voleva qualcosa di definitivo e avrei voluto dirgli che quella non era una diagnosi medica. Le cose erano molto più sfumate e io, certo, non avevo ferite da curare. Così lui proseguì.

«Vuoi dire insomma che non farà mai il direttore d'orchestra o sbaglio?».

«Magari neanche gli interessa, chissà».

Kaspar allargò le braccia annuendo, le labbra semiaperte, lo sguardo obliquo e l'aria sbrigativa di chi sta per cambiare discorso. Dietro gli occhiali dalla montatura leggera, i suoi occhi nocciola si intonavano perfettamente alle sfumature ocra che la luminosità della torcia diffondeva sul suo incarnato. Nonostante l'indeterminatezza dei risultati, la componente emotiva di diagnosi scomode da comunicare, a volte anche dolorose, il gravitare inevitabile sulla soglia tra la vita e la morte, Kaspar il mondo riusciva a forzarlo in uno schema logico e comprensibile di rapporti e corrispondenze. Si aggiustò lo jabot poi riprese a parlare, guardando fisso verso l'alto.

«Non ti ho mai parlato di Novalis, vero?».

«Novalis?».

«Il poeta. Ti dice nulla questo nome? Non si parla di poesia qui in Austria?».

Arrossii. È che oltretutto mi aveva colto di sorpresa. Di fronte alle mie esuberanze di bambino lui aveva sempre saputo opporre una lucidità pacata e inattaccabile. Era il fratello maggiore, certo. Ma non solo questo. Di fronte al suo realismo le mie fantasie apparivano per quello che erano: sublimazioni di qualità più fiacche e sentimentali. E ora sapeva anche sorprendermi perfino sul terreno della poesia. Un mondo che confinava da vicino con quello in cui provavo a mettere piede io.

«Il suo vero nome era Friedrich, Friedrich von Hardenberg», riprese. «Forse mi sbaglio, ma questo Andreas ha qualcosa di lui, oltre all'altezza e una certa magrezza. Una smania di parlare, di intervenire su ogni argomento. Così, con questo tono febbrile, come hai notato anche tu. E poi c'è quella luce nello sguardo, quei guizzi di energia. Improvvisi. Vedi Wilhelm, queste sono persone che hanno dentro un demone, meraviglioso, affascinante ma che pian piano li logora. Ed è pericoloso. Per il corpo. Te lo dico da medico».

«Da come ne parli immagino che sia morto».

«Giovanissimo. Non aveva neanche ventinove anni. Andreas credo abbia più o meno quella stessa età».

«Cosa vuoi dire?».

«Ascolta, non voglio fare speculazioni sulla sua salute, ma il mio professore aveva fatto uno studio su questi tipi umani e le loro patologie, così a occhio mi sembra che lui ci rientri perfettamente».

Non aveva certo bisogno di dimostrarmi la sua competenza. Un mestiere, il suo, che necessita di certezze di fronte alle nostre fragilità.

«Non so se lo rivedremo ancora», osservai sbrigativamente, perché non mi piaceva la piega che stava prendendo il suo discorso. Così mi alzai quasi di scatto.

Si alzò anche lui, più lentamente, continuando a pensare. Si stirò le braccia e fece schioccare le labbra, poi prese in mano la valigia.

«Andiamo», disse, «è tardi davvero e sono molto stanco, come puoi immaginare».

Così a passi lenti ci incamminammo per il sentiero che portava verso il centro del paese, verso casa. Si vedevano le prime luci. Una brezza leggera rendeva l'aria più limpida nonostante ci stessimo avvicinando all'abitato.

«Dovresti leggerle le cose che ha scritto Novalis, comunque», riprese Kaspar seguendo un suo ragionamento. «Non era un poeta come tutti gli altri, sai?».

«In che senso?».

«Si occupava di mineralogia. Sapeva di ingegneria e di fisica. Faceva l'ispettore minerario. Non era certo un tipo da salotto. O almeno non frequentava solo i letterati».

«Per questo ti piaceva?».

«Infatti. A differenza di certi altri, era uno che sapeva stare su questa terra. Anche se ci è rimasto per così poco».

4

Lo aveva conosciuto il pomeriggio in cui il professore di chirurgia gli aveva chiesto di trattenersi ancora un po' nel suo studio. Per deferenza e rispetto aveva accennato ad alzarsi quando il domestico si era affacciato sulla porta e aveva passato al medico un biglietto: sopra c'erano i nomi di due visitatori.

«Fermatevi pure con noi, caro Kaspar. Non ve ne andate. Non è mica un consulto tra colleghi, sapete?».

«Come desiderate», rispose.

«Si tratta di due persone che stimo molto. Non sono medici, ovviamente», proseguì con un sorriso malizioso, «sono due letterati, due studiosi, due poeti. O meglio uno è più studioso, l'altro più poeta, se posso permettermi di azzardare definizioni in ambiti che pratico solo per passione».

Gli ospiti entrarono mentre il chirurgo stava ancora parlando.

«Ecco i due Friedrich!», si corresse prontamente sfoderando un tono di grande affabilità. «Ho il piacere di presentarvi uno dei miei più promettenti allievi, il signor Kaspar Werner, che tra l'altro ha una memoria rimarchevole».

«Il professor Klostermann è troppo generoso. Il piacere è mio comunque», si affrettò a precisare Kaspar cercando di dissimulare l'imbarazzo.

«Onorato di conoscerla. Mi chiamo Hardenberg».

«L'altro è l'illustre Friedrich Schlegel, che insegna attualmente a Berlino», lo anticipò il professore.

«Mentre io non insegno, ma giro per miniere di sale», aggiunse Hardenberg.

«Dice così di primo acchito», precisò Klostermann, «ma lasciategli la parola solo per un attimo e vedrete dove vi porterà…».

«A proposito, mio buon dottore», intervenne Schlegel. «Vi abbiamo portato delle cose scritte da Hardenberg che vi interesseranno. E non poco. Ma gli lascio la parola».

«Ditemi, caro Friedrich. Sempre che io ne sia all'altezza».

«Ve lo immaginavate un cattedratico così umile, signor Werner? Siete uno studente davvero fortunato», riprese sorridendo Schlegel.

A distanza di molti anni Kaspar ricordava perfettamente come era andata quella conversazione. La risolutezza di Schlegel, il suo fare rilassato ma professorale, di contro la timidezza e le illuminazioni spiazzanti di Hardenberg: gli luccicavano gli occhi, le guance arrossivano per poi improvvisamente sbiancare, come se il sangue non facesse in tempo a irrorare quel cervello avido di ossigeno per scagliar fuori pensieri, come soldati alla carica. «Una parola di comando può muovere armate, ma la parola libertà intere nazioni» era una delle sue frasi che gli era rimasta maggiormente impressa.

A Klostermann avevano sottoposto alcuni dei suoi frammenti: scritti brevi, spesso compendiosi, a tratti vertiginosi, sempre straripanti di immagini e cose. Definizioni, aforismi, ragionamenti racchiusi in poche righe ma che affrontavano la mole sterminata dello scibile umano, non col metodo tassonomico di un'enciclopedia, ma come una rapsodia oracolare di ipotesi e tesi. Li chiamava pollini, semi, come se fossero viventi, quelle parole lì. «Ogni parola è un'evocazione», disse a un certo punto. «Uno spirito chiama, l'altro risponde». E lo aveva detto con la stessa risolutezza con cui l'illustre patologo poco prima gli aveva spiegato per l'ennesima volta il funzionamento di quella che chiamava "la macchina cuore-polmoni".

«Qui ci sono quelli che riguardano la medicina», gli confidò porgendoglieli. «Forse ho osato troppo. Gradirei un vostro parere».

Klostermann si sistemò gli occhiali sul naso aquilino e cominciò a scorrerli in silenzio. Passò più di un minuto. Poi sorridendo li sistemò in una delle sue cartelle. «Hanno bisogno dell'attenzione che meritano, mio caro Friedrich, e venendo da voi sono certo che non mi sto sbagliando. Già a una prima lettura mi sembrano... notevoli».

«Le dico sinceramente professore, io vorrei tornare a scienziati come Keplero, la cui mente altissima creò un universo spiritualizzato, morale, mentre invece ai nostri tempi si considera saggezza quella di umiliare le cose alte, anziché elevare le umili. E così si piega perfino lo spirito dell'uomo sotto le leggi del meccanismo».

«C'è del vero in quello che dite Hardenberg», rispose con pacatezza e partecipazione, «e fate bene a elevare lo spirito, ma noi medici dobbiamo anzitutto far funzionare bene i congegni del vostro corpo. Le sue meccaniche, o meccanismi come avete detto voi».

«Ma l'uomo è uno», riprese sempre più infervorato, «per questo il poeta può parlare anche di salute e malattie. E la poesia, sapete, è qualcosa di fisico. Fare poesia è generare. Ogni produzione poetica deve essere un individuo vivente. Non ho la competenza per azzardare diagnosi ma cerco il senso profondo delle cose che accadono al nostro corpo. Perché la poesia è il reale: questo è il nocciolo della mia filosofia».

Era alto e molto magro, Hardenberg, e aveva dei lineamenti che esprimevano una continua, instancabile dinamicità. Inquietudine, incompletezza. E molta, troppa immaginazione. Ogni espressione ma anche la gestualità più banale sembrava venire da un altrove. Tutto questo affascinava Kaspar, ma assieme lo turbava. Anche quando più tardi gli aveva parlato di pietre e miniere era stato capace di squadernare caratteristiche, composizioni chimiche della materia e poi improvvisamente virare verso l'ineffabile. «Le definizioni astratte sono i gas nel regno della parola: l'invisibile», aveva concluso con quel sorriso che per la gentilezza, il candore ma anche la baldanza non prevedeva obiezioni. Era mai possibile che in lui lo scienziato andasse d'accordo col poeta? Pareva muoversi oscillando come un pendolo tra mistica e ingegneria. «Dobbiamo romanticizzare il mondo», insisteva. «Così possiamo ritrovarne il senso originario».

Più tardi lo aveva riaccompagnato a casa. Kaspar ricordava perfettamente di aver vissuto una mezz'ora di stranianti incongruenze: fin dall'inizio le strade del centro di Jena, dall'Università fino alla chiesa di San Michele erano diventate un labirinto dove si entrava e usciva come tra due differenti dimensioni. Secondo le imprevedibili digressioni di Hardenberg quel percorso lineare che faceva ogni giorno deviava verso mete ignote mentre rimaneva lo stesso. Davanti al giardino botanico aveva magnificato le ultime acquisizioni: il *Buxus sempervirens*, la *Periploca graeca* e soprattutto il *Juniperus sabina*, di cui parlavano le fiabe. Era merito di Goethe che ne aveva redatto l'inventario se ora tutta Europa conosceva quel giardino.

«È un grand'uomo, ma le sue opere sono come le mercanzie degli inglesi», aveva sentenziato, «semplicissime, eleganti, comode e durevoli».

Kaspar aveva il capogiro. Quei discorsi lo avevano trasportato in giro tra codici antichi e mitologie orali, nei segreti della natura e dello spirito e quasi senza accorgersene era arrivato sotto la lanterna conosciuta, davanti al giardino di casa ricoperto di brina come ogni sera, ma che improvvisamente era diventato il velo di Iside che nasconde segreti inaccessibili. Alla fine lo riportò definitivamente al presente quel colpo di tosse cavernosa e squassante di cui già si era accorto nello studio di Klostermann.

«Vi sentite bene?».

«Nulla di grave. Sono solo un po' affaticato». Si teneva il fianco e sembrava un po' ansimante.

«Ne avete mai parlato con Klostermann di questa tosse?».

«Lui dice che dovrei cambiare aria. La Turingia non si addice ai miei malanni».

«Se permettete, però…».

«Ditemi», gli rispose Hardenberg con grande dolcezza, fermandosi. Lui si sentì quasi imbarazzato ma riprese pur senza guardarlo direttamente negli occhi.

«Dicevo, se mi permettete di usare una metafora…».

Il volto del poeta si illuminò compiaciuto.

«Avete uno spirito troppo veloce e il vostro corpo non ce la fa ogni volta a rincorrerlo».

Hardenberg tacque per un attimo sistemandosi il cravattino bianco, il cui nodo impeccabile per la foga dei discorsi si era allentato.

«Mi piace, sì, mi piace», ripeté ma con un tono più dimesso rispetto al suo solito. «E probabilmente avete ragione. Però mi sembra che il tempo sia sempre troppo poco e non è una delle mie metafore questa».

«Quindi non il tempo in generale?».

«Il mio tempo», concluse Hardenberg. Sarebbe morto pochi mesi dopo, il 25 marzo del 1801.

5

«L'hai vista quella raccolta di frammenti? Sai se ne aveva scritti anche sulla musica? E ha conosciuto Beethoven? Ne parla?». La luce di una mattina limpida e assolata che filtrava tra le imposte in cucina mi aveva messo di buon umore. E in più avevo la speranza che stesse per accadere finalmente qualcosa di interessante. Ero davvero contento della piega che stava prendendo quella tarda estate.

Mi disse che all'università girava una rivista, «Athenaeum», dove Novalis ne aveva pubblicati alcuni. Un paio ne aveva a casa a Jena. Ero sorpreso: mio fratello, l'uomo di casa, una quercia piantata contro tutte le intemperie sentimentali, lui che appena uscito dalla pubertà sembrava già adulto quanto nostro padre, be', era lo stesso che mi stava seduto accanto: un medico che si interessava anche di poesia e magari teneva gelosamente quei fascicoli accanto ai manuali di anatomia, rileggendoseli di tanto in tanto dopo una giornata tra gotte e podagre.

«So che aveva scritto anche un romanzo, ma non l'ha finito», disse come parlando sovrappensiero.

«Toglimi una curiosità, l'hai avuto in cura?», gli chiesi per riportarlo sul terreno clinico. Era sempre più straniante quel suo invadere il mio campo.

«Ero ancora studente, però lo andai a trovare un paio

di volte dopo quella sera. Ho conosciuto anche il fratello, quello che gli era accanto la mattina in cui se ne è andato», proseguì commosso, «è spirato mentre lui gli stava suonando un pezzo al pianoforte. Così mi ha detto».

A quel punto chinò la testa. Conoscevo quell'atteggiamento. Faceva lo stesso quando i genitori ci rimproveravano. Io piangevo, invece lui, che era più grande di me, si accucciava rintanandosi in se stesso, la testa incassata tra le spalle, le braccia premute sul torace e lo sguardo fisso verso il basso. Poteva rimanere così anche per minuti e minuti. Noi sognatori abbiamo almeno questa qualità: ci rimangono impressi certi gesti degli altri e il valore simbolico che crediamo o forse ci illudiamo di inferire. Almeno questo. Stavolta ovviamente durò di meno. Si alzò da tavola ma aveva gli occhi lucidi, o così mi parve.

Ma io quella mattina non avevo tempo per ricordi e deduzioni. Avevo da fare. Così lo salutai, diedi una voce a mia madre che nel cortile retrostante stava stendendo un bucato e uscii di casa.

Il chiarore della mattina era davvero stimolante. Da dove abitavamo noi Probusgasse era distante meno di un chilometro. Mi misi a camminare di buon passo.

Per strada c'era un composto viavai di gente indaffarata. Un carretto con sopra delle ceste di frutta mi sfilò accanto e un paio di susine scivolarono in terra, lucide e golose; un chiacchierio di passeri sugli alberi a fianco commentava la scena in attesa di capire se fosse il caso di lanciarsi in picchiata, mentre un contadino abbastanza avanti negli anni con in testa un sacco di granaglie gli lanciò più di un'occhiata preoccupata, allungando il passo.

Mi fermai per raccoglierle ma una mano mi anticipò.

«Allora, abbiamo un piano?», Andreas era lì davanti, fresco e giulivo come uno scolaretto, ma esigente come un professore. Tirò per aria una susina, la raccolse al volo con la mano destra, mentre con la mancina mi porgeva l'altra. Visto che la mia risposta tardava la strofinò sulla stoffa del pastrano e iniziò a mangiarla assaporandola in silenzio per valutarne il gusto.

«Non male», disse, «la frutta preferita a casa dei miei. Anzi visto che ci siamo, vi racconto un aneddoto curioso. Una volta un mio zio era andato a trovare Goethe; lo conoscete, è il nostro più grande scrittore, e la prima cosa che gli aveva detto era che le susine del viale che porta a Weimar erano le più buone che avesse mai mangiato. Ogni volta che ce lo raccontava rideva: aveva fatto quegli ultimi metri studiando l'incipit giusto, gli avrebbe parlato di Zeus sul suo trono di nubi oppure di Arminio nella Selva di Teutoburgo e invece l'unica cosa che gli venne fuori fu parlare di susine. Curioso non trovate? Ma è sempre così nella vita quando ci si presenta un'occasione importante. E, a proposito, ce l'abbiamo un piano?».

Lo guardavo stupefatto, o meglio, lo stavo attraversando con lo sguardo che si involava oltre il muro di quella casa a fianco, oltre le colline che sfumavano all'orizzonte fino a perdere consistenza nella luce del mattino. Lassù erano appena svaniti anche i miei pensieri di quella notte: progetti e fantasticherie coniugati al futuro o al condizionale, tempi e modi immaginari ma che mi avevano dato brividi ed emozioni che così tanto somigliavano a una realtà possibile. Io e Beethoven. Allievo e maestro. L'allievo che impara tutto quello che può, che ne apprende segreti anche solo stando nelle sue vicinanze, che ruba scampoli della sua vita. Come gli apprendisti pittori a bottega nel Rinascimento.

E invece no. La realtà era che non avevo un piano e mi rendevo conto che fino a quel momento avevo giocato. Ora, come diceva mio fratello, dovevo vivere da questa parte del mondo. Cercai di darmi un contegno e di guardarlo stavolta davvero negli occhi. Mi sembrava un'altra persona. Rilassato, ciarliero, cameratesco.

Gli proposi di parlare col domestico di Beethoven, magari facendo anche anticamera oppure di camminare distrattamente sulla strada davanti alla casa, ma Andreas non mi parve convinto. Alla fine tornammo alla prima idea, cioè di passare per Franz.

«È in Probusgasse, lo ricordate?», specificai, mettendomi in movimento.

«Mi hanno detto che è abbastanza vicino. O ho avuto un'informazione sbagliata?».

«Sapete, il paese è talmente piccolo che non vi sareste mica perso…».

«Quindi è qui nei pressi?», insistette.

«Neanche cinque minuti se andiamo di questo passo. Ora dobbiamo prendere la strada della chiesa. Vedete il campanile?».

Non mi rispose e ci incamminammo. Fatti appena pochi metri, però, si fermò.

C'era una mendicante all'angolo. Con dei fogli di carta verdi e rossi stava fabbricando fiori finti. Delle rose. Aveva sistemato davanti a sé un panno e sopra ci deponeva le sue piccole creazioni. In modo che non volassero al primo colpo di vento, i gambi in fil di ferro ritorto erano inseriti in minuscoli anelli di metallo, fissati al panno.

Andreas si fermò a guardarle. Si chinò e le esaminò con cura. Poi si rialzò, tirò fuori da un borsellino che teneva nella tasca destra della giacca un tallero e lo depose nella cesta che la donna teneva davanti a sé. Quella sfilò tre roselline e gliele porse.

«No, mia signora. Me ne basta una», e sorrise. La sollevò lisciandola con delicatezza, piegò in due il gambo e lo inserì nel taschino in modo che solo la corolla spuntasse fuori.

«Vi piacciono le rose?», chiesi

Non mi rispose. Aveva ripreso a camminare.

«Non avevo mai visto quella donna», dissi, imbarazzato.

«Probabilmente cambia strada o addirittura paese».

Proseguimmo in silenzio fino all'incrocio. Poi lui riprese.

«Almeno il vostro amico sa del nostro arrivo?».

«Ecco... penso di sì. Ieri c'eravamo detti che ci saremmo rivisti una di queste mattine. Dovrebbe essere in casa».

«Bene, riepiloghiamo», concluse con tono serafico e fermandosi. «Per questa spedizione non abbiamo un piano, non sappiamo neanche se c'è il nostro alleato e in più non conosciamo il terreno sul quale muoverci. Perfetto: stiamo combattendo una battaglia persa in partenza, non male, vero?», ma qui spalancò un sorriso impertinente. «Quando le cose stanno così ci vuole un colpo a sorpresa. E allora... entriamo in casa e gli parliamo di susine anche noi. Se è andata bene con Goethe non vedo perché non dovrebbe funzionare con Beethoven».

Scoppiammo a ridere. Era la prima volta da quando lo avevo incontrato che lo sentii complice.

Riprendemmo a camminare spediti. Dovevamo improvvisare, dunque. In fondo alla strada due uomini lanciavano secchiate d'acqua sui gradini di fronte a una casa nobiliare, poi si davano da fare con delle ramazze. Ci portammo sull'altro lato della via, dove alcuni bambini stavano disegnando una serie di linee perpendicolari al marciapiede. Uno aveva in mano dei dadi. I preparativi di prammatica per una serissima giornata di gioco.

Ripensai a quando era con noi nostro fratello Bastian e la mattina ci affacciavamo alle finestre e scommettevamo sul colore degli abiti del prossimo passante. Lui era sempre diretto e rapido, a me piaceva immaginare gli accoppiamenti più strani e quasi sempre perdevo. Dopo un po' arrivava Kaspar che ci interrompeva. Lui non partecipava mai, era già portato per natura a vedere la realtà così come è senza immaginare alternative. Lui che ora invece mi parlava di poesia. Mi sforzai di ricordare il nome di quel poeta che parlando del gioco aveva scritto che è l'unico ambito in cui l'uomo è veramente libero. Era Goethe? Peccato non esserne certo. Gliel'avrei potuta buttare lì alla prima occasione. Nel frattempo eravamo arrivati all'imbocco di Probusgasse.

«Ecco laggiù il portone», esclamai. «È aperto. All'interno c'è un cortile sul quale si affacciano le abitazioni. Andiamo?».

«Sì, andiamo».

6

Era importante che in quella casa ci fossero fiori. Molti fiori nei vasi sui davanzali. Ad accompagnare quei giorni di estate, per riempirli dei loro profumi e fissarli meglio nella memoria. Il giorno dopo aver preso possesso dell'appartamento la signora Grillparzer aveva pensato subito ai fiori. Si era procurata anzitutto dei gerani, poi due vasetti con i gladioli da tenere agli angoli più riparati perché temono le correnti d'aria e una cosmea di un rosa delicato e fragile ma che, le avevano detto, avrebbe continuato a fiorire fino a settembre.

E anche quella mattina aveva appena sistemato i vasi quando si accorse di noi fermi in mezzo al cortile, all'ombra del grande ippocastano che dall'angolo sotto le scale si innalzava fino a superare i tetti di ardesia spioventi e intarsiati di muschio.

«Buongiorno signora», esclamai, «Franz è in casa?».

Lei annuì con un movimento appena accennato del capo. Era pallida e aveva gli occhi di una notte insonne. Teneva i capelli legati, ma due riccioli svogliati le scendevano sulla fronte. Quando si girò per rientrare in casa la mantella grigia le scivolò lungo la schiena. Si chinò e la raccolse prima di sparire all'interno. Poco dopo sentimmo il rumore di una porta e Franz si affacciò sul ballatoio con aria furtiva e guardinga. Indugiò per qualche istante ancora, guardando verso l'uscio alla sua destra, qualche metro più in là. C'era un silenzio quasi totale, qualche raro cinguettio dai rami più alti dell'albero pioveva giù con discrezione.

Ci fece cenno di salire con un gesto controllato ed elegante, quasi da direttore d'orchestra. Poi si portò un dito alle labbra, sorridendo. Sembrava già un uomo fatto, con quella fronte spaziosa e gli occhi grigi. Difficile immaginarlo bambino.

Dentro casa c'era un profumo intenso di verdure. La domestica di casa Grillparzer le aveva sistemate sul tavolo, pronte per la pentola. C'erano carote, rape, cavolo rosso, patate e dei porri tagliati a dadini che emanavano un odore così forte da far inumidire gli occhi.

A me piacevano le atmosfere delle cucine. Anche Andreas sembrava a suo agio. La signora andò all'acquaio, poi sistemò delle posate sul piano di fianco e si asciugò le mani sul grembiule. Prese un foglio che era rimasto all'altro capo del lungo tavolo e si accommiatò da noi con poche parole sussurrate. Franz però scattò in piedi e la raggiunse sulla porta. Lei sembrò contrariata. Stettero così per qualche tempo, con quel foglio che passava da una mano all'altra, poi la donna lo ripiegò, se lo mise in una tasca del grembiule e uscì imboccando la porta che dava sul corridoio. Franz scosse il capo e tornò a sedersi al tavolo di fronte a noi.

Lui e io ci frequentavamo da diversi anni e quindi avevo capito subito che quella mattina c'era qualcosa di particolare. Mi ero aspettato, arrivando in cortile, di essere inondato da una cascata di note e invece quel silenzio mi frenava. Mi misi a giocherellare con un mazzo di chiavi in attesa che prendesse la parola. Franz aveva un buon talento nel raccontare storie, quindi c'era solo da aspettare che avesse voglia di iniziare.

«Eravate qui per Beethoven, lo so. Però, come avrete capito dal suo atteggiamento, è successa una cosa che riguarda mia madre. Cosa c'entra lei con Beethoven?», sorrise sbuffando. Poi riprese: «Anzitutto devo dirvi che lei non è una semplice appassionata di musica. La vive, se ne alimenta, la cerca dovunque, si emoziona anche sentendo un'arietta fischiettata per strada. Figuratevi allora cosa le è scattato dentro quando ha saputo che quell'inquilino della porta accanto era addirittura Beethoven».

Tacque improvvisamente. Trasalì per un tintinnio leggero proveniente dal corridoio, come di una spilla o un orecchino caduto in terra. Si alzò di scatto e andò verso la porta. Si sentì un calpestio leggero di passi che si allontanavano.

«Allora è un vizio», disse ad alta voce. Poi tornò a sedersi e riprese a raccontare.

«Magari potreste pensare che mia madre abbia fatto di tutto per incontrarlo, per parlarci... e invece no, vi sbagliereste. Chi vive di passioni estreme ha paura, dico proprio così, paura di guardare in faccia l'oggetto della sua passione, peggio ancora di parlarci. Deve rimanere desiderabile, a metà tra l'immaginazione e la realtà. Ecco. È lì, ma è come se fosse altrove per vivere solo nelle mie emozioni, non so se rendo l'idea. È una persona ma deve rimanere un mito».

«Quindi?», intervenne Andreas, che forse trovava quella premessa un po' troppo letteraria.

«Quindi, e questa cosa è iniziata una settimana fa, si metteva di pomeriggio accanto alla sua porta china a origliare. Sì, avete capito bene, a origliare come una spia. Ferma, immobile, il volto trasfigurato. Quella porta che sta sul nostro stesso ballatoio, lo avete visto prima. Mi capitava di uscire di casa a una certa ora e di ritrovarla lì al rientro, quasi nella stessa posa. Magari credete che stia esagerando, e invece vi giuro che non sto aggiungendo nulla di mio».

«E lui non se ne accorgeva?», chiesi.

«Ecco, proprio questo è successo ieri. Beethoven è uscito improvvisamente, di scatto e l'ha trovata lì, come un cagnolino davanti alla tavola dei padroni».

«Ma tu c'eri?».

«No, quella che vi riporto è la versione di mia madre, che si è sentita gelare il sangue solo a guardarlo in faccia in quel momento, così ha detto. Ma non basta. Lui l'ha investita con un paio di urla isteriche e si è precipitato giù per le scale come un indemoniato. Questo almeno mi ha riferito lei e credo proprio che sia andata davvero così. Quello che posso aggiungere è che ieri sera fino a tardi la sua casa era tutta buia, non si sentiva nulla e anche stamattina fino a quando siete arrivati voi c'era solo silenzio. Nessuna traccia di quell'uomo».

«Quindi pensate che se ne sia andato?», intervenne Andreas.

«No. Almeno credo. Di solito si sveglia presto e lavora fino a mezzodì, poi fa una breve passeggiata qui nei dintorni. Nel pomeriggio è un po' lo stesso ma si assenta più a lungo. Per cena rimane fuori e rientra a volte anche verso mezzanotte. Magari oggi ha anticipato l'uscita mattutina, oppure… ma il personaggio è volubile e umorale. E oggi, aggiungerei, ancora molto arrabbiato».

«Eravamo qui per farci consigliare da te», sospirai.

«Volubile, umorale, arrabbiato, misantropo. Questo è quello che si dice di lui, quello che dice la gente, che però poi in teatro lo applaude», Andreas si stava infervorando. «È umano. Ma io mi domando: un uomo pacato, misurato nei gesti e nei discorsi potrebbe mai scrivere quella musica? Certo sarebbe uno con cui è piacevole conversare, parlare del tempo, delle tasse e di Napoleone, ma poi? Tutto finirebbe lì. Ci vuole un uomo di slanci, di passioni furenti, dirò di più, di reazioni inconsulte come questa che ci avete raccontato per scrivere l'*Eroica*. Solo un uomo che si arrabbia, può scrivere una musica arrabbiata. Forse dico una stupidaggine ma quando ho ascoltato quei due primi accordi era come se qualcuno per strada mi avesse afferrato alle spalle e con due strattoni maleducati ma ben assestati mi avesse fatto cambiare direzione. Non è una musica da bravi borghesi, è una musica del popolo».

Si fermò improvvisamente e guardandolo fisso negli occhi mise una mano sulla spalla di Franz. «Scusate, ho esagerato. Non volevo offendere nessuno, tantomeno vostra madre. Non intendevo certo lei, che neanche conosco».

«L'*Eroica*. L'avete ascoltata?», non capivo se Franz si fosse davvero risentito, quindi cercai di concentrare il discorso solo sulla musica.

«Ho avuto questo privilegio grazie a mio padre. Al palazzo del conte Lobkovitz. Era un giorno di fine estate come oggi. Eravamo in pochi fortunati, lo spazio è quello che è lì e l'orchestra non arrivava a trenta elementi. Me lo ricordo Beethoven mentre dirigeva: il corpo tozzo, i capelli arruffati, i movimenti aspri, nulla di studiato, di aulico, la gestualità di un uomo qualunque a tratti quasi sgraziata, eppure non si limitava a dirigere. Un mio amico che ha suonato con lui una volta mi ha detto che quando Beethoven dà l'attacco è come l'inizio di un suo discorso. Ci sono nell'aria due punti e virgolette, come se lui dicesse: "Ascoltate! Adesso vi parlo". Secondo lui l'*Eroica* è come l'*Iliade*. La narrazione di una battaglia. Lì c'è un poeta cieco, qui un musicista che vede dove non si vede e viene a raccontarci quello che solo lui ha visto. Ma per me il problema è un altro. Come ha fatto. Non ci dobbiamo accontentare di interpretazioni poetiche per quanto seducenti».

«Allora però, con tutta questa sua capacità superiore, dovrebbe saper parlare anche a una donna, una donna che aveva l'unica colpa di amare la sua musica», Franz sembrava affascinato dal discorso, ma covava dentro del risentimento. «Mia madre gli sembrava invadente perché si strofinava alla porta, era una minaccia portata al suo territorio creativo? Quale fastidio poteva dargli? Vedete, lo state descrivendo quasi come un essere soprannaturale. Ma nel caso, si tratta di un angelo o di un demonio?».

Andreas sembrava non seguirlo. La sua fantasia non gli nascondeva la realtà, non coltivava quelle illusioni volontarie tipiche degli animi troppo teneri e inconcludenti. Voleva avere tutto chiaro. Lui sicuramente un piano ce l'aveva.

«Non so se credere negli esseri ultraterreni», rispose alla fine, con un tono sempre più deciso, «ma credo nell'uomo e come lui ce ne sono pochi, davvero. Colui che ha scritto l'*Eroica* ha qualcosa dentro che gli altri non hanno. E io non riesco a togliermelo dalla testa. L'*Eroica*, sì, è la musica dell'avvenire».

«Siete di idee liberali come si dice di lui?».

«Credo nell'uomo, ve lo ripeto e non nella nascita o negli appannaggi».

Il silenzio ora aveva cambiato qualità. Aveva saturato l'aria. Se era vera la storia delle forze elettromagnetiche di cui ogni tanto parlava mio fratello, avrei potuto vedere qui l'ago impazzito di una calamita. Non sapevo come inserirmi, però, in quella loro disputa. Provai a spiazzarli con l'arma del candore.

«Angelo o demonio che sia, io voglio parlarci. È un uomo e avrà i suoi momenti di debolezza, magari poi gli passa...».

Non avevo finito di parlare che un nuovo rumore ci

sorprese, ma stavolta da fuori. La porta del suo appartamento. Passi affrettati. Nervosi. Pesanti.

«Può essere il momento giusto allora, ci vuoi provare?».

Fu un attimo. Non mi domandai se Franz mi stesse sfidando o prendendo in giro. Mi lanciai alla finestra, scostai le tendine ma l'unica cosa che riuscii a vedere fu un'ombra lungo le scale. Allora aprii i vetri e mi sporsi. Era arrivato in cortile. Si accorse del rumore e guardò in alto verso di me.

Mentirei se dicessi che fu uno spettacolo memorabile. L'uomo che vedeva l'invisibile portava il cappello storto, calato su metà fronte. Gli occhi, infossati, parevano opachi, le mascelle scese quelle di un cane da ferma, la postura sembrava quella di uno che va controvento. Mi voltai verso gli altri due. «Allora?», dissi rivolto però ad Andreas. «Che fai? Non vieni con me?».

Non mi rispose. Era lui stavolta il prigioniero di un pensiero.

7

Da quella sera d'estate del 1804, la prima dell'*Eroica*, Andreas non aveva mai smesso di ripensare al senso di quella musica. Già mentre usciva dal palazzo per tornare all'albergo dove lo aspettava il padre, aveva colto qua e là dei commenti che non condivideva. «Una musica caotica», «Ci sono troppe note», «Non si capisce perché una sinfonia debba durare così tanto», «Ci sono belle idee, sicuro, ma confusionarie».

Belle idee? Confusionarie? È proprio in questo che quelli là si sbagliavano. Non erano confuse ma avevano una loro logica. Nuova. Quell'uomo usava la musica per raccontare una storia. E ci invitava a seguirlo per immedesimarci nell'esperienza di quell'eroe che aveva così perfettamente immaginato e poi rappresentato.

La vera questione era dunque un'altra. Bisognava scoprire l'alfabeto con il quale esprimeva la sua storia. Come era possibile per la musica raccontare, e raccontare un uomo? Come era possibile tradurre la sua vita in note? Sì perché lì dentro c'era finalmente la vita, non più un'occasione di svago, un invito civettuolo alla danza, al corteggiamento galante, o la preghiera a un Dio lontano nel suo cielo blu. Questo lo esaltava, questo lo tormentava. E quella musica lì continuava a interrogarlo. Anche di notte. Altro che sogni. Sembrava essere lì a provocare la sua pochezza.

La mattina dopo era entrato nella chiesa di Santo Stefano. Il sacerdote stava dicendo messa ed era arrivato al momento della consacrazione, quando l'ostia diventa veramente il corpo di Cristo e il vino il suo sangue. Se lo ricordava bene dal catechismo perché la sua famiglia, di origini polacche, era di tradizione cattolica. C'era quella parola difficile da pronunciare per un piccolo catecumeno. "Transustanziazione". Significava che per miracolo la materia inerte, una sottile ostia, diventava vivente. Per chi credeva quello era davvero il corpo di Dio, materia vivente di Dio. La preghiera dell'assemblea guidata dal sacerdote aveva fatto quel miracolo, almeno per chi ci credeva.

Con la musica di Beethoven forse era lo stesso. Quelle immagini, quelle storie, quelle passioni della vita di un eroe erano diventate per miracolo musica, si erano comunicate in un altro modo ma altrettanto vero. Non c'era un attore che lo impersonava in teatro, non c'era una pagina scritta che ne tramandava le gesta, no, quella cosa lì accadeva davanti agli occhi e alle orecchie di chi partecipava a questo nuovo rito. L'eroe, per un miracolo laico, era stato lì con loro, e il sacerdote musicista aveva fatto sì che quella vita "eroica" riaccadesse. L'unica cosa era capire come questo fosse possibile. Carpire da Beethoven quel segreto. E lui che non credeva nei miracoli voleva una formula, qualcosa di oggettivo. Quello che è ineffabile non esiste, continuava a dirsi.

Ma continuava ad avere le vertigini. Delle "allucinazioni" sonore. Anche nel viaggio di ritorno gli scossoni ritmati della carrozza gli avevano fatto venire in mente le sincopi dell'inizio del primo movimento. Durante una sosta aveva ascoltato una bambina cantare un motivetto che gli aveva ricordato quello dello Scherzo. Forse non era così, sicuramente non era così, ma quella musica si stava sovrapponendo al mondo. E lo stava sfidando. «Non mi troverai mai, mi travesto, compaio e scompaio, ti sto dentro ma poi scappo, sarò la tua ossessione».

E però di una cosa era certo: ora poteva finalmente benedire le ore passate a fare scale e arpeggi o a consumarsi le pupille sui solfeggi trascritti a mano dallo zio, cornista nell'orchestra locale. Gli esercizi giornalieri che da bambino aveva subito come un'intollerabile imposizione, ora gli sembravano una carezza amorevole della provvidenza. Quantomeno si era armato per affrontare la sfida che la musica ora gli poneva.

Si convinse presto che non poteva rimanere ancora a lungo in quel borgo di provincia, ora si meritava Vienna, dove viveva quell'uomo, Vienna dove quel mistero poteva riaccadere. Per gli altri nulla era cambiato nella musica, ma lui invece la pensava diversamente. Sì perché Beethoven usava la stessa grammatica di chi l'aveva preceduto: le scale, l'armonia, gli strumenti, tutto era come Mozart, ma quella era una musica che non aveva bisogno degli uomini, era stata scritta nel paradiso terrestre prima della caduta e per qualche imperscrutabile dinamica divina aveva trovato un angelo in veste umana che l'aveva riportata sulla terra. Beethoven invece era un uomo, una creatura inquieta, un impasto di carne e fantasia, immaginazione e logica. E la musica gliene sarebbe stata grata. Lei, la musica, non ne poteva più di quadriglie e inchini rococò, di parrucche e codini, di salotti principeschi, di fuochi d'artificio di una sera passata sul Tamigi: la musica ora voleva stare con gli uomini, voleva la polvere e gli altari dei destini umani, consolarne i rovesci, esaltarne le conquiste, struggersi dei loro amori.

Passarono tre anni tra desiderio di indipendenza e ripensamenti ma infine, con i buoni uffici del padre, Andreas riuscì a trovare ospitalità presso una famiglia altolocata della capitale. In cambio avrebbe dovuto provvedere alla formazione musicale del più piccolo di casa.

I Wranitzky del resto erano molto legati al conte Janowsky che qualche anno prima gli aveva messo a disposizione il migliore dei suoi legali per una questione di terreni poco fuori città. A loro piacevano i suoi modi sbrigativi e un po' bruschi da signorotto di campagna che invece amava assaporare l'aura di antica nobiltà che trasudava dalle mura di quel palazzo, assieme al fascino di una famiglia che ne condivideva le radici. Aveva anche consigliato alla moglie i corpetti attillati che le dame di casa sfoggiavano con noncurante eleganza e che ora erano di moda nella capitale, gli piaceva perfino quella strana usanza – una mania aveva precisato la moglie – di incipriarsi il viso perché la pelle apparisse più bianca, quasi trasparente.

Ad Andreas queste liturgie interessavano poco. Per lui Vienna era osmosi sonora, era il campo dove ingaggiare la sua battaglia con i suoni. Già nei primi giorni davanti al pianoforte, terminata l'ora di lezione, aveva provato a eseguire sulla tastiera l'incipit della sinfonia, i due accordi in mi bemolle, per proseguire con quella melodia che saliva e scendeva per la triade dell'accordo di tonica e poi migrare verso territori lontani che provava a supporre. Così passava le ore nel grande salotto dove, alla giusta distanza dal camino, stazionava uno dei modelli più recenti di pianoforte che il conte melomane aveva avuto in prova dal celebre costruttore viennese Streicher.

Una sera Andreas aveva avuto il piacere di conoscerlo proprio lì in quella sala. Era venuto per accordare lo strumento e invece lo avevano quasi smontato per esaminarne la meccanica, poi erano rimasti mezz'ora a giocare con le dita dentro. Alla fine Streicher lo aveva guardato commosso. «Figliolo in quelle mani avete un *daimon*, come lo chiamavano i greci. Sembrate una parte dello strumento. Vibrate con lui. Fate attenzione a non disperdere mai quest'intimità».

Era la prima volta che riceveva un complimento simile. Confortante quanto incomprensibile. Provava una sensazione di piacere ma dubitava di quella nebulosità idealizzante. Cosa voleva dire? Quando ci pensava si metteva le mani sulle orecchie e si concentrava solo sulla prossima lezione da impartire al giovane di cui aveva la responsabilità. E tornava furiosamente a fare scale.

«Mi suoni qualcosa di Haydn», gli diceva ogni tanto il padrone di casa. «Ho nostalgia delle sue quinte diminuite». E lui allora da bravo si rimetteva alla tastiera e acconsentiva. Era bellissimo affondare in quei tasti che restituivano un suono corposo, nitido, robusto, e che potevi alterare con la pressione delle dita. Quel pianoforte era uno strumento che esaltava la responsabilità dell'interprete. Martelletti che colpivano la corda, non la pizzicavano garbati come un clavicembalo. E tu potevi dosare il colpo come in un duello. Il pianoforte era lo strumento nato proprio per Beethoven, questo almeno lo capiva chiaramente. Haydn era bello, olimpico, luminoso e, come diceva il conte, solare. Ma non gli bastava. Beethoven era l'avventura che voleva vivere, non la perfezione da imitare.

Poi, una sera, l'aveva incontrata l'avventura. Il venerdì pomeriggio era libero da impegni, così con l'amico Reinhold aveva fatto una passeggiata fino al Prater. Giuseppe II l'imperatore illuminato aveva aperto da qualche decennio il parco al popolo e negli anni erano comparse gelaterie, piccole giostre ed erano arrivati artisti nomadi sui loro carrozzoni. Venivano dall'Ungheria, dalla Moldavia, dal Caucaso. Giocolieri, mangiafuoco, uomini forzuti e saltimbanchi, donne che leggevano la sorte nelle carte o nei fondi del caffè.

Erano i primi giorni di primavera ed era bello fare un po' più tardi la sera. Nella luce di due fiaccole che gli facevano d'aureola aveva visto una coppia di musicisti accanto a un tendone bianco e rosso: lui suonava un organetto, lei un clarino con le chiavi allentate e gli anelli arrugginiti. Ma aveva un suono fluido, sostenuto e una pulizia da fare invidia a un orchestrale. Si erano fermati ad ascoltare. Reinhold entusiasta era rimasto conquistato dalla sua tecnica, artigianale ma efficacissima. Lui, forse per la prima volta nella vita non aveva fatto neanche caso alla musica, ma aveva guardato lei come non aveva mai guardato nessuna. Nella penombra.

Riccioli neri che oscillavano sulla fronte secondo il ritmo, gli occhi di un verde chiaro e tenue, come di una gemma. Le labbra premute che sull'ancia avevano un disegno infantile ma una carnosità sensuale. Non avrebbe saputo darle gli anni e soprattutto non capiva quale fosse il rapporto con l'uomo dell'organetto.

Ripresero a camminare, poi lui con una scusa chiese a Reinhold di tornare indietro. Finse di aver perso un gemello della sua camicia. Lo disse anche alla ragazza e si accorse che parlava perfettamente la sua lingua. Da una tasca dei pantaloni fece scivolare il gemello in terra ai suoi piedi. Si chinarono assieme e assaporò il profumo dei suoi capelli. E cominciò a parlarle di musica. Lui, l'apostolo del nuovo rito beethoveniano, in quel momento non sapeva neanche cosa stesse dicendo e cosa gli rispondesse lei, era solo il piacere di vedere quelle labbra muoversi con una dolcezza suadente e magnetica. Ed era bellissimo lasciarsi andare. Una sensazione nuova lo invadeva. Scoprirsi desideroso e stupito di attendere anche solo il formarsi di un sorriso.

Poi la invitò a mangiare qualcosa in un padiglione di legno, accanto alla giostrina dei cavallucci. Lei neanche guardò l'uomo dell'organetto e lo seguì. Rimasero così fino a tardi. Anche Reinhold era scomparso. Ogni altra cosa era diventata superflua, forse anche la musica. Continuarono a vedersi ogni sera per quindici giorni. Lui scappava di casa alla fine della lezione e correva fino al Prater. E lei lo aspettava. Camminavano insieme poi si sedevano sotto gli alberi e si baciavano. Una sera, sul tardi, sotto un ciliegio che iniziava a fiorire gli aveva raccontato una storia bellissima, suo padre che veniva dalle isole britanniche gliela cantava per addormentarla quando era piccola. Era una storia del Vangelo, ma non di quelle che i preti leggevano in chiesa. C'era la Madonna che camminava in un boschetto con Giuseppe. A un certo punto lei gli dice: «Ho voglia di ciliegie perché sono incinta, coglile per me». Lui, ancora ignaro della gravidanza, le risponde furibondo: «Chiedi al padre di tuo figlio di raccogliertele». E proprio mentre Giuseppe parla così, per miracolo, un ramo dell'albero cala a terra per donarle i suoi frutti.

Si mise a cantare quell'aria e la voce sembrava quella del suo strumento. Andreas però non la fece finire e la baciò con più ardore del solito. Lei invece ricambiò con dolcezza, sussurrandogli in un orecchio parole di favola. Poi riprese a cantare. La stessa melodia. Anzi non proprio la stessa, ma Andreas non ci fece neanche caso.

8

Io, certo, avevo indugiato troppo. In attesa di una risposta di Andreas, perso nei suoi pensieri, mi ero crogiolato su quel ballatoio, attardandomi nel terribile golfo del sogno. E intanto Beethoven se ne era andato per la sua passeggiata quotidiana.

Alla fine mi decisi a scendere in strada, guardai a destra e a sinistra senza riuscire però a individuarlo. Così d'istinto presi verso destra. Era il tragitto più breve per arrivare alla piazzetta dove c'è la chiesa di San Giacomo. Sicuramente lì, all'aperto, lo avrei potuto scorgere più facilmente.

E infatti lo vidi. All'angolo. Ma mi fermai mantenendomi a distanza. Quanto è difficile dissimulare un'attesa stando immobili. Ma attendevo esattamente cosa? Cercavo l'incontro, meditavo una scusa, un abboccamento senza neanche avere chiaro il modo per fingerlo fortuito.

Sulla sinistra c'era la bottega di un ebanista. Da dentro si sentiva profumo di legno, provai a curiosare per darmi un tono. Mi sentivo ridicolo fingendo questo improvviso interesse per la falegnameria, ma tant'è. Vedevo trucioli roteare nell'aria, tasselli di legno sparsi sul pavimento, i pantaloni impolverati dell'uomo che lavorava con un seghetto ma era parzialmente coperto da una cassapanca sistemata sopra un piano di lavoro. All'improvviso si mosse. Forse mi aveva notato. Prima che mi inquadrasse mi voltai e mi allontanai incamminandomi verso il centro della piazza. Beethoven era sparito. Continuai ad avanzare costeggiando la chiesa in direzione di Grinzingerweg. Se Beethoven come si diceva amava passeggiare nel verde non poteva che essere quella la sua direzione. Mi serviva un'occasione casuale per tentare di attaccare discorso, dunque. E quello poteva essere il posto giusto, in mezzo al verde, come due amanti della natura che si scoprono in un'inattesa sintonia. Due aristocratici del sentimento. Due adoratori dell'infinito. Esageravo. Tanto era solo fantasia.

Girai attorno all'ultimo edificio che faceva angolo. Era una costruzione bassa con le mura intonacate di fresco, verde chiaro, le finestre ampie e alte. Beethoven era fermo davanti al portone e stava parlando con un'altra persona che aveva in mano un libro. L'uomo era alto un po' più di lui, portava un paio di stivali e dei pantaloni chiari, unica nota estrosa, sotto la giacca blu, il gilet giraffa giallo ocra con le macchie marroni. Aveva i capelli ricci, il naso stretto e affilato che conferiva al suo profilo una certa asprezza. Ripresi a camminare e gli passai accanto. Beethoven non si accorse di me ma l'uomo mi fece un cenno con il capo. Feci finta di cercare qualcosa nelle tasche e mi fermai dando loro le spalle.

«Su vostro consiglio ho acquistato la *Storia universale della natura e teoria del cielo* di Kant», diceva l'uomo parlando a voce esageratamente alta.

«E bene avete fatto», rispose Beethoven. «C'è più natura che filosofia lì dentro, ma da poco tempo ho tra le mani un altro volume che, devo dirvi, mi è di maggior consolazione».

«Sempre Kant, immagino».

«Immaginate male e se vi dico il genere penserete che è di livello inferiore. Perché è un almanacco, invece, una lettura da fare quotidianamente. Si intitola *Considerazioni sopra le opere di Dio*. Lo ha scritto un certo Sturm, adesso non ricordo con esattezza il nome, ma mi aiuta a riflettere e, a modo mio, a rivolgermi a Dio. Non oso dire pregare, anche se in realtà è quello che faccio».

«Una specie di breviario, quindi?».

«Ve l'ho detto, è un almanacco. Non capisco cosa intendiate».

Quello tacque perché si rese conto che forse il Maestro non aveva sentito bene e si mise a sfogliare il libro. Mi girai verso di loro fingendo di dover cambiare strada e quasi li urtai. «Mi scusi», dissi all'uomo e Beethoven si voltò verso di me. Per un attimo pensai che mi avesse riconosciuto ma era sovrappensiero mentre l'altro continuava a sfogliare il libro. Lo scorse ancora per qualche istante, poi si fermò su una pagina lisciandola per bene col dito indice e si mise a declamare un passo.

«*Un vasto panorama dai contorni confusi ci sta dinanzi all'anima: i nostri sensi come i nostri sguardi si perdono in esso, e con tutto il nostro essere noi aspiriamo alla voluttà di provare un unico, grande, potente sentimento*».

L'uomo richiuse il volume cercando lo sguardo di Beethoven in attesa di una risposta o magari di un cenno di approvazione. Il Maestro invece parve non dargli troppa importanza e fece per rimettersi in marcia.

«Fate bene a meditare», rispose fermandosi appena più avanti, «ma se volete appagarla, questa voluttà, seguitemi».

L'uomo lo guardò per un attimo. Indeciso. Poi si mise il libro sotto il braccio e lo raggiunse.

«Ecco, allora», sentii dire ancora Beethoven, che parlava a voce alta e squillante allontanandosi. «Andiamo. Vi mostrerò dei paesaggi che non dimenticherete facilmente».

Cosa fare allora? Potevo attaccare discorso manifestando interesse per quel libro? Oppure fingermi uno studente di filosofia? O un camminatore che voleva condividere il percorso? Come mi accadeva in circostanze simili presi una decisone improvvisa e assolutamente incongrua. Attraversai il Grinzingerweg e mi inoltrai nel parco prendendo un sentiero che fiancheggiava quello dove presumibilmente stavano avanzando loro coperti dagli alberi. Mentre camminavo pensai che un po' di improvvisazione mi avrebbe forse aiutato. Avrei potuto fare un ampio circolo e poi casualmente incrociarli di nuovo a breve. Sarebbe stata l'occasione per avviare una chiacchierata spontanea come di persone che per caso si ritrovano faccia a faccia.

Il terreno era ondulato, sassoso ma mentre mi inoltravo nel verde a poco a poco si faceva più morbido. Era un piacere sentirlo sotto le suole. Non conoscevo bene gli alberi, sapevo solo distinguere gli abeti dai faggi e lì intorno pensai che dovevano essere in maggioranza i primi. Avevo però timore di perdere l'orientamento perché mi accorsi che stavo salendo per un declivio più ripido rispetto al percorso degli altri. Giunto in cima alla salita trovai una pietra segnata di rosso dove il sentiero si biforcava. Feci un rapido calcolo e presi verso sinistra. Lì gli alberi erano più fitti e il sentiero digradava rapidamente. Provavo una sensazione di beatitudine e di libertà e ripensavo a quelle parole che l'uomo aveva letto: "I nostri sensi si perdono in questo panorama". Ma io non potevo perdermi, dovevo raggiungerli. All'improvviso mi ritrovai di fronte un grosso albero caduto. Doveva essere un faggio. Mi fermai.

Era un tronco enorme, possente, e non riuscivo a capire come potesse essere finito così male. Sopra, una moltitudine di erbette si accompagnava a una tavolozza colorata di fiori gialli e blu e c'era anche qualcosa di molto piccolo che si muoveva tra un intrico di ramoscelli. Ripensai a quelle parole del filosofo, ma forse la bellezza della natura era anche un albero morto stroncato da chissà cosa. Mentre noi uomini ci diffondevamo in interpretazioni c'era una vita che procedeva per conto suo. Gli insetti ronzavano su quel cadavere marrone, piccoli animali lo percorrevano in cerca di nutrimento. Prima la vita poi la filosofia, pensai.

Ripresi a camminare. Ero quasi in fondo a una specie di valletta dove si apriva una radura punteggiata da alcune querce. Sicuramente i due erano lì da qualche parte se il mio senso dell'orientamento non mi aveva ingannato. Scesi tra cespugli e alberi più bassi e sentii distintamente delle voci assieme al suono di uno zufolo. Qualcuno stava suonando. Rallentai e cercai di capire la traiettoria migliore per fingere un incontro casuale. Li vidi a una ventina di metri di distanza. Beethoven era in piedi con le mani in tasca e la schiena incurvata, l'amico lì accanto gli stava parlando. Sotto una quercia il pastore aveva smesso di suonare. Al riparo degli ultimi abeti mi avvicinai quel tanto che bastava per cercare di capire cosa dicevano senza farmi scoprire. Proprio in quel momento il pastore ricominciò. Era un'arietta elementare ma d'effetto. Il suono dello strumento era piacevole anche se un po' stridente. Si fermò di nuovo. Beethoven gli si era avvicinato. Stettero alcuni istanti a fissarsi, poi con un gesto circolare della mano aperta gli chiese di ricominciare. Il pastore acconsentì e riprese il motivo dall'inizio. Trascorse così del tempo, allora Beethoven con un altro gesto lo interruppe e tornò verso l'amico. «Ora sì, ora sì», disse quasi urlando. Si abbracciarono e rimasero fermi mentre il pastore li guardava perplesso. Io non sapevo più cosa fare. Beethoven si era praticamente rannicchiato tra le braccia dell'amico poi, improvvisamente, con uno strattone si staccò dall'abbraccio e si diresse nuovamente verso il pastore. Si inchinò e gli strinse la mano, poi ritornò sui suoi passi. Si capiva che era turbato. L'amico gli mise una mano sulla spalla. Lui scuoteva la testa ma non riuscivo a capire cosa dicesse anche se parlava a voce molto alta. Continuava ad agitare le braccia, faceva un paio di passi poi si fermava. Quello lo strinse nuovamente, immaginai per calmarlo. Stettero così per alcuni istanti poi ripresero a camminare allontanandosi dalla scena.

Rimasi lì, fermo. Potrei dire quasi commosso. Non mi ero avvicinato, non gli avevo parlato ma avevo percepito un'emozione limpida e potente. Quale fosse la ragione non riuscivo a capirlo. E però, quell'intensità mi diceva che quello lì era l'uomo. D'accordo, aveva insultato una donna colpevole solo di essere innamorata della sua musica; era, lo dicevano tutti, una creatura diffidente, scontrosa, suscettibile. Ma io lo avevo visto mentre abbracciava un amico. Lo avevo scoperto indifeso, fragile, bisognoso. Era quello il titano? L'autore dell'*Eroica*? Chi era il musicista e chi era l'uomo? C'è uno spazio sconosciuto dove un musicista entra quando compone? Sconosciuto anche alla sua mente?

Troppi pensieri mi si affollavano dentro, sciamavano come api intorno al favo. Non potevo concedermi però questi lussi. Quella non era cosa per me. Ero un apprendista: prima le scale, il legato, poi il miele. Ma quell'emozione rimaneva lì, sostava nell'anticamera e voleva entrare. Non mi concessi. Guardai le cime dell'albero sotto il quale mi ero fermato. I rami lievemente incurvati verso il basso si intrecciavano con le piante vicine, scambiandosi ombre e frescura. Era ora di tornare indietro, pensai.

9

«Cosa potevo fare?», dissi ad Andreas. «Ti sembrava il momento giusto per attaccare discorso?».

C'eravamo incontrati al caffè dietro la piazza quello stesso pomeriggio. Andreas mi aveva ascoltato con attenzione. Cercavo di crescere nella sua stima nonostante il fallimento del mio tentativo.

«Avevo sentito dire che il suo udito era peggiorato e il tuo racconto me lo sta confermando…».

Era con lui anche la ragazza, che ci ascoltava distratta. In quella luce fioca la sua pelle sembrava meno chiara. Queenia: da quando l'avevo sentita chiamare la prima volta mi chiedevo l'origine di quel nome così particolare. Andreas intanto aveva ripreso in mano il libro che si era portato con sé.

«Direi proprio che la musica di quel pastore è una conferma delle sue tesi». Ammiccò compiaciuto come se chiamasse in causa l'autore di quel volume puntando il dito verso la copertina.

Lessi il titolo sul frontespizio. *Voci dei popoli in canti*. L'autore era Herder.

Queenia lo aprì e lo sfogliò pigramente. «Non c'è, però, quella che ti dicevo», insistette, «prima o poi te la canterò».

Andreas sorrise e mi guardò come per attirarmi nella loro conversazione.

«Sono dei canti?», chiesi. «C'è anche la musica?».

«Quella dovremmo mettercela noi, non credi?», rispose Andreas e come al solito non capii se lo diceva seriamente o scherzasse.

«È il libro di un filosofo ma dice cose molto interessanti anche per noi», continuò. «Raccogliendo i canti dei popoli della terra spiega di aver capito che la poesia è una dote naturale del mondo. Sì, dice proprio così: naturale. I canti dei diversi popoli sono espressione della loro anima, non un patrimonio degli uomini colti, ma qualcosa di spontaneo».

La filosofia mi stava venendo a trovare, pensai: prima mio fratello, poi Beethoven e quell'uomo, ora Andreas. In che mondo il destino voleva attirarmi?

Lui sembrava molto preso da quel testo. «E queste cose», stava aggiungendo, «ha avuto il coraggio di affermarle davanti al re di Prussia, Federico II, il sovrano che voleva far parlare tutti in francese e disprezzava la nostra lingua tedesca. "Lei sostiene", gli scrisse, "che sia troppo rigida e troppo rozza per il canto? Ma allora abbiamo bisogno di un genio, un genio creativo che trasformi la durezza in forza espressiva e la rigidità in qualcosa di maestoso"».

E io quel genio l'ho inseguito e ce l'ho avuto davanti, pensai, ma non ebbi il coraggio di dirlo a voce alta, anche se, secondo me, Andreas aveva in mente la stessa cosa.

Proprio in quel momento sentimmo il rumore di sedie che venivano spostate e delle risate sommesse provenienti da dietro il séparé alla nostra sinistra. Dopo un istante comparve l'uomo che avevo visto con Beethoven quella mattina assieme a un'altra persona, più o meno della sua stessa età, forse un poco più alto. Erano rilassati e sorridenti.

«A volte il Maestro ha degli slanci di cuore che mi commuovono», diceva il primo, quello che avevo visto con Beethoven.

«Per voi è stato un onore», esclamò l'altro e a quelle parole ripresero a ridere.

«Sulle prime, vi giuro, ero convinto che mi avrebbe tolto l'amicizia. Figurarsi, scambiare una mia marcetta per una sua opera».

«Siete sicuro però che vi abbia ascoltato bene?».

«Siete davvero insolente», rispose l'uomo del mattino, con una smorfia esagerata.

Quello però non lo guardò neanche e si portò una mano alla fronte. Si fermò e tornò indietro. Si sentì che trafficava dietro al séparé, l'altro allora lo seguì.

Probabilmente stavano cercando qualcosa e nel tramestio avevano spostato il séparé, che ci era quasi finito addosso. Mi alzai per sistemarlo. Lì dietro, praticamente a pochi centimetri di distanza da noi, stavano continuando a parlare.

«A proposito di dimenticanze, mi ha detto di no sulla questione di quel documento famoso».

«Lo immaginavo. Forse non dovevate nemmeno riaprire il discorso».

«Dopotutto fu lui ad accennarmene tempo fa».

«Già, magari in uno dei suoi momenti di abbattimento», concluse l'altro.

«Secondo me dovrebbe distruggerlo. Pensate se finisse in mano a qualcuno!».

«Mi sembra difficile. Comunque, avete ragione. È una cosa troppo delicata, per quel poco che ne sappiamo…».

Quindi riapparvero a fianco al nostro tavolo. Quello più alto stava sistemandosi l'orologio da tasca assicurandolo a un fermaglio.

«"È il mio segreto", mi ha ripetuto ancora una volta.

“La cosa più importante che ho scritto”», disse il primo, «“ma sta bene dentro al cassetto e lì rimarrà”».

L’altro non rispose. Si avvicinarono al bancone, parlarono con l’oste, presero i soprabiti e uscirono in strada.

Già dalla mattina mi ero sentito come di fronte a un mosaico. Poi parole, filosofie, suoni e commozioni. E adesso anche il segreto di un documento importante. Troppo, decisamente, per uno come me.

Andreas teneva le mani sulle ginocchia, i gomiti larghi, il capo chino. Concentrato, mordicchiandosi il labbro. Queenia aveva ripreso in mano il libro. Mi godevo quell’atmosfera senza neanche muovermi e trattenendo uno sbadiglio. Ero troppo stanco per continuare a pensare.

«Avete sentito anche voi?», disse Andreas rialzando la testa. Era la guida del nostro piccolo gruppo. Ed esigeva la nostra attenzione.

Lo guardai incerto, ragionando su una qualche risposta, come la sera prima dopo le sue osservazioni sul *Settimino*.

«Ripeto: non li avete sentiti?», insistette stizzito.

«Sì, certo», risposi quasi ostentando distacco, ma in realtà era la sonnolenza che mi dava quell’aria di disincantata vaghezza.

«Lui è Ferdinand Ries, ci conosciamo, ma era troppo preso a parlare, non mi ha nemmeno visto».

«Sono amici?».

«Devo leggere quella cosa. Assolutamente».

Lo conoscevo da meno di ventiquattro ore ma avevo capito che quando non rispondeva subito bisognava aspettare per poi tornare alla carica. Cambiava discorso con una disinvoltura disarmante e sicuramente provava piacere nel lasciare che i suoi sottintesi sedimentassero in chi lo ascoltava. Così non insistetti con un’altra domanda. Provai invece a suggerirgli di parlare con Franz di quel misterioso documento, ma mi liquidò con una scrollata di spalle.

«Non mi sembra indicato».

«Dici?».

«Dopo la questione della madre, poi…».

In effetti aveva ragione. Franz si era messo nelle condizioni di dover ricucire un qualche tipo di rapporto, ammesso che ne avesse mai instaurato davvero uno.

«Ries gode ormai di una certa fama, ma è un uomo amabile e cordiale, forse potrei parlarci».

«E con te lo farebbe?», intervenne Queenia.

Non le rispose.

«Dimostra grande confidenza col Maestro», aggiunsi io.

Non rispose neanche a me.

«La cosa più importante che ha scritto», riprese, «vi rendete conto? Finalmente una cosa che potrei toccare».

«Già». Faticavo a condividere quel suo fervore.

«Ti do un consiglio Wilhelm», mi guardò a mani giunte, ma non era una preghiera, quella, «se vuoi fare il musicista mettici un po' di energia nella tua vita».

Tacqui. Mi sembrò che neanche Queenia però lo seguisse troppo.

Avrei voluto obiettare che forse il Maestro era un uomo che non voleva rivelarsi del tutto e che magari bisognava rispettarne l'intimità senza fare tante congetture.

«Certo. Dobbiamo farci venire un'idea», esclamai invece al termine di quel monologo interiore.

«C'è una cosa che mi sta venendo in mente», disse lui, continuando a guardare in avanti. «Sai se ci sono altre famiglie in quell'edificio?».

«Non credo, ma non ne sono sicuro».

«In effetti c'era molto silenzio stamani».

Passammo un altro po' di tempo così. C'era poco da aggiungere secondo me.

Alla fine lui si alzò e noi lo seguimmo. Come promesso pagai il conto. Poi, sulla porta, quell'aria fresca mi diede una sferzata e tornai a incalzarlo.

«Dimmi la verità, vorresti prendere quel documento?».

«Rubarlo? No, cosa dici! Però...», e qui si interruppe mettendomi una mano sulla spalla, «ci vediamo domani?».

«Dove?».

«Alla stazione di posta, direi».

«Spero che la notte mi porti consiglio allora». Provai a sorridergli.

«O forse no, facciamo qui davanti», riprese. «Tanto direi di fare un sopralluogo di nuovo dalle parti della casa. Vieni anche tu stavolta, ovviamente», disse girandosi verso la ragazza.

«Ovviamente», rispose Queenia sorridendo e scandendo la parola come se volesse scherzarci. Quindi ci diede le spalle e camminando verso il marciapiede opposto si schiarì la voce, poi, guardando verso le luci lontane, cominciò a cantare in inglese.

Come over the hills, my bonnie Irish lass
Come over the hills to your darling
You choose the rose, love, and I'll make the vow
And I'll be your true love forever.[1]

1. Si tratta della canzone *Red Is The Rose*, versione irlandese di un'aria di tradizione celtica presente anche in Scozia con il nome di *Loch Lomond* e incisa da numerosi interpreti.

10

Avevamo trascorso una settimana spiando Beethoven a turno ed eravamo ormai certi che ogni pomeriggio, attorno alle quattro, usciva per la sua passeggiata nel bosco. Un'abitudine consolidata. Un bisogno fisico, si poteva perfino definirlo. Così, trascorsi sette giorni, decidemmo che era ormai arrivato il momento buono per mettere in opera il piano: io sarei rimasto di guardia davanti all'abitazione, Andreas lo avrebbe seguito, mentre Queenia si sarebbe introdotta all'interno della casa per trovare il famoso documento e copiarlo.

Era quindi a lei che toccava il compito più difficile: quando Andreas ce l'aveva spiegato mi era parso di stare dentro una fiaba. La ragazza che vive sugli alberi.

Per molti anni e molte estati aveva passato le giornate all'aperto in un villaggio in riva al Danubio. Il padre lo vedeva raramente, impegnato com'era a combattere ogni guerra che poteva fruttargli qualche soldo. La madre, una donna che veniva dal Caucaso, era sempre affaccendata assieme alle altre donne del gruppo. Il fratello maggiore era andato a Mosca e si era arruolato. Così in compagnia di altre due bambine Queenia aveva imparato a convivere durante la giornata con scoiattoli, tassi e martore. Li stanavano o li inseguivano, oppure si limitavano a spiarli, altre volte sull'alveo dell'ansa del fiume modellavano con la fanghiglia piccole forme di animali che poi lasciavano essiccare al sole. Dentro c'erano i loro spiritelli guida, dicevano le vecchie. Poi, di sera, leggeva e rileggeva quel libro di poesie e canzoni da cui aveva imparato l'inglese e ricantava dentro di sé le melodie che aveva ascoltato dal padre.

Ora, stando al nostro piano, lei avrebbe messo a frutto le esperienze campestri dell'infanzia e si sarebbe arrampicata sulla quercia che stava di fronte alle finestre sul retro della casa per poi scivolare all'interno. Non c'erano imposte su quel lato, l'avevamo appurato da subito, mentre negli ultimi tre giorni avevamo anche verificato che Beethoven o il suo domestico lasciavano i vetri aperti per arieggiare le stanze.

Questo dunque era il piano che ci era sembrato perfetto ma che non contemplava la pioggia.

Il fortunale mi aveva sorpreso all'angolo di Probusgasse a pochi metri dal portone di ingresso nel cortile. Era comunque la posizione migliore per sorvegliare ogni possibile via di accesso nel caso Beethoven fosse tornato dal Grinzingerweg, ma anche se avesse scelto di fare il giro più ampio arrivando dalla parte opposta. Andreas, tenendosi a debita distanza, lo aveva seguito dal momento in cui il Maestro era uscito, più o meno mezz'ora prima, quando ancora non pioveva.

Da quando avevo lasciato Queenia sotto la scarpata era passato parecchio tempo. Pioveva davvero tanto e mi stavo preoccupando. La tensione cresceva assieme al livello dell'acqua, che aveva già raggiunto le mie caviglie. Così abbandonai la mia postazione e scesi giù per il viottolo infangato che dava sul retro della casa. Avevo tirato su il bavero del pastrano nell'illusione di proteggermi. L'acqua mi colava sugli occhi dalle sopracciglia. Arrivai velocemente sotto la prima delle querce. Vidi che la finestra era completamente aperta, tesi le orecchie per sentire se si avvertivano rumori ma nulla. La ragazza sapeva far bene il proprio mestiere, pensai sollevato. Mentre risalivo per tornare al punto di partenza un tuono forte e prolungato mi fece sussultare. Proseguii accanto al muro per ripararmi il più possibile, l'acqua ormai era un torrente che dalla strada trascinava verso il basso fango e ramoscelli spezzati. Arrivato in cima mi accorsi che Andreas mi stava venendo incontro correndo.

«Sta tornando, sta tornando, è già sulla piazza. Tra meno di un minuto sarà qui e va di fretta».

«Non ci voleva», risposi.

«Lei è dentro, vero?».

«Penso proprio di sì, ho visto la finestra completamente aperta».

«Non perdiamo tempo. Io rimango qui davanti, tu vai ad avvertirla e scendete giù di corsa. Se vi scopre dentro casa è finita».

«Rimandiamo dunque la ricerca?», chiesi.

«Ti pare il momento di pensarci? Sbrigati, dai, che sta per arrivare».

Mi lanciai verso il portone ma qualcuno lo aveva chiuso dall'interno o almeno così mi sembrava. Feci un cenno allarmato ad Andreas che mi raggiunse in un attimo. In due spingemmo con forza afferrandoci ai battenti. Fortunatamente la serratura non era bloccata e il portone dopo un paio di tentativi cedette. «Sbrigati», disse, mentre controllava l'imbocco della strada dove ci sembrò di vedere la sagoma di Beethoven avvicinarsi, ma si era fatto talmente scuro che sicuramente non ci avrebbe notato. Entrai nel cortile, salii velocemente le scale. Passai davanti a casa Grillparzer poi bussai tre volte alla porta di Beethoven. Era il segnale convenuto. Dopo un attimo Queenia la aprì.

I capelli le si erano appiccicati alle guance, rosse per il calore che c'era all'interno, la camicia zuppa d'acqua le aderiva al corpo, ma lei era calma come se si fosse appena svegliata. Quando mi ero immaginato la parte conclusiva del piano avevo pensato che avrei approfittato del momento per contemplare la casa dove viveva Beethoven, ora però i miei occhi non si staccavano dalle forme di lei in trasparenza. Mi sforzai di distogliere lo sguardo.

«Sta arrivando. Dobbiamo andarcene. Subito», le dissi recuperando una minima presenza di spirito.

«Va bene, ma non ho finito».

«Non importa, non possiamo rischiare».

Rientrò velocemente all'interno. Accostò la finestra poi chiuse il cassetto della scrivania e diede una rapida riordinata a dei fogli di musica, poi uscì e richiuse la porta.

Avevamo perso troppo tempo. Forse potevamo chiedere a Franz di farci entrare, pensai. Mi avvicinai alla sua porta e bussai ripetutamente. Nessuno rispose.

«Che idea! Adesso siamo spacciati», dissi.

«Aspetta, guarda giù! Vieni!». Mi prese la mano e scendemmo per le scale. Sotto l'ippocastano accanto al muretto c'era un cespuglio di bosso largo e frondoso. In quella posizione era stato abbastanza risparmiato dalla pioggia. «Nascondiamoci lì», mi disse, come se fosse la cosa più naturale al mondo.

«Sei sicura?».

«Non ci vedrà se rimaniamo fermi, poi appena chiude la porta ce ne andiamo».

Scendemmo veloci e ci acquattammo lì dietro. In effetti il nascondiglio era buono. Scomodo senza dubbio, ma funzionale. Posizionato così, storto e disarticolato come una marionetta, percepivo però il respiro di lei come fosse il mio, assorbivo il calore che traspirava dal suo corpo e mi avvolgeva. Poi il portone sbatté con forza e sentimmo i passi di lui che si avvicinavano affrettati lungo l'andito. Lei mi si strinse ancora più addosso e con la mano mi schiacciò la testa, un ramoscello mi sfiorava l'occhio destro mentre i suoi capelli mi erano scivolati sulle labbra. Con la scusa di scostarli li accarezzai, lei mi fermò la mano e rimanemmo così. Mi sentivo confuso, tra il desiderio di abbracciarla davvero e la paura che venissimo scoperti. Trattenni il respiro finché non sentimmo il rumore dei suoi passi sui gradini. Improvvisamente si fermò. Fu un attimo che sembrò lunghissimo. Ebbi la tentazione di alzare la testa e feci un impercettibile movimento verso l'alto per cercare di vedere. Queenia se ne accorse e mi afferrò il collo con tutte e due le mani per tenermi giù. Ebbi un singulto e stavo per tossire. Lei sbarrò gli occhi e improvvisamente mi baciò. Profondamente.

«Maestro!». Era la voce di Franz proveniente dal ballatoio. «Avete bisogno d'aiuto?».

«Grazie, non vi preoccupate», rispose Beethoven con la voce ansimante.

«Mi era parso di sentire bussare», riprese.

Dentro di me lo benedissi.

«Sarà stato un tuono», disse Beethoven, «è una tempesta davvero violenta».

Poi riprese a salire, fece pochi passi sul ballatoio e si fermò di nuovo. Sperai che stesse frugando nelle tasche per tirare fuori le chiavi. Dopo un breve tramestio infatti si sentì la porta che si apriva e capimmo che era entrato in casa. Anche Franz fece lo stesso. Stavo per alzarmi ma Queenia mi fece cenno di stare ancora fermo. «Aspettiamo ancora un po'. Non si sa mai», sussurrò.

Le avrei detto che per me potevamo stare così per sempre, ma invece mi feci cagnolino ubbidiente e non proferii parola, gustandomi l'eternità precaria di quel momento.

Non trascorse un'eternità ma un buon mezzo minuto, poi lei sgusciò fuori e mi tese la mano. «Andiamo».

La pioggia aveva rallentato. Non mi ero mai sentito così felice anche se sapevo che non aveva alcun senso quello che era accaduto. Stavo per riaprire il portone ma lei mi fermò.

«Ti ho baciato per non farci scoprire, lo hai capito, vero?».

«Me lo aspettavo», risposi.

«Ti aspettavi il bacio?», riprese.

«Mi aspettavo che me lo dicessi».

«Infatti».

«L'hai letto allora quel foglio?», dissi fingendomi sprezzante e cambiando argomento.

«Non mi far parlare adesso sennò mi dimentico qualcosa. Non mi sono potuta appuntare tutto».

«Il bacio ti ha così distratto?». Non sapevo da dove mi venisse fuori quella tracotanza.

Non mi rispose e uscimmo in strada.

11

Per me un bacio era una cosa importante. Anche se strategico, senza sentimento.

È impossibile, pensavo, fare qualsiasi cosa senza che lasci una traccia nel cuore. Forse però ero io quello sbagliato. Il resto del mondo andava avanti tranquillamente con le sue logiche. Per mantenere la vita in equilibrio c'era bisogno di freddezza. Di usare gli avvenimenti per un fine pratico. Qualunque fosse.

E anche lui aveva un fine, ma non era lei. Lo capivo ora che eravamo seduti a casa mia. Era chiaro da come la guardava mentre Queenia recitava quello che ricordava di avere letto tenendo davanti a sé un foglietto umido e spiegazzato. Aveva solo potuto appuntare qualche spezzone di frase. Lui, però, non la teneva con amore negli occhi, attendeva con ansia solo le sue parole.

«Non era facile», cominciò lei, «in quel cassetto di fogli ce n'erano tre».

«Va bene, certo. Ci avrai messo tempo a capire cosa fossero», intervenni.

«Ma quello più intimo. Quello ci interessa», precisò Andreas.

«Ecco, questi sono i miei appunti. Mi sono segnata dei nomi. E sono riuscita a copiare le frasi che mi sembravano importanti».

Poi cominciò a leggere, quasi sillabando: «*Per me non può esserci sollievo in compagnia degli uomini, non posso tenere conversazioni elevate, non posso dare confidenze e riceverle. Se sto in compagnia sono sopraffatto*», poi disse che c'era una parola che le sembrava illeggibile.

«Non fa nulla. Vai avanti», la incoraggiò.

«*Voi mi ritenete scontroso*», riprese allora lei tenendosi il mento con la mano destra e strizzando gli occhi per leggere meglio la sua stessa grafia, «*ma non sapete la causa segreta che mi fa apparire così. Il mio udito*».

La fermò. «Il segreto», disse Andreas grattandosi nervosamente la testa, «il segreto sarebbe la sordità? Tutto qui? Non può essere. Non hai trovato altro?».

«Sì», proseguì lei, «più avanti parlava di un senso che pochi posseggono a quel livello di perfezione».

«Un senso? Non specificava nient'altro? Sei sicura che stavi leggendo il documento giusto?».

«Quello era sicuramente il più intimo», precisò Queenia, infastidita. Dopotutto era lei quella che si era esposta di più. Non meritava rimproveri.

Rimanemmo per qualche istante in silenzio. Eravamo ancora fradici come pulcini, lì, nel tinello. Così mi alzai e andai nella stanza di mia madre. Dal cassettone presi dei teli, tornai indietro e glieli porsi.

«Asciugatevi un po'», dissi col tono benevolo del padrone di casa. «Rilassiamoci un attimo, poi Queenia può riprendere con calma».

Lei mi ringraziò e mi parve sollevata. Andreas non disse nulla e afferrò il telo. Se lo passò sui capelli e poi si strofinò anche la nuca.

«Va meglio», disse.

«Forse sei proprio tu quello che ne ha presa di più», aggiunsi sorridendo.

Queenia non fece caso alle nostre parole e ricominciò

il suo lavoro di ricostruzione riprendendo in mano gli appunti.

Più avanti ancora c'era scritto che aveva pensato al suicidio, disse. Poi, e questo lo declamò con assoluta sicurezza come se fosse lui a parlare: «*Non potevo morire prima di svelare al mondo i miei sentimenti e che generassi le opere per le quali sono nato. Ho un bisogno imperioso di comporre*».

«Questa è la cosa più interessante», disse Andreas continuando a percorrere tutta la cucina col suo sguardo inquieto.

«Parla di morte, ma è ancora giovane. C'è tanto dolore in quello che hai letto», intervenni.

Mi sembrò che Queenia mi desse un calcetto sotto il tavolo. Forse era stato solo un movimento involontario. La guardai ma lei non distolse gli occhi dal foglio.

«Quello sì. Ma dice anche che ha dentro un istinto superiore». Andreas tirava dritto, minimizzando le osservazioni altrui. C'era da aspettarselo, pensai. Era un uomo prevedibile, in fondo, lo stavo capendo. Era una piccola soddisfazione, quella, per me. Ma intima, personalissima.

«Poi c'era anche un altro passaggio, ma c'è una parola che non riesco più a distinguere. Una goccia d'acqua ci deve essere caduta proprio sopra», Queenia aveva ripreso sollevando il foglio come dovesse leggervi in trasparenza. «Da quello che riesco a capire diceva di una guida cui doveva affidarsi».

«Persone? Nominava delle persone?», le chiese Andreas con impazienza.

«Lì no, ma su uno degli altri fogli c'era il nome di Napoleone. Ci ho fatto caso».

«Si sa che lui aveva una venerazione per Bonaparte. L'*Eroica* era scritta per lui».

«C'era anche un altro nome, mi pare Lobkowitz, oltre

a quello di Bonaparte. Scriveva», spiegò meglio, «che voleva andare a Parigi per un problema di denaro e c'era anche il nome di un generale francese, Poi mi sono segnata questa frase: "*La ricerca di una nuova via*". Non c'è altro, perché poi è arrivato Wil e siamo scappati».

Andreas sospirò a occhi chiusi, cercando di mettere ordine tra i pensieri. «Una nuova via. Questo si abbina perfettamente con quello che dicevo prima, peccato che tu abbia fatto un po' di confusione con tutti quei fogli».

«Non ho potuto leggere con calma», ribadì Queenia, «puoi immaginarlo. E poi c'era il temporale».

«Capisco, certo, scusami». Prese in mano i fogli, come se dovesse trovarci dell'altro. Credo che nonostante le scuse quel gesto la irritò ancora di più.

«E comunque non vi ha visto», riprese senza dar peso al malumore di lei. «Ancora non capisco come ci siate riusciti».

«Ci siamo nascosti bene. Dietro quel cespuglio all'angolo del cortile», aggiunsi. Poi per mascherare il rossore mi alzai in fretta e andai all'acquaio, presi tre bicchieri e una brocca d'acqua e li misi in mezzo al tavolo.

«Ancora acqua! Non ne hai avuta anche tu abbastanza?», Queenia mi guardò col sorriso largo e spassionato di un'amica. Si stava allentando la tensione e l'avevo indirettamente aiutata. Non replicai. Mi stavo innamorando.

Invece di prendere un bicchiere Andreas si alzò.

«Dunque c'è questa cosa», si avvicinò alla finestra e scostò la tendina. «Ma guarda un po'. Ha smesso del tutto», poi si voltò verso di noi, «ma non è stato un buco nell'acqua, che ne dite? Ora sappiamo di questo bisogno misterioso, della guida che cercava o che ha trovato e di questa nuova via».

Alzai la testa per dire che quel bisogno era imperioso,

non misterioso ma Queenia mi diede un altro calcetto sotto il tavolo prima che aprissi bocca. «Dici che cerca una cosa nuova, ma le note non sono sempre quelle? E allora che cosa si può trovare di tanto diverso?».

Mi si strinse il cuore a pensare a quel suo candore. Voleva compiacerlo, come per recuperare, ma non mi sembrava la tattica giusta.

«Hai presente un palazzo?», dissi improvvisamente.

Andreas si fermò in piedi fissandomi con l'espressione annoiata di uno che concede controvoglia la grazia della propria attenzione.

«Ci sono le fondamenta, le mura e le stanze. Le fondamenta sono le note basse, e le stanze dove la gente vive sono la melodia. Le mura sono quello che le tiene insieme, cioè l'armonia. Come nel palazzo ci devono essere le proporzioni giuste tra le parti perché rimanga in piedi, così nella musica le note basse, quelle intermedie e quelle acute hanno dei rapporti che devono essere rispettati, ma le combinazioni che ne vengono fuori sono tante, tantissime anche se le note sono sette».

Mi era piaciuta quella metafora ma ebbi l'impressione che le mie parole fossero cadute nel vuoto.

«A me, però, interessano di più le melodie», riprese Queenia, «per me conta quello. Posso suonare il clarinetto ma è meglio se canto».

«Ti prego, per oggi, no», la interruppe Andreas, «io devo pensare».

Queenia arrossì e tacque. Era lì, ma viveva altrove.

Lui tornò indietro verso il tavolo. «Ce ne andiamo?», disse.

Lei si alzò in piedi senza annuire. Andreas riprese il soprabito.

«Aspetta», dissi, «non hai nulla da metterti sopra, ti prendo una mantella di mia madre».

«Non mi sembra il caso di scomodarla», intervenne Andreas.

«Grazie sì. La accetto volentieri». Ogni parola, ogni mossa in lei era natura.

Volai in camera e tornai in un baleno. Invece di porgergliela gliela sistemai direttamente sulle spalle. Andreas aveva già aperto la porta. «Ci si rivede Wil. Se non qui, nei prossimi giorni a Vienna».

Dissi di sì. Lei non aggiunse nulla e mi guardò senza sorridere. Si scostò i capelli esattamente come avevo fatto io prima che ci baciassimo, poi si passò un dito sulle labbra. Sicuramente non era un segnale, ma io volli interpretarlo così.

12

Gli erano rimaste impresse quelle parole: il bisogno imperioso e la nuova via. Andreas si sentiva cacciatore. Doveva braccare le cose, doveva inseguire l'idea che di volta in volta balenava al cospetto della sua immaginazione ma non riusciva a fermare, a catturare.

La realtà era disseminata di segni. Ogni cosa rimandava a dell'altro. E lo stesso valeva per la musica. Quello era un sistema perfetto di richiami. Ma qualcosa sempre gli sfuggiva. Perché dei suoni eccitavano la mente e altri no? Qual era la regola? Ma ce n'era davvero una? Sì. Doveva essere così. Perché Beethoven c'era riuscito. Andreas lo sentiva ma non riusciva a spiegarselo razionalmente. Capiva solo che dopo secoli di tentativi lui c'era riuscito. La nuova via. La sua nuova via, il mistero che doveva scoprire.

Era rimasto ancora a Heiligenstadt per quella notte. Queenia era tornata a Vienna. Lui invece era lì. Da solo nella mansarda che aveva preso in affitto. Non aveva bisogno di nient'altro. La sua mente gli bastava. La mattina seguente era ripassato in Probusgasse e si era affacciato in cortile. Silenzio. Neanche stavolta Beethoven suonava. E gli uccelli, anche loro, si erano adeguati. Gli unici rumori venivano dalla strada: uno scalpiccio di cavalli, il tonfo di qualcosa che era caduto in terra, imprecazioni nel tipico accento locale.

Tornò sui suoi passi e si diresse verso la locanda di Manfred. La sua orchestra non esisteva più. Erano rimasti appena in tre. Avrebbe dovuto ricominciare a dare lezioni, non poteva continuare ad attingere al patrimonio paterno. Quel padre che amava l'opera buffa italiana e avrebbe voluto diventare tenore. All'inizio quando lui aveva solo cinque anni gli aveva regalato un violino, ma poi aveva sentito parlare di quello strumento nuovo. Il pianoforte.

Già all'epoca delle prime lezioni casalinghe del figlio si sedeva su una poltrona poco distante dallo strumento. Di spalle, per non disturbare, ma ascoltava tutto quello che Andreas suonava. Deliziato perfino da uno studio sulle scale. Mio figlio è un genio, diceva. Aveva ragione?

Bastavano quelle parole per farlo sentire importante? O doveva dimostrare di più? E a chi? Il padre lo abbracciava, gli stringeva forte la mano e lui si sentiva appagato. Ma al di fuori di quelle mura cosa sarebbe accaduto? Il mondo era irregolare, imprevedibile, dissonante. E così lui, il piccolo Andreas che si svegliava e andava al pianoforte ma che ancora con la mano non abbracciava un'ottava sulla tastiera, lui, che era quel bambino lì, con gli occhi cisposi di sonno, si sentiva come uno che più viene rassicurato più ha paura di perdersi. Più si sentiva amato più dubitava di sé. Chi poteva assicurargli che sarebbe piaciuto al mondo? Ma poi perché? Ne valeva la pena? Non voleva amore. Non voleva piacere.

I bambini quando provano un'emozione forte vorrebbero replicarla all'infinito, quando percepiscono un gesto d'amore vorrebbero imprimerselo nell'intimo. Lui no. Lui non si fidava del piacere delle emozioni e cercava di raschiare via la patina dell'amore da ogni esperienza.

Eppure un piacere era lì. A sua disposizione tra quei tasti. Il piacere della musica. Ne provava? Si divertiva o sfidava qualcosa? Si lasciava andare o ripeteva fino alla noia lo stesso passaggio? Ma continuava a testa bassa. E cercava difficoltà, sperava che ce ne fossero sempre di più perché desiderava quel momento in cui tutto, ma proprio tutto, si fa chiaro, in cui quello che pensi è esattamente quello che esprimi. L'esattezza.

Una volta, quando il padre aveva invitato una zia ad ascoltare questo bambino prodigio, lui non se l'era sentita ed era scappato dalla stanza appena aveva avvertito il suono delle voci al cancello del giardino. E si era nascosto sotto il letto dei suoi genitori, in silenzio. Come dentro un castello inespugnabile. Non voleva altri parenti garruli e compiacenti. Lo avevano cercato fino a tarda sera persino in paese senza pensare al posto più ovvio dove un bambino di solito si nasconde. Al coperto, al riparo, per avere solo a che fare col suo mondo.

Dove tutto doveva incastrarsi alla perfezione. Lì doveva esserci la fonte dell'esattezza. Ma c'era invece dell'altro. Era un mondo che nascondeva cose invisibili. Che davano sensazioni, vibrazioni, lievi sussulti al cuore. Certo, non le vedeva. Non sapeva da dove venissero. Eppure erano troppo intense per non essere reali. Forse stavano da qualche parte nei sotterranei. E lui voleva e non voleva che affiorassero. E poi, soprattutto c'era anche quell'altra cosa che aveva cominciato a provare da poco, pochissimo tempo. Una cosa fisica. Quando un motivo gli riusciva bene il cuore rallentava, lui si metteva una mano sul torace e la mano si riscaldava. Ma succedeva così di rado. Altrimenti l'aria attorno al suo corpo diventava come densa. E lui si muoveva a scatti, respirava forte, si strofinava gli occhi e voleva andarsene, uscire di casa, attraversare il giardino, arrivare al centro del paese dove i bambini giocavano a campana.

E ci stava bene con gli altri bambini. Lì tutto era sospeso. Si divertivano a prendersi in giro. Si schernivano e provavano piacere in questo reciproco attaccarsi. E lui giocava a essere così. E gli piaceva, lì non c'era più bisogno di sforzi. Tutto era trasparente. Nulla doveva avere per forza senso. Ma poi alla sera quei pensieri tornavano. Diventavano fantasmi, quel mondo lo richiamava, esigeva la sua presenza. Dove sei stato?, gli pareva di sentire dentro di sé. E allora si calcava il cuscino sulla testa per sentire solo il buio. Dove non c'era più nulla, neanche le cose invisibili. Nessun suono. Nessun rumore. Solo pace.

Andreas pensava a tutto questo mentre sorseggiava il mosto dopo aver finito il bollito. Ci pensava con lo sguardo perso che indugiava sulla parete dove troneggiavano le carte, il regalo di Mozart. Il vero bambino prodigio, che forse non faceva tutti quei pensieri ma suonava e basta. E incantava il mondo. Quello vero, quello che c'era là fuori.

Si voltò lentamente verso la finestra. Dalle imposte filtrava la luce del mezzogiorno e lì in mezzo nuotava un pulviscolo luminescente. Avrebbe avuto voglia di afferrare quelle particelle e invece si rigirò, si alzò e andò verso la parete. Attratto da quei colori.

Le primule, il maresciallo, l'infante. E la piramide.

«Lo pensate anche voi che l'ultima carta non c'entra nulla, vero?».

Si voltò in direzione della voce. C'era un uomo seduto accanto al tavolino nell'angolo, di fianco alla teca. Non se ne era accorto per tutta la durata del pasto. Forse era in ombra. O forse all'inizio non c'era, ed era piombato lì all'improvviso.

L'uomo riprese a parlare alzandosi in piedi e avvicinandosi anche lui alla parete. Mostrava una lieve zoppia. Mosse il capo con la stessa incertezza dal basso verso l'alto, inspirando con ritmo teatrale. Andreas notò subito il suo naso, largo alla radice e poi gli occhi: distanziati, umidi, accidiosi, vaporosi come una Fatamorgana.

«Guardate i colori dell'uniforme del maresciallo, guardate il mantello con gli alamari che sembrano in rilievo». Fece una pausa, inspirò di nuovo e accennò un colpo di tosse. Poi riprese indicando la teca: «E l'incarnato dell'infante: purpureo, splendente di salute, pare quasi stia per rompere il vetro della cornice. E che dire delle primule così sgargianti? Disegnate come se le si dovesse cogliere. E invece la piramide. Osservatela meglio. È come se la carta fosse caduta nell'acqua. È sbiadita, non può appartenere alla stessa collezione».

«Non conosco il gioco. Non saprei cosa dirvi», rispose Andreas senza guardarlo. Seccamente e ostentando freddezza.

«La vostra sincerità vi fa onore», rispose l'uomo. «O forse state semplicemente scantonando?».

«E perché mai dovrei?».

«Per buona educazione me la dovreste una risposta».

«Non vi devo nulla». Pensando di liquidare così la questione tornò a sedersi.

L'uomo non si scompose e fece una sorta di piroetta attorno al tavolo usando la mano ossuta come perno mentre la coda della sua redingote ruotava come il mantello di un pavone. L'abito era estremamente lussuoso ma fuori moda. Poi abbassò il capo quasi all'altezza dell'orecchio di Andreas sussurrando mellifluo.

«Non avete distolto lo sguardo per tutto il tempo del pasto. Vi ho seguito con attenzione».

«Ma pensavo ad altro», rispose Andreas sprezzante e alzando la testa di scatto. Poi aggiunse: «Non ho il piacere di conoscervi, ad ogni modo».

«Io invece sì. Anzi, per la precisione vi riconosco. Siete quel violinista».

«Non sono violinista. Sono pianista! Andreas Janowsky, musicista e pianista». Lo scandì a voce sostenuta sovrapponendosi quasi alle sue parole. L'uomo si ritrasse. Fece due passi indietro e incrociò le braccia sul torace, poi sollevò la mano sinistra a toccarsi il mento e riprese a parlare con lo stesso tono. Dominava lo spazio come un attore il palcoscenico.

«Eppure qualche sera fa ve la siete cavata non male con la *Jupiter*. E credo di non sbagliarmi neanche questa volta».

Ora dovette fissarlo anche se non gli andava. Era infastidito. Il sorriso dell'uomo, ecco: era quello che lo indisponeva. Il volto di uno che è quasi sulla soglia della vecchiaia e ha assunto tanti di quegli sguardi da leggere facilmente nel tuo. Eppure non ne aveva timore, non erano gli occhi di un uomo cattivo, ma di una maschera da commedia dell'arte. Uno che ti impressiona per fare effetto.

«Non ho nulla da dirvi». Capiva però di essersi rifugiato in una frase scontata e quindi di aver fatto una mossa prevedibile, facilmente contrattaccabile.

L'uomo si sedette al suo tavolo ma continuava a fissare le carte. Poi riprese, cambiando strategia.

«Non vi piace giocare? A me molto».

Andreas doveva riordinare le idee. Tacque mentre cercava Manfred con lo sguardo, ma l'uomo gli mise la mano sulla sua.

«Non mi avete risposto», continuò.

«Su cosa?».

«Quella carta è stata usata più volte prima di essere messa lì. Prima che Mozart gliela regalasse. Ma perché quella insieme alle altre? Non vi sembra strano? Voi che sapete suonare Mozart così bene, cosa ne dite? Cosa mai avrà avuto in testa?».

«Dico che la musica non c'entra nulla con una carta. E poi perché proprio la piramide?».

Andreas si rese conto che stava finendo in un discorso che sottintendeva troppe cose. Le temeva e le desiderava. Il ponte levatoio del suo castello si era abbassato.

«Forse siete troppo giovane per conoscere le idee di Emanuel Schikaneder, il grande impresario, l'uomo che ha portato il teatro a Vienna e che ha scritto il libretto del *Flauto magico.* Avete detto orgogliosamente di essere musicista. L'opera quindi dovreste averla presente, per cui...».

Andreas alzò di nuovo il capo. Faceva fatica a mantenere viva l'aria di sfida.

«Per cui? Ora siete voi a essere sfuggente».

«*Il Flauto magico*, atto secondo, prima scena. In mezzo a un boschetto di palme c'è una grande piramide. E poi ancora verso la fine la scena è occupata da una piramide. Ricordate? Dopo le prove dell'acqua e del fuoco che Tamino deve superare riecco la piramide che è il segno della sacralità del paesaggio. È un simbolo forte e che ha più di un significato. Non solo per la storia».

«Non le ricordavo tutte queste cose. Preferisco i suoi concerti per pianoforte e le sinfonie, come avete potuto sentire. Prima viene la musica poi i gorgheggi di quattro cantanti scalcinati».

Doveva averlo toccato perché per un attimo lo sguardo di lui si rabbuiò, ma era una nuvola passeggera e gli occhi tornarono a guizzare come pesciolini in una boccia.

«Evidentemente non date importanza ai simboli», riprese. «Pensate solo alla musica? Ma il simbolo racconta quello che serve alla storia più della musica. Una scena deve essere piena di cose, di sorprese, deve attirare lo spettatore, lo deve far sognare. Altrimenti perché andare a teatro? E in quel sogno passano molte cose, molti insegnamenti... Ecco perché quella piramide...».

«Volete dire che è anche lì sul muro per insegnare qualcosa? In questa locanda dimenticata da Dio? Non fatemi ridere...».

«Questo non lo so, ma è come se Mozart l'avesse lasciata lì perché qualcun altro potesse trovarla. E quel qualcuno potrebbe anche essere magari un altro musicista, un iniziato come lui, o», e qui fece l'ennesima pausa studiata, «come voi? I musicisti le sentono queste cose. Il destino. Almeno lui era così. Gli piaceva giocare fino alla morte».

«Ora però non vi seguo più», disse Andreas, che ormai aveva perso ogni riluttanza a farsi coinvolgere.

Ma quello non rispose, aveva assunto un'aria ispirata. Si alzò nuovamente in piedi. Gli occhi si erano fatti limpidi e più stabili. Poi si schiarì la voce con un colpetto di tosse e quasi ridendo si mise a cantare.

Gute Nacht, du schwarze Welt!
Weil du böse an mir handelst, mir kein schönes
Kind zuhandelst,
So ists aus, so sterbe ich.

Aveva appena finito che Manfred comparve sulla porta della cucina e continuò l'aria.

Schöne Mädchen, denkt an mich.
Will sich eine um mich Armen
Eh' ich hänge, noch erbarmen,
Wohl, so lass ich diesmal seyn.[2]

L'uomo sorrise e si lasciò andare a un lungo applauso. Ad Andreas là in mezzo pareva di essere di troppo, eppure l'atmosfera lo stava conquistando.

«Non pensavo di avere ospiti di questo calibro. L'aria di

2. Si tratta dell'aria di Papageno tratta dal *Flauto magico* di Wolfgang Amadeus Mozart, 1791.

Papageno. *Il flauto magico*», esclamò Manfred deliziato. «Vi faccio i miei complimenti e chiedo venia se la mia voce non è stata all'altezza».

«A lui sarebbe piaciuto. Non vi preoccupate. Voleva che il popolo cantasse le sue arie. Volevamo che il popolo si emancipasse con questa storia. Che aprisse la mente ai segreti nascosti nel mondo».

Manfred fece altri due passi verso l'uomo. La fronte aggrottata, l'aria solenne grottescamente in contrasto con il grembiule verde pallido macchiato all'altezza della vita.

«Quindi lo avete conosciuto anche voi!».

«Certo. Conoscere dite? In realtà potrei raccontarvi molto di più».

Si era fatto improvvisamente più assorto. Aveva smesso del tutto quell'aria ironica e giocosa. Sembrava anche più pallido. Esattamente come uno che deve a fatica tornare a interpretare il suo autentico io.

«Sapete che quelle carte…», proseguì Manfred. Ma quello lo fermò con un movimento netto e autorevole della mano.

«Lo so», rispose, «vi ho già ascoltato qualche sera fa. Ero al tavolo a giocare».

Improvvisamente la moglie di Manfred comparve sulla soglia.

«Manfred, vuoi venire? Ti ricordi che tra mezz'ora arriva quel gruppo da Graz? Forza, non perdiamo tempo».

Accennando un inchino e alzando poi le braccia al cielo per chiedere comprensione, Manfred la seguì verso la cucina e scomparve canticchiando all'interno.

I due rimasero qualche istante in silenzio. Ecco quello che Andreas non sopportava. Qualcuno che aggiungeva allusioni, sottintesi. Sentì un lieve capogiro.

«Ci siamo risparmiati un altro racconto, quindi», riprese a dire l'uomo che intanto si era rialzato in piedi.

«Ora sono io, però, che ho una domanda da farvi», Andreas gli si avvicinò. «Dunque siete stato con Mozart, voi?».

«Io sono Papageno, mio buon amico. Pa-pa-ge-no. Ripensate al *Flauto Magico*. Non immaginate le cose che ci sono lì dentro. I misteri... E poi, venite da me a Vienna. Abito di fronte alla torre di Paracelso. Mi troverete facilmente da quelle parti. Se ne avrete voglia».

«Ma dove si trova? Non conosco il nome della strada».

L'uomo gli aveva dato le spalle. Raccolse il mantello dalla sedia e se lo avvolse con gesto studiato e cadenzato. Poi si diresse verso la porta.

«Aspettate! Non so neanche come vi chiamate», Andreas fece per seguirlo. Ma quello si voltò appena e imboccò rapidamente la porta cantando: «*Pa-pa-pa-pa-pa-pappappa-pa-papageno*».

SECONDA PARTE

Vienna, dicembre 1808

1

Una volta da bambino assieme a mio fratello Bastian e a un amico avevo fatto un pupazzo di neve all'angolo della piazza dove abitavamo. Era stata una mattinata intensa di lavoro e fantasia. Bastian si era tolto la sciarpa e gliel'aveva messa al collo, l'amico che mi pare si chiamasse Gerhold aveva rubato al nonno il berretto da notte per coprirgli il capo, mentre io mi ero dato da fare a raccogliere delle bacche per rappresentare i bottoni su quella livrea di ghiaccio. A tavola io e Bastian avevamo raccontato l'intera operazione con molto orgoglio. Nostro padre sarebbe venuto a vederlo appena concluso il pasto domenicale. Ce lo aveva assicurato. Provammo anche a sporgerci dalla finestra per indicarglielo ma faceva troppo freddo e mia madre ci intimò di richiuderla in fretta. Non ci accorgemmo quindi che un ramo nodoso si era staccato dall'albero fracassando la nostra scultura, che quando più tardi scendemmo si stava già sciogliendo.

Nostro padre sorrise vedendoci così delusi e ci rincuorò dicendoci che era stato fatto proprio bene: si vedeva che l'avevamo costruito con amore. Bastian si mise a piangere, io invece protestai perché, dissi, non era possibile che una cosa frutto della fantasia finisse in quel modo.

La mia era una protesta indistinta verso le cose del mondo, che non dovevano interferire con le mie creazioni. Mio padre cercò di farmi capire che comunque col sole dei giorni seguenti si sarebbe sciolto ugualmente e che una cosa era l'immaginazione un'altra il mondo reale. Non si poteva fare nulla che con quel mondo non avesse a che fare. E lo disse con quel tono adulto che non ammette repliche.

Era una questione complicata per la mente di un decenne. Salito in casa mi misi al pianoforte. Avevo degli esercizi di ottave da finire per la lezione del pomeriggio seguente. Le mani andavano che era una meraviglia. La musica, pensai. Quando suono non c'è niente di quel mondo reale che mi possa disturbare. Sì, la musica era uno spazio di libertà dove potevo immaginare quello che volevo. Senza che si consumasse.

Ecco perché posso dire che il mio amore per la musica deve molto alla neve.

Ci stavo ripensando mentre ero fermo all'angolo vicino a un'uscita secondaria del palazzo del conte Lichnowsky. Era il mattino del 20 dicembre ed era nevicato così tanto per tutta la notte precedente che dovunque mi girassi mi pareva di vedere creature di fantasia imprigionate nel ghiaccio. Serpenti di neve attorcigliati ai rami, scoiattoli di neve che scendevano lungo le grondaie, gargoyle di neve sopra i cornicioni delle chiese. Come i bambini quando indovinano forme fantastiche nelle nuvole in cielo io le cercavo in quel biancore confortevole e rasserenante. L'immaginazione sembrava aver vinto per una volta la sua battaglia contro il mondo. Grazie alla neve.

In quel momento due domestici uscirono da una porticina con delle ceste di vimini. Pensai che dovessero essere degli effetti personali di qualche familiare del conte. Infatti si diressero verso una carrozza che sostava pochi metri più avanti, le sistemarono all'interno e tornarono indietro. Non erano neanche rientrati che altri due uscirono facendo lo stesso percorso con altre ceste. Poi a metà strada uno si fermò e mi fece un cenno. Mi avvicinai incuriosito anche dal profumo intenso di cibarie che aleggiava attorno a quella processione.

«Siete il signor Janowsky?», chiese l'uomo. Gli spiegai che ero venuto lì al suo posto e aspettavo solo di sapere dove era il materiale da portare al teatro. Loro forse sapevano qualcosa a proposito di leggii o spartiti?

Quello si mise a ridere indicandomi il contenuto della cesta.

«Ecco gli spartiti per il loro stomaco», disse ridendo, «e non è mica finita qui». In quel momento altri due domestici uscirono con un grande contenitore di metallo che impugnavano con dei pesanti guanti di lana. Il tipo mi spiegò che c'era del burro, mentre sulla carrozza era già stato sistemato del pane ancora caldo e una gran quantità di carne. Ci saremmo dovuti sbrigare perché in teatro avevano fame.

E così ancora una volta il mondo reale reclamava le sue prerogative. Non si poteva fare nulla che con quel mondo non avesse a che fare. Li aiutai a terminare il carico e salii sulla carrozza.

La neve, lungo la strada che portava al teatro, aveva perso incanto e candore, ammassata com'era in mucchi informi e grigiastri lungo i marciapiedi. Accanto al postiglione il vento mi spruzzava gli ultimi esili fiocchi che non riuscivano più ad attecchire sul selciato, dove si vedevano lucide lastre di ghiaccio che le ruote spezzavano con grande fragore. Il postiglione scuoteva il capo per l'imprudenza dei passanti mentre con una mano teneva le redini e con l'altra cercava di sollevare il bavero del suo cappotto. I baffi folti erano punticchiati di piccole perle di ghiaccio che a poco a poco si scioglievano al calore del respiro. Imprecò quando passammo in prossimità di una strana costruzione a forma di torre. Un uomo giovane, di spalle, aveva attraversato improvvisamente. Forse per scusarsi per quegli eccessi d'ira mi disse che era già il terzo viaggio che faceva quella mattina. Era infreddolito e la temperatura sembrava scendesse ancora. Il cielo era nuovamente invaso da un blu gelido e austero.

Gli chiesi se c'erano altri domestici del conte davanti al teatro, ma mi spiegò che lì la gestione riguardava un altro nobile che da qualche mese si occupava di organizzare spettacoli e concerti.

Anche dal retro il teatro aveva un aspetto solenne. Era stato definito il più importante tra tutti quelli dei paesi di lingua tedesca e forse era anche il più grande, visto che vantava una capienza di duemila posti. Andreas, che c'era stato un paio di volte, mi aveva detto che all'interno dominavano il blu dei velluti e l'argento delle colonne mentre il palco dell'imperatore era interamente decorato d'oro. Ero emozionato e benedicevo quella sua improvvisa indisposizione.

Scendemmo in tre e iniziammo a portare ceste e recipienti all'ingresso posteriore dell'edificio. Lì ci aspettavano due inservienti del teatro mentre un paio di quelli che erano venuti con me in carrozza ripartirono col postiglione. Per oggi il loro lavoro era terminato, in teatro sarebbero bastate tre persone, una delle quali capii di essere proprio io.

Mancava poco a mezzogiorno e dovevamo sbrigarci, ci disse un tizio che stava in piedi in cima ai quattro gradini della scala con in mano un quaderno dove appuntava tutto quello che veniva portato all'interno. Dovevamo essere molto vicini alla scena perché si sentiva distintamente il suono dell'orchestra. L'inserviente che era davanti mi fece un cenno spazientito perché si era accorto che mi ero incantato ad ascoltare. Alzai la mano per scusarmi e quasi feci cadere un paio di pagnotte dalla cesta. Quindi ci incamminammo lungo un corridoio in penombra che costeggiava la platea. Cercando di assumere un'aria efficiente provai a ignorare quei suoni. Era una sezione d'archi che attaccava un motivo sinuoso ma lineare, poi però si zittì e mi parve di distinguere voci concitate. Nel frattempo avevamo deviato verso sinistra dove un cunicolo corto ma più stretto sfociava in un ampio atrio dove regnava una certa animazione.

Mi fermai e mi guardai intorno con la tentazione però di tornare indietro.

«Ehi, ragazzo, dico a te», c'era una donna grassoccia e dal volto roseo come quello di un lattante che mi stava chiamando, «faresti meglio a venire da me in dispensa. C'è da preparare del pane e burro e i domestici del conte Paiffy fanno gli schizzinosi».

Ecco, non era proprio la mansione che avevo sognato di svolgere in un teatro, ma accettai di buon grado. La donna aveva l'aria di chi la sapeva lunga su come andavano le cose lì dentro e avrei fatto sicuramente bene a darle retta. Mi diede un grembiule a quadri bianchi e rossi mentre mi squadrava dalla testa ai piedi. «Ha buon gusto il conte, o è stata la sua signora a sceglierti?».

Arrossii e mi legai il grembiule attorno ai fianchi cercando di celare l'imbarazzo.

«Tranquillo», disse lei leggendomi nel pensiero, «potresti sembrare tutto fuorché una vecchia serva». Detto ciò mi porse un coltello e un tagliere di legno e mi fece vedere come tagliare il pane, spiegandomi che le fette non dovevano essere troppo spesse. «Poi penseremo a imburrarle», concluse.

In quel momento entrarono gli altri due inservienti con le damigiane di vino rosso. La donna li salutò calorosamente e gliele fece sistemare dietro una tenda. Subito dopo tornò brusca e autoritaria. «Occhio a non rompere i bicchieri sennò il conte ve li farà ripagare».

Poi si girò verso di me: «E tu attento a non tagliarti quelle manine da efebo. Sei più imbranato di mio nipote». In realtà non era inettitudine. Dal palcoscenico mi aveva fatto trasalire di nuovo quel motivo e mi ero procurato un piccolo taglio all'indice. La donna prese una garza e me la sistemò come fosse un cappuccio. «Ho capito», disse, «finisco io, tu comincia a imburrare con quell'altra».

Mi indicò il recipiente metallico all'altro capo del tavolo. Poi accese un fornelletto sul quale c'era una pentola con dell'acqua e un piatto sistemato sopra.

«Mettici due o tre panetti per volta ma tienili d'occhio, devi solo riscaldarli quel tanto che basta per spalmare. Non farli sciogliere e non pensare a Beethoven, che ha già passato parecchi guai questa mattina».

Mentre mi stavo dando da fare con spatole e coltello mi spiegò che aveva più volte insultato alcuni orchestrali e che quelli avevano minacciato di lasciare la sala. Quindi era meglio sbrigarsi a preparare le cibarie per rabbonirli.

«Tutta quella carne è un lusso di questi tempi e vedrai che torneranno docili come agnellini. A tavola in compagnia prese moglie un frate, diceva mia madre», concluse la donna col tono di chi sapeva come funzionano le cose della vita. La garza nel frattempo si era inzuppata di sangue. Mi fissò sconsolata. «Vatti a sciacquare e tieni il dito per un po' sotto l'acqua. Torna indietro da dove siete venuti e gira a destra. Più avanti troverai un ripostiglio con un lavatoio. Ma sbrigati che abbiamo poco tempo».

Feci come aveva detto. Uscii velocemente e mi incamminai per il corridoio nella penombra. Sulla parete in alto un piccolo lucernario. C'era silenzio ora. La musica si era fermata. Entrai nella stanzetta. Sul muro c'era uno specchio sopra il lavandino. All'angolo, vicino a un secchio, delle locandine ripiegate. Presi in mano quella che sporgeva e che annunciava la prima del *Flauto magico* di qualche anno prima. Sulla sinistra c'era una pompa in ghisa. La azionai e uscì un bel rivolo d'acqua freddissima. Misi il dito sotto il getto e rimasi così per un po', poi con la mano destra afferrai un telo lì di fianco e cominciai ad asciugarmi. Non mi ero accorto che la porta si era aperta e che qualcuno era entrato. A sentire la voce però trasalii.

«Sono degli asini insensibili. Mi tocca dirigere un gruppo di asini, ve ne sarete accorto anche voi...».

Era Beethoven. Il telo mi scivolò dalle mani e cadde proprio ai suoi piedi. Feci per chinarmi ma mi precedette. «Voi dovete essere il giovane di belle speranze di cui mi ha parlato Lichnowsky», disse mentre si sciacquava le mani. «Ho fatto bene o no a insultarli? Non ha sentito che non riuscivano a legare? E la frase perdeva di omogeneità, finiva per sembrare una marcetta».

Avevo accettato di spalmare del burro sul pane, mi ero ferito un dito e avevo subito i giusti insulti della vivandiera, e il risultato era che ora Beethoven mi stava chiedendo un parere. La vita ti premia quando fai qualcosa che non pensavi né volevi fare. E però ti chiede in cambio un minimo di gratitudine e in questo caso di prontezza. Non avevo ascoltato quelle prove, però, e non potevo mentire.

«Voi fate questo in nome della bellezza», dissi.

Lui si avvicinò e in quel momento pensai che non gli fosse piaciuto quello che avevo detto. Poi mi ricordai del problema del suo udito e prima che me lo chiedesse lui ripetei ad alta voce la frase.

«Certo», rispose, «ma la bellezza non basta, abbiamo

il dovere di servire l'arte e chi ci ascolta. È un dovere morale per un musicista».

«La bellezza e la morale sono come la luce e il calore per lo spirito. Non possono fare a meno l'una dell'altra». Non so in quale angolo della mente pescai quel concetto ma il risultato fu che il suo volto si illuminò. Si fece più vicino e mi mise una mano sulla spalla.

«Mi diceva Lichnowsky che avete una gran testa. Quell'uomo nobile raramente si sbaglia devo dire, ma», e qui si fermò, «avrete anche la pazienza di sedervi ad ascoltare il resto delle nostre prove?».

Tremavo dall'emozione. Credo di avere appena accennato con la testa e mentre mi sforzavo di rimanere presente a me stesso lo sentii parlare come in sogno: alludeva a un palchetto di cui aveva la chiave e dove mi potevo sistemare per l'ascolto. Lui aveva vissuto in quel teatro per due anni in passato e ne conosceva ogni angolo.

Mi diede il braccio e uscimmo imboccando un altro corridoio sulla destra che portava alla platea, poi si fermò e riprese a parlare.

«Io capisco che si possa sbagliare ma non tollero che si suoni senza espressione. La mia nuova sinfonia, quella che adesso riascolterete, deve esprimere il sentimento di chi arriva in campagna. Non è una pittura ma è espressione di questo sentimento. Siete mai stato a Heiligenstadt, o a Döbling, avete mai passeggiato per il bosco viennese?».

Ripensai a quella mattina di fine estate, a quello sguardo dalla finestra della casa di Franz e poi al ridicolo inseguimento e al contadino che suonava sotto l'albero. Chissà perché temevo di tradirmi e quindi restai sul vago. Dissi che ci andavo qualche volta d'estate.

«Dovreste camminare a lungo tra i boschi», riprese, «per me è l'unico conforto. La foresta è un incanto. Ma chi riesce a esprimere tutto ciò? Quando cammino, ogni albero mi sembra dire santo, santo».

Aveva parlato a voce così alta che due musicisti ci raggiunsero scostando la tenda che ci separava dalla platea. Si sorpresero nel vederlo così sorridente e mi guardarono con una punta di invidia. Poi un altro gli disse che stavano arrivando le cose da mangiare e ci si sarebbe fermati fino all'una. Lo disse tentennando, nel timore di una reazione di Beethoven che invece era ancora sovrappensiero.

Intanto in platea gli inservienti facevano su e giù con i carrelli. Sopra c'era la carne e il vino. Dietro di loro vidi la vivandiera arrancare faticosamente con una grande cesta. Sopra c'era il pane imburrato che avevo tagliato in parte anch'io. Temetti che mi vedesse e mi richiamasse all'opera, così mi accucciai quasi dietro Beethoven che mi guardò perplesso.

La vivandiera non si accorse di nulla e dopo un po' tornò indietro col carrello semivuoto.

Gli orchestrali intanto avevano invitato Beethoven a seguirli in platea per mangiare, ma lui non li ascoltò e mi fece un cenno. Poi mi passò quasi di nascosto la chiave. Era legata a una barretta di legno dove sopra c'era il numero 7 e la lettera C. Non li avrei più dimenticati.

2

Dunque avevo parlato a Beethoven con le parole del poeta. Chiuso nella mia stanza, dopo aver smaltito l'emozione di quella giornata di prove d'orchestra, avevo ripreso in mano il volume dei frammenti di Novalis che mio fratello mi aveva portato da Jena. Alcuni passaggi li avevo ricopiati in un quaderno dove spiccava quella frase in cui il poeta teorizzava la similitudine tra luce e calore, bellezza e morale.

Ma c'era di più e in effetti la maggior parte delle cose appuntate riguardava la musica. Anche se non aveva una preparazione specifica, Novalis aveva delle intuizioni folgoranti, associava concetti che sembravano estranei e quello che ne veniva fuori era una metafora nuova e sorprendente: era come se si fosse improvvisamente svelata una porzione di mondo nascosta. Idee che si incontravano e arricchivano le parole di significati nuovi, le sue intuizioni erano il lievito per la loro pasta interiore. Sentivo che anche la mia sensibilità cresceva, come se il mio cervello si dilatasse o diventasse più poroso, ricettivo. Crescevo con le parole, il mio Io cresceva.

Lo studio del mondo incomincia dal soprano infinito e assoluto, al centro e fa la scala discendente, lo studio di noi stessi incomincia col basso infinito e assoluto alla periferia e fa la scala ascendente. Unione assoluta del basso e del soprano. Sono sistole e diastole della vita divina.[3]

Era davvero oscuro, sembrava un oracolo. Ma c'era anche logica. Lui era un matematico dell'arte.

*La musica non ha forse qualcosa dell'analisi combinatoria e viceversa? I numeri sono le vocali matematiche. La fuga è perfettamente logica e scientifica ma può essere anche trattata con la poesia. Il basso continuo contiene l'algebra musical*e.

A rigore anche il musicista ode attivamente. Egli ode dal di dentro. È vero, certamente, che questo uso capovolto dei sensi è un mistero per i più, ma ogni artista ne sarà più o meno cosciente.[4]

Richiusi il quaderno e pensai che Beethoven di sicuro ne era cosciente. Quale tremenda menomazione per un musicista doveva essere un danno all'udito o addirittura la perdita di quel senso! Ma lui era la prova del contrario, della verità di quello che aveva scritto Novalis. Beethoven udiva dal di dentro e se questo per i più sarebbe rimasto un mistero per lui era invece chiarissimo. La musica la percepiva nel silenzio ma la riversava all'esterno, dopo che quelle vibrazioni lo avevano attraversato. Ecco perché ogni suo motivo era più vero di qualsiasi altro. Era più umano. Non necessariamente più bello. Non era solo questione di bellezza.

Ma intanto al di qua di quei pensieri nobilissimi c'ero io. Io che gli avevo mentito due volte. Non solo mi ero appropriato delle parole del poeta per farmi bello in un momento di difficoltà, ma gli avevo fatto credere di essere la persona di cui gli aveva parlato il conte.

3. Novalis, Frammento 1143, in *Frammenti*, trad. it. di Ervino Pocar, Milano, Rizzoli, 1976, p. 293.

4. Novalis, Frammenti 1142 e 1120, in *op. cit.*, pp. 288 e 293.

Probabilmente avrei presto pagato il conto di quelle finzioni. Beethoven avrebbe parlato con Lichnowsky? Questo non era certo, anzi. Ma io sicuramente avrei incontrato Andreas al concerto. Dovevo dirgli la verità o fingere che non fosse successo nulla e che mi fossi limitato a portare i viveri in teatro? Non sapevo davvero quale decisione prendere, eppure nello stesso tempo mi sentivo fiero di me: bene o male avevo messo un piede in quel mondo di cui fino ad allora avevo solo ascoltato l'eco indiretta attraverso la mia pratica di studente. E ora non volevo fermarmi sulla soglia. Il sogno lambiva la realtà anche se per fare ciò aveva dovuto indossare un travestimento. Eppure proprio questo improvviso accesso di furbizia mi eccitava. Mi faceva sentire più grande e smaliziato e soprattutto pronto a sedermi alla tavola della realtà. Beethoven, certo, non avrebbe ragionato così. Ma io non avrei mai avuto a disposizione la risorsa del suo genio, io avrei dovuto arrangiarmi e faticare. Io che avevo maledetto un albero per aver osato deturpare una mia fantasia e quel giorno, per far sì che la fantasia diventasse reale, avevo dovuto mentire.

Ero un privilegiato, non dovevo dimenticarlo.

Nel buio del palco avevo ascoltato due tempi interi di quella sinfonia in fa maggiore. Il primissimo motivo traduceva la sensazione che si prova quando si esce dal folto del bosco. Quella bellezza che hai davanti è un assaggio, un invito a guardare oltre, oltre quella linea di alberi, oltre le colline, verso il cielo. Andreas aveva detto che Beethoven raccontava. Secondo me però c'era di più. Quella musica era estroversa, non bastava a se stessa, aveva una natura morale, perché era un invito che rivolgeva a chi ascoltava, chiedendogli di partecipare. Era una musica che non diceva solo «Io» ma aveva bisogno di un Tu che immaginasse assieme a lei. E infatti anche il mio Io era stato lì ma nello stesso tempo era tornato alla sua campagna, era rientrato in un mondo di ricordi. Dove tutto, però, si era fatto nuovo. Impossibile non pensare alle prime camminate nel bosco con mio padre e i miei fratelli, impossibile non rivederlo, quel bosco. Ma la musica mi aveva dilatato lo sguardo e lo aveva acuito. E così mi sembrava di scoprire in quel mondo delle cose che non avevo visto, come quando da bambino per tornare a casa imbocchi una strada mai fatta e allora tutto quello che era abituale ti sembra diverso. E meraviglioso. Ecco, la sensazione era la stessa. Anche la memoria aveva occhi nuovi. E si stupiva, come quel bambino.

Ma era quello allora il segreto? Questo cercava Andreas? Ma lo cercava dove lo si poteva trovare? Secondo me, no. Lo sentivo ma non riuscivo a razionalizzare. Ce n'era bisogno, poi, dopotutto? Io non volevo appropriarmi di nulla, non mi interessava. Mi bastava quel piacere intenso, appagante, che continuava anche a distanza di ore.

E poi il secondo brano. Lo stesso che avevo ascoltato entrando in teatro con la cesta del pane in mano. Lì si vedeva un ruscello placido e mormorante in una spianata accogliente.

Sentii distintamente Beethoven ripetere: «È un ruscello, più grande il ruscello, più il suono deve essere profondo e pieno». Così, allora, nei registri medi e gravi degli archi mimava il flusso crescente dell'acqua, e sopra brevi frasi che emergevano in intervalli minimi come increspature, senza turbare la quiete dell'insieme.

Poi all'inizio della ripresa fece fermare tre volte l'orchestra, insistendo particolarmente col fagotto e l'oboe. Dopo tanta acqua ci voleva un suono agricolo, terrigno, corposo. Prima della sorpresa finale: gli strumenti che imitavano la voce degli uccelli. Era il momento della cadenza, quando il solista sa che arriva la sua occasione.

L'improvvisazione, prima del gran finale. A quel punto Beethoven aveva evocato il cuculo, l'allodola e la colomba per far sentire la loro voce. Senza l'orchestra. Senza la mediazione umana. Il suono campestre. Prima c'era l'uomo che guardava e immaginando sovrapponeva il suo Io al paesaggio, ora invece c'era lei, la natura, sola con i suoi interpreti minimi, unici.

Avevo goduto così di una straordinaria anteprima. Riviverla mi aveva anche aiutato a scacciare il pensiero di come c'ero arrivato. Perché dovevo sempre pormi domande e abitare tra i dubbi? Da quel momento la parola d'ordine doveva essere vivere. Perché vivendo l'inatteso avevo coronato quello che sembrava un sogno irrealizzabile, sul quale avevo tanto rimuginato e invano. E poi la seconda cosa da fare: godersi quel concerto. Mancavano solo due giorni.

3

La prima volta che si erano rivisti, seduto al caffè all'angolo di Adlerstrasse, l'uomo indossava un frac blu scuro, stretto in vita, sotto al quale spiccava un gilet damascato di un rosa vivacissimo. I pantaloni rispecchiavano ancora la moda del secolo passato: stretti alla caviglia grazie a cinque bottoncini dorati che avevano attratto l'attenzione di Andreas.

In quell'occasione, era l'inizio di dicembre, era stato di pochissime parole, dandogli appuntamento per la mattina del 20 dello stesso mese. Sarebbe entrato con lui nella torre del grande mago Paracelso. Ma nel parlare era stato sobrio, distaccato, netto e deciso, senza fronzoli o bellurie. Evidentemente, pensò Andreas, aveva preso un abbaglio reputandolo solo un chiacchierone istrionico quel giorno alla locanda di Manfred.

Sì, doveva essere così e se lo ripeteva percorrendo la strada fino all'angolo dove la torre spiccava più del solito contro quel blu limpido, con le scolature della neve che scendendo dal tetto scomponevano la luce del sole in intarsi luminosi, regalandole riflessi fiabeschi e una gaiezza infantile che sembrava farsi beffe dell'austerità delle pietre.

Se davvero ci aveva abitato un sapiente, un conoscitore dei misteri della natura, degli elementi e delle rocce, sicuramente quei segreti erano nascosti all'interno, incuranti degli umori delle stagioni e delle atmosfere.

Una carrozza gli sfilò a fianco. Il postiglione, un uomo baffuto, gli gridò qualcosa, ma lui neanche si voltò. Attraversò la strada e si fermò per un istante di fronte alla costruzione. Poi si avvicinò con un senso quasi di rispetto e aprì la porta. Era tale il contrasto di luce che non riusciva a veder nulla all'interno. Si sarebbe aspettato un uscio cigolante, uno svolazzare di pipistrelli, dimenticandosi che era in pieno centro della capitale dell'Impero e la vita scorreva lì accanto coi suoi ritmi commerciali e incuranti.

C'era almeno però una scaletta a chiocciola, di legno di quercia solido e nodoso. Illuminata di taglio da una finestra in alto a sinistra conduceva a un ballatoio piuttosto largo, quasi un ampio soppalco.

Ma lì la prima stranezza lo aspettava. Al centro un piccolo padiglione di legno rettangolare, contornato da drappi neri assicurati da spessi cordoni dorati a dei montanti. Entrando la prima cosa che notò fu una lastra di ardesia, grigio chiaro, illuminata a malapena dalla luce diffusa. Invece, subito alla sua sinistra, avvolta ancora di più nella penombra, una specie di scatola metallica dai riflessi che sembravano dorati. La scorse con le mani fino alla parte anteriore, dove sembrava ci fosse una cavità o un buco. Fece altri due passi avanti e quasi inciampò in una poltrona.

Posò la mano su un velluto liso e consunto all'attaccatura dei braccioli e nella parte alta dello schienale. Poi si sedette, sentendosi invitato a farlo. Subito, precisamente in quell'istante, iniziò a suonare un carillon. La musica lieve e cristallina accompagnò una pioggia di piume che scendevano dall'alto ondeggiando svolazzanti, cullate da una brezza leggera che aveva preso a spirare assieme al suono del carillon. Fu in quel momento che una voce intonò l'aria di Papageno.

Era l'uomo che la cantava, come quella volta a Heiligenstadt, ma in modo più stentato ed esitante. Era la voce di un vecchio. Una voce offuscata, ostaggio di nostalgia. Andreas sentì una stretta al cuore. Era quasi impensabile che in quell'aria così lieve, aerea e suadente ci potesse essere una nota di intenso struggimento. E allora, cosa stava accadendo? E soprattutto a cosa stava assistendo? Mentre si faceva queste domande, quasi sul finire dell'aria percepì un acuto profumo di incenso mentre dal pavimento si sollevò una nebbiolina leggera che saturò l'aria di umidità. Ebbe un capogiro e provò una sensazione di fastidio alla bocca dello stomaco, proprio mentre l'uomo aveva preso a parlare.

«Benvenuto nel mio tempio, il tempio della vostra iniziazione, fratello».

Non capiva da dove arrivasse la voce, echeggiava nelle vicinanze, mentre le piume iniziavano a svanire. Poi, all'improvviso, delle ombre presero forma sulla lastra, assieme a una vibrazione intermittente: prima un sibilo frusciante, poi un gorgoglio. Di fronte infatti vedeva acqua, acqua che sgorgava da una qualche fonte e scendeva in uno stagno, increspandone la superficie. A poco a poco la luce si fece più forte e sulla lastra lo stagno acquistò un crescente chiarore. Gli parve di vedere dei fili d'erba mossi dal vento, mentre il gocciolare si era interrotto e la musica riprendeva. La nebbia intanto saliva verso l'alto e tornava a offuscare l'immagine. «Dovrete immergervi nell'acqua», disse la voce mentre il carillon aveva ricominciato a suonare, «avvicinatevi, avvicinatevi alla fonte».

Era strano, ora ad Andreas sembrava di essere all'aria aperta, tutti i suoi sensi convergevano verso quell'acqua e la brezza era un invito allettante al movimento. Ma lo viveva quel paesaggio o semplicemente lo immaginava? Doveva alzarsi, sì, lo diceva la voce, ma quando provò ad avvicinarsi quella stessa voce lo fermò.

«Fermatevi ora. Ho visto. Dovete tornare al vostro posto, volevo rendermi conto di quale sarebbe stata la vostra reazione davanti alla prova». La voce fece una breve pausa e poi riprese: «Ma fugge l'ombra, fugge senza far rumore, come fa il tempo. Noi di ombre siamo fatti e il tempo ci dissolve», e l'immagine sparì d'improvviso.

Andreas tornò a sedersi facendo due passi brevi a ritroso, quasi non credeva alla docilità con la quale si stava affidando. Era un gioco quello? Nel buio era più facile pensarlo. Era tutta invenzione, tutta immaginazione, si disse, tanto valeva accompagnare quello che stava accadendo. Senza pensare. Una volta tanto. Sentire le cose come un bambino, ma da uomo. Provò una strana ebbrezza, stava scendendo in una spirale, e alla base c'era il sorriso di un neonato. Chiuse gli occhi e sentì tutto il suo essere trascinato per davvero verso il basso e si ritrovò in terra ai piedi della poltrona.

In quel preciso istante il carillon si fermò e si sentì distintamente il rombo di un tuono che lo fece trasalire. Si risistemò sulla poltrona mentre sulla lastra si materializzava una vampa rossa e gialla. I colori vividi di un fuoco, accompagnati da un crepitio strisciante. Intorno si era fatto più buio e quell'incendio guadagnava spazio e sembrava quasi venirgli incontro.

«Oserete anche adesso avvicinarvi?», fece la voce. Andreas esitava e sembrava quasi ipnotizzato dal suono e dalla luce che ora pareva ancora più vivida. Ebbe di nuovo un capogiro, ma d'improvviso le pareti del padiglione si inclinarono di lato fino a cadere in terra, i drappi neri li seguirono afflosciandosi come un sacco vuoto e dall'alto piovve una luce accecante. Due finestre della torre si aprirono simultaneamente, il fuoco che fino a un istante prima pareva propagarsi alla superficie del ballatoio si spense annichilito dallo sfolgorio del giorno. Passò qualche istante poi una mano si posò sulla sua spalla.

«Avete visto cosa so fare? E pensare che mi danno per finito».

Si voltò. L'uomo indossava il costume di scena del *Flauto magico*. Dunque era davvero lui ad aver interpretato Papageno. Quell'uomo lì davanti era Emanuel Schikaneder. Sulle spalle portava una gabbia per uccelli e in testa una parrucca verde sormontata da lunghe penne variopinte. Il volto appariva ancora più smunto, cadaverico. L'abito era un insieme logoro di stracci, pellame e piume. Sul torace esibiva una specie di cotta medievale grigio topo, mentre i pantaloni aderenti erano verdi con delle macchie di un giallo smorto. La vista nel complesso era deprimente. Andreas non sapeva se provare stupore o compassione. Il gioco dell'arte gli sembrava ora una parodia logora e fuori tempo, come il suo interprete.

Ma l'uomo non pareva pensarla così. Gli sciorinò un garbatissimo inchino con un'agilità sorprendente.

«Non mi dite che non l'avevate capito».

Andreas rimase silenzioso, facendo finta di nulla. Forse per non dargli soddisfazione o perché provava pena? Quello era l'uomo che aveva scritto l'opera spalla a spalla con Mozart, dunque. Gli sembrava come se in mezzo a un campo un angelo avesse preso sottobraccio uno spaventapasseri. Così funzionava la musica quando andava in scena? Era un gioco o un rito?

Ma quello che cercava era altro. I segreti nascosti tra quelle mura. Ma ce n'erano dunque? O era solo lui a volere che esistessero?

Schikaneder gli si avvicinò. Alzò la mano e poi l'abbassò nuovamente. E a lui parve quasi che volesse chiedergli scusa. Non riusciva però a offrirgli altro che uno svogliato silenzio. Dentro il suo sguardo, pensieri muti.

«Dovete riprendervi. Forse ho esagerato. Immagino non abbiate mai visto una lanterna magica». L'uomo si spostò di lato in modo da rivelare il marchingegno dorato. «Lì dentro c'è una lucerna, venite a vedere». Aprì uno sportello ed entrò all'interno. Andreas che era molto più alto dovette abbassarsi. «Ecco», riprese, «la luce passando attraverso una lente genera sulla lastra lì davanti l'immagine che è dipinta su uno di questi vetri. E io li spostavo in sequenza per darvi l'impressione del movimento». Andreas riconobbe la fonte e il fuoco. Tutta quella messinscena lo affascinava e insieme lo indispettiva. Provava un piacere e uno stupore che con tutte le forze avrebbe voluto scacciare.

Schikaneder riprese la spiegazione. «Dovevo fare solo attenzione a sistemarli al contrario in modo che le immagini si materializzassero sul muro diritte e ingrandite». Poi tacque, perché aveva notato i bruschi cambi di espressione sul volto di lui.

«E tutto questo per cosa?», Andreas lo fissò stizzito. «Mi avevate fatto immaginare ben altro».

«Immaginare, ecco la parola. Per ora dobbiamo limitarci all'immaginazione, mio caro giovane».

Non gli rispose. Uscì dal marchingegno e ci girò intorno lisciandone la superficie dorata a mani aperte. Quello lo seguì con lo sguardo finché non si sporse dal ballatoio scuotendo il capo come uno che contempla una sciagura cui non ha potuto porre rimedio.

«Mi avete fatto venire fin qui per un'illusione?».

«Vedo che stiamo migliorando con le parole. Coraggio! Abbiate il coraggio di chiamare le cose con il loro nome. Non è forse tutta un'illusione la nostra vita, e voi non vorreste parteciparvi avendone piena conoscenza?».

«La conoscenza di un'illusione? Sarebbe questa la conoscenza? Io sono un musicista, non un ciarlatano. Io devo scoprirne il segreto, per questo ho studiato Mozart e ora cerco Beethoven».

«Cercate Beethoven? Perdete il vostro tempo». Schikaneder scosse il capo. Lo sguardo contrariato che pareva sincero. Rimase fermo in piedi per qualche istante. Poi si girò di scatto, si chinò verso il pavimento, afferrò una corda e con uno strattone provò a tirar su una delle pareti di legno, ma il nodo alla base si sciolse. Imprecò. Poi si spostò verso l'altro angolo e tentò di fare lo stesso afferrando però il montante e tirando con forza l'altra corda. Sbuffò di nuovo e si girò verso Andreas, che stava fissando la coda del suo costume, sporca e sfilacciata. «Ditemelo pure che non ho più le forze. Ditemelo che sono vecchio. Beethoven, dunque. Potrei dirvi tante di quelle cose...».

Un altro dei suoi trucchi, pensò Andreas, prima prova a intenerirmi poi mi tende di nuovo una trappola, e però per quale motivo? Vuole continuare a sentirsi importante? Lui, il grande impresario, attore, cantante? Eppure quell'uomo era un tramite verso qualcosa: lo sentiva e quindi era indeciso se concedergli un'altra possibilità o andarsene definitivamente. Gli si avvicinò di nuovo provando a rasserenarsi: «Avete bisogno di braccia giovani?».

L'uomo sorrise, gli girò intorno e si sedette sulla poltrona. «Lasciate perdere, non è il caso. Parliamo, dunque».

«Proprio quassù? In cima a questo trabiccolo pericolante?».

«Il ballatoio è sicuro, le travi hanno l'intelaiatura di ferro. Non cadrete giù, ve l'assicuro».

«Ma questa costruzione cosa ha a che fare con la torre?».

«Avete ragione. Non mi piace parlarvi da seduto, tanto più se voi rimanete in piedi. Scendiamo giù».

L'uomo continuava a essere indiretto e sfuggente, e proseguiva i suoi ragionamenti infischiandosene delle risposte dell'interlocutore, pensò Andreas, che però acconsentì. Scesero per la scala a chiocciola, poi una volta giunti al piano inferiore Schikaneder si diresse verso una nicchia a destra della porta principale e prese un mazzo di chiavi. Quindi gli fece cenno di seguirlo. Aprì una porta che sembrava verniciata di fresco. Dentro però non c'era nulla, a parte una vecchia scrivania e due sedie imbottite di paglia. L'uomo accese una candela, poi gli avvicinò la sedia prima di sedersi sulla sua.

«Il padiglione in cui siamo stati», cominciò a dire, «lo avevo fatto costruire apposta per lui. È lì dentro che abbiamo scritto *Il flauto magico*. E io gli facevo avere tutto. Un buon vino, da mangiare, ogni tanto qualcuna delle mie attricette desiderose di far compagnia al Cigno. E lui certo non si tirava indietro. Mozart era un uomo che amava la vita».

«E la lanterna?», intervenne Andreas.

«Quello è uno dei miei tanti artifici. Me l'aveva fatta avere un gesuita di Roma. L'aveva perfezionata un confratello circa due secoli fa. Era tedesco, però, si chiamava Athanasius Kircher, appassionato anche di esoterismo, di Egitto e dei geroglifici. Vedete? Tutto ritorna, è una spirale la nostra vita, una spirale su cui scivolano le nostre idee, mentre le magie le volano attorno».

«E la musica?».

«Certo, la musica. Aspettate un attimo». Schikaneder si alzò e andò alla scrivania. Aprì un cassetto e ne trasse fuori un pezzo di carta. «Ecco, questo biglietto me l'ha scritto lui e io l'ho conservato».

È vero caro Emanuel, nella nostra opera ogni personaggio viene al momento giusto a dire ciò che conviene.

Era la grafia di Mozart, Andreas aveva visto diverse

partiture autografe e la riconobbe subito. Intanto Schikaneder continuava a parlare.

«E io gli risposi lodando le canzoni che aveva scritto apposta per me, pensando a me, immaginando me che le cantavo. Ancora mi ricordo le parole esatte: "Caro Wolfango, ti restituisco il tuo *pa-pa-pa*, che per me va benissimo. Farà un ottimo effetto"», e subito si rimise a cantare.

Ein Mädchen oder Weibchen
Wünscht Papageno sich!
O so ein sanftes Täubchen
Wär' Seligkeit für mich![5]

«E questo era per il pubblico: queste canzoncine, l'amore, il mangiare e il bere, io che facevo la parte del campagnolo sempliciotto», riprese a dire dopo un colpo di tosse, «poi però c'era il linguaggio nascosto, i segreti dell'alchimia. Vedete, con una storiella è più facile far passare ciò che sembrerebbe duro per la ragione. Ma neanche noi saremmo stati in grado senza seguire gli insegnamenti dei maestri, primo fra tutti colui che abitò queste mura e il cui spirito ancora aleggia mentre vi parlo».

Andreas provò quasi d'istinto a guardarsi intorno ma nello stesso tempo un'altra parte della sua mente provava a sfuggire. Razionalizzare sarebbe stato più opportuno, ma aveva l'impressione di un assedio cui non riusciva a sottrarsi. O non lo voleva.

Provò a riprendere il discorso da un altro lato.

«E Beethoven c'entra con quei segreti? E quali sarebbero?».

«Ancora Beethoven?».

«Avete detto che avreste molto da dire su di lui! Sapete nulla di quello che nasconde nella sua scrivania?».

5. Sempre dall'aria di Papageno.

«Non so se abbia ancora interesse in noi. È una storia vecchia quella con lui».

«Noi, voi, lui, volete essere più chiaro una buona volta?».

Schikaneder si riassettò, ripiegò il foglio e lo scansò di lato. Poi incrociò le mani sotto il mento e lo guardò fisso negli occhi.

«Ho scritto un libretto per Beethoven qualche anno fa, *Il fuoco di Vesta*, e lui prima mi ha detto di sì, che ne avrebbe composto la musica, poi ha cambiato idea e...», fece di nuovo una pausa, «e vedete come mi sono ridotto. E come lui molti altri mi hanno trattato così, come un vecchio rimbambito. E anche il pubblico. Ora vuole drammi realistici, politici, francesi. Io invece sono il vecchio, io sono quello che li ha illusi, che li ha sedotti regalando loro sogni impossibili, che ha confuso il limite tra realtà e fantasia, che il ha trascinati in un vortice di magie e trucchi in cui però, badate bene, loro stessi volevano perdersi. E ora mi regalano smorfie nauseate e sprezzanti. Senza sapere cosa c'è dietro tutto ciò».

Non gli suscitava più compassione. Andreas aveva capito che doveva sottrarsi ora o mai più a quel gioco tra finzione e verità. Era una lamentazione credibile? O l'ennesima trovata retorica?

«Ancora una volta svicolate, signor Schikaneder, vi ho fatto una domanda!». Se ne era uscito in modo conveniente, pensò, e intanto cercava di contenere l'irritazione che montava sempre più forte. Non voleva perdere la presa sulla questione che aveva più a cuore.

«Per l'esattezza me ne avete fatte due, mio giovane amico. E allora vi dirò questo: bisogna entrare nella conoscenza degli Illuminati e occorre superare le prove dell'acqua e del fuoco per poter arrivare ai segreti, come abbiamo evocato nel *Flauto magico*, altro che quelle immagini con cui vi ho stupito prima. Era un modo per predisporvi. Ma sono gli Illuminati i custodi dei segreti, soprattutto di quello più grande di tutti che ha a che fare col più stupefacente esperimento di Paracelso. Omuncoli parlanti. Perfino Napoleone ne è stato messo al corrente».

Andreas sentì di nuovo quella sensazione di malessere diffuso che partiva dallo stomaco, ma ora erano le parole, le cose evocate che lo stordivano. Lui invece sentiva bisogno di trasparenza, di concretezza.

«Io non so se Beethoven potrà essere recuperato», concluse l'uomo. «Non so poi se avrò voglia di rivederlo, in ogni caso».

Andreas si fece forza e provò a tornare ai fatti. Di lì a poco ci sarebbe stata una scadenza importante.

«Sapete del suo grande concerto?», gli chiese.

«Quello di venerdì prossimo?».

«Io ci sarò e voi verrete con me, stavolta proverò a parlarci, non posso perdere questa occasione, e vi aiuterò a ricucire il rapporto con lui, secondo me non desiderate altro». Ora mentiva anche lui, o quantomeno vagheggiava un'eventualità altrettanto immaginaria.

«Vi ripeto, non so se ne avrò voglia».

Ma Andreas aveva fatto tesoro in quell'ora delle tattiche del suo grottesco interlocutore, così continuò come se non avesse recepito l'obiezione, facendo addirittura finta di non averla proprio sentita. «E voi in compenso mi porterete dagli Illuminati. Venerdì sarò qui da voi». Si alzò e si diresse con foga verso la porta senza lasciargli il tempo di ribattere. Aveva preso in mano la situazione proprio alla fine, pensò. Si sbagliava? Sul pavimento erano rimaste due piume che si sollevarono al suo passaggio.

4

Vestito a festa per la prima del concerto, due sere dopo quella giornata di prove, il teatro appariva ancora più sontuoso: seduto in platea in posizione perfetta per l'ascolto mi sentivo un privilegiato, ma tenevo dentro quel pensiero e lo custodivo gelosamente. Io c'ero stato, loro non lo sapevano, ma era così. Ma appena ci riflettevo sfuggivo al pensiero. Come se raccontandomelo avessi paura di perderlo, di lasciare quella realtà in balia della regione infida del passato ripensato, dove lo spettro dell'illusione prova sempre a incunearsi beffardo e se magari aggiungi un particolare di fantasia screditi il tutto e cominci a dubitare anche di quello che realmente hai visto.

Andreas nel frattempo non riusciva a star fermo. Si era alzato due volte dal suo posto e si era intrattenuto con un paio di persone, poi finalmente aveva ripreso il foglio del programma e aveva cominciato a fare dei calcoli. Avevo provato a raccontargli almeno la vicenda del trasporto delle provviste ma lui mi ignorava, fingeva di ascoltarmi ma si vedeva che aveva la testa altrove. Secondo lui quel concerto era una follia. Se le due nuove sinfonie fossero durate quanto l'*Eroica* ecco che se ne sarebbe andata già un'ora e mezza, bisognava poi aggiungere il concerto per pianoforte e orchestra, i brani della messa, un'aria lirica, un'improvvisazione al piano e alla fine una fantasia corale. Troppo, troppo continuava a dire, il pubblico non avrebbe retto per tutto il tempo. «E anche lui perderà il controllo», concluse, «dei musicisti e di se stesso. Ha esagerato. Davvero».

Io invece non ci pensavo, aspettavo di gustarmi il momento in cui l'orchestra sarebbe entrata, si sarebbe fatto silenzio e sarebbe toccato alla musica riempirlo. Per un minuto o cinque ore non importava. E poi io, io solo avrei riconosciuto in anticipo quelle note. Era proprio la sinfonia che Beethoven aveva chiamato *Pastorale* quella con la quale lo spettacolo sarebbe iniziato. Per tutti una novità, ma non per me. Il mio Io bambino bruciava dal desiderio di ostentare quel privilegio, ma lo tenevo a bada facilmente convincendomi che proprio non parlandone con nessuno me lo sarei goduto anche di più.

È strano pensare di essere soli in mezzo a quasi mille persone. Avevo tanto cianciato della natura morale della musica, dell'Io e del Tu e ora invece mi inorgoglivo nel provare una sensazione assolutamente personale e orgogliosamente solitaria. Così, quasi per sfuggire ai tentacoli dell'Ego, mi misi a spiare le espressioni sui volti degli altri per provare a condividere almeno delle emozioni di sguardo, ma ogni volta tornavo a fissare la figura di Beethoven che sembrava di gran lunga più teso rispetto al giorno della prova. I movimenti erano più bruschi, a volte quasi meccanici, teneva la testa molto inclinata in avanti ingobbendosi oltre misura. Ma la musica cominciò a scorrere fluida, l'orchestra sembrava uno strumento unico. Lui l'aveva ripetuto molte volte quel giorno: «Insieme, come un corpo solo». E aveva ragione. Così anche chi ascoltava l'avrebbe compreso.

E allora pensai che non dovevo tenere per me queste idee altrimenti sarei stato una contraddizione. Mentre quelle cose mi frullavano in testa era iniziato il terzo movimento della sinfonia e anch'io mi inoltravo in uno spazio sconosciuto. Quella che ascoltavamo sembrava una danza popolare, contadinesca. Dopo la contemplazione del ruscello la scena si era spostata sull'aia lì accanto. Accenti rustici ma schietti e spontanei, note ribattute senza eccessive sofisticatezze armoniche. I contadini sono lì a invitarti nel cerchio della danza. Ma ecco che subito scoppia un furioso temporale con tuoni e fulmini: i timpani rullano, i violini si inerpicano velocissimi per saliscendi di melodie, e ancora scoppi improvvisi, lampi, finché l'eco del temporale si spegne, le nuvole fluttuano e come un tappeto che si arrotola abbandonano la volta celeste che torna a risplendere della serenità ritrovata. Un semplicissimo inevitabile intervallo di quarta giusta intonato dal corno riporta la pace. Scontato? Forse. Eppure incredibilmente perfetto. Perfino quello che necessariamente si aspetta sembra una sorpresa e un sollievo. Una catastrofe di bellezza e di quiete. Il finale di una favola. Non una scorciatoia consolatoria ma un senso di durata, di permanenza in un altrove.

Subito dopo inizia una sequenza di variazioni: la campagna effonde vapori, il vento è diventato una brezzolina piacevole. La musica dice grazie al cielo, i contadini tornano a popolare l'aia. E la sinfonia su una riposante terza maggiore, cantata dall'orchestra, come quando il sacerdote dice «andate in pace».

Cercai di affidare alla memoria quelle sensazioni isolandomi accucciato nella poltrona proprio mentre entrava il soprano per il secondo momento dello spettacolo.

Era un mio limite e lo sarebbe sempre stato quello di non avere quasi nessuna sensibilità per la musica vocale, così proseguii in un ascolto distratto viaggiando ancora sull'onda delle emozioni precedenti senza immaginare che ci attendeva un'altra sorpresa. Per l'ultimo pezzo prima dell'intervallo avevano messo il pianoforte al centro della scena. Beethoven si sedette e attaccò il motivo del primo movimento. Il pezzo lo iniziò lui e non l'orchestra. Non era mai accaduta una cosa simile. Forse il pubblico distratto non se ne rese conto, ma io sì. Io che ero cresciuto nel mito di Mozart e avevo ascoltato il mio maestro con una piccola orchestra da camera suonare i suoi concerti per pianoforte e orchestra, dove la norma era che l'orchestra suonasse prima e il pianoforte poi.

Beethoven invece aveva capovolto i rapporti. Aveva iniziato col pianoforte. E poi l'orchestra gli aveva risposto inaugurando un vero e proprio dialogo. Anche in questo caso, pensai, il solista non era mai esattamente il solista, ma una voce che si misurava con l'altra, di cui aveva bisogno. La musica stava mettendo in scena una discussione come se in quel teatro ci fossero personaggi e non degli strumenti. Non solo il racconto di una storia, come diceva Andreas, ma un dialogo a due voci, un dialogo che aveva tutta la credibilità del reale. Nell'adagio poi questa caratteristica mi sembrò ancora più evidente. Era una sorta di contesa, quasi un litigio. Il pianoforte sussurrava e l'orchestra urlava. Sembrava raccogliersi in se stesso, quasi volesse sottrarsi a quegli sbocchi violenti e selvaggi, quasi non volesse rispondere se non con la dolcezza. Quel pianoforte era in cerca di intimità ma proprio con la forza della mitezza convinceva l'orchestra sedando i bollenti spiriti degli archi che alla fine si arrendevano, smussando a poco a poco i toni battaglieri e rintanandosi in un pianissimo, sussurrato e prossimo al silenzio, come se avessero deciso di ascoltarne le ragioni, accovacciati lì accanto.

Ecco, pensai, quello lì era il Beethoven che avevo visto nel bosco abbracciare l'amico dopo aver ascoltato il pastore, lo stesso Beethoven che mi aveva sorriso nel lavatoio: un uomo desideroso di compagnia, di condivisione, di affetto. Non era il titano appassionato, conquistato dall'eroismo napoleonico, neppure il musicista folle e intrattabile isolato nei suoi meandri segreti, no: quello era un uomo fragile che si metteva a nudo e chiedeva agli altri di essere compreso perché sapeva anche essere amabile. Non c'era scritto qualcosa del genere sul foglio che aveva letto Queenia quel pomeriggio? "Mi sento perso e ignorato in mezzo agli uomini ma quanto amerei la loro compagnia". Erano le stesse confidenze pudiche ma nitide che aveva sussurrato il pianoforte.

Non riuscii a trattenermi, scattai in piedi applaudendo e ad alta voce dissi: «È lui, davvero lui, è lui davvero». Due spettatori davanti a me si voltarono sorpresi e infastiditi, Andreas mi strattonò per la manica ma gli applausi scroscianti ovunque mi spinsero a proseguire. Continuai ad applaudire in piedi guardando fisso verso il Maestro che si stava inchinando alla folla. E mi inchinai anch'io. Come fossi con lui, come due giorni prima in quel lavatoio tra i manifesti e lo specchio. Nella vita. Poi inspirai profondamente.

In una cosa aveva ragione Andreas. Sarebbe stato difficile sostenere tutta quella intensità ancora per oltre un'ora o forse anche due. C'era davvero bisogno di una pausa.

L'intero teatro allora sembrò rilasciare un profondissimo sospiro. Poi un brusio leggero e affaticato serpeggiò tra le poltrone, anche gli spettatori più distratti o quelli occasionali che di solito frequentano le sale per civetteria o opportunismo avevano un'aria di partecipe e compiaciuto sfinimento.

Mentre la maggior parte stava sciamando fuori io fissavo quel palcoscenico: si vedeva che era enorme, sapevo che in uno spettacolo, quando il gestore era il famoso Schikaneder, aveva ospitato cinquecento uomini, e addirittura cinquanta cavalli, ma ora sembrava che l'eco della musica lo avesse addirittura dilatato. Alcuni strumentisti erano rimasti seduti, sembravano persi in un paesaggio immenso, come casupole sul costone di una montagna, un paio stavano sistemandosi l'abito, uno più a sinistra si era alzato in piedi come un ginnasta che distende i muscoli in attesa della prossima prova. Mi colpì infine un uomo piuttosto avanti negli anni col clarinetto appoggiato sulle cosce e che fissava davanti a sé impassibile, il volto allungato e accomodato tra le mani che lo cingevano come le foglie di giacinto attorno al bocciolo. Era palpabile in tutti la necessità di rilassamento, come se un campo magnetico stesse a poco a poco migrando altrove.

Andreas era ritornato verso di me, stavo quasi per cominciare a raccontargli qualcosa quando improvvisamente si girò chiamato da un tizio che gli era venuto incontro in quel momento, rientrando dal corridoio a destra della platea. Mi colpì il suo abbigliamento. Indossava un abito di velluto nero, foderato di raso rosa, che si apriva su un panciotto ricamato in oro. Calze bianchissime e scarpe con i tacchi rossi ornate di brillanti completavano il tutto. Aveva un aspetto malaticcio, un viso molto magro e scavato, due occhi tristi e distanti e un naso largo alla radice. Si misero a parlare fitto fitto avvicinandosi ai tendaggi che separavano la platea dal corridoio laterale.

Poi i musicisti cominciarono a rientrare e anche la gente riprese posto. Un minuto dopo Beethoven risalì sul podio. Non si era fatto ancora totalmente silenzio quando la nuova sinfonia iniziò. Come se improvvisamente si fossero aperte le finestre per un colpo di vento due battute isocrone piombarono in teatro. Sol sol sol mi fa fa fa re. Sembravano un annuncio estemporaneo, una notizia proveniente da un altro mondo, ma soprattutto ancora una volta una cosa che non c'entrava nulla con quanto avevamo ascoltato prima. Un'idea che si accende nuova nel cervello. Una frase quasi banale, assolutamente spontanea e chiarissima, ma la novità non era in quello che diceva ma nel come lo diceva: quella perentorietà, quella sicurezza assoluta nel comunicarsi. Le cose stanno così, diceva il messaggio, e ora vediamo cosa può succedere. Proverete a capirlo fino alla fine seguendo il filo di questa intuizione. Come un messaggio cifrato ricomparirà qua e là, e il suo significato lo scoprirete voialtri solo alla fine. Anche nell'adagio dopo un motivo più sereno, corposo, quasi campestre e popolano, eccolo lì che nelle note di chiusura ritorna: *ta-ta-ta-taaa*. *Ta-ta-ta taaa*. E ritorna, ritorna ancora nel terzo movimento prima di uno Scherzo beffardo e sardonico. I contrabbassi si scatenano e ringhiano comici, grotteschi, canzonatori. E poi, improvvisamente il silenzio, un passaggio di sospensione assoluta, di attesa snervante su un lungo pedale di archi ad altissima tensione finché, come la liberazione da un'oppressione insostenibile, ecco la fanfara squillante, marziale, roboante che arriva finalmente in un tripudio in do maggiore, le note dell'accordo fondamentale, sfrontate e dominanti come a dissipare ogni dubbio. Ecco il risultato è questo: questa è la vittoria.

Al centro della sala un paio di militari si alzarono in piedi di scatto. Uno addirittura invocò l'imperatore, trattenuto a fatica da chi gli stava accanto.

Nessuno degli spettatori però poteva immaginare cosa sarebbe accaduto di lì a poco. Dopo il *Sanctus* della *Messa in do maggiore* e un'improvvisazione di Beethoven al pianoforte era in programma la *Fantasia corale*. Un pezzo molto più rilassato, quasi di intrattenimento, e anche l'orchestra sembrava meno concentrata, tanto che notai un paio d'attacchi imprecisi finché al momento dell'entrata dei clarinetti accadde una cosa inaudita. L'ennesima di quella serata. Beethoven fermò l'orchestra, la fermò urlando. Ad alcuni violinisti caddero gli archetti e un paio di leggii li seguirono a terra. Il primo violino si alzò in piedi e si rivolse nervosamente a Beethoven che gli replicò ad alta voce. Da capo, sembrava dicesse, ricominciamo da capo. Gli spettatori osservavano la scena perplessi e preoccupati. Mi parve di capire che gli orchestrali lamentavano qualche incomprensione a proposito del ritornello che attribuivano al direttore. In platea cresceva il brusio e l'inquietudine. Vidi anche qualcuno del pubblico alzarsi per andarsene. Un tizio mi passò accanto scuotendo nervosamente il capo e sussurrando qualcosa di irriferibile. Alcuni dei musicisti sembravano propensi a smettere del tutto. Poi, invece, dopo un'altra breve parentesi di occhiate e accenni di parole tra Beethoven e il primo violino, la *Fantasia* riprese in effetti da capo per concludersi poi nel migliore dei modi.

Era finito. Sì. Mi sentivo come se avessi fatto una lunghissima corsa per tutta la serata. Senza fermarmi, sperando che non ci fosse un arrivo. Era terminato un concerto che sarebbe entrato nella storia. Era durato quattro ore e più e sembrava avere occupato tutto lo spazio della nostra mente e averla riempita di sostanza nuova. Non potevo pensare che ci si potesse illudere di essere rimasti tali e quali a prima dell'ingresso in quel teatro-mondo. Forse era quello il segreto. La sua musica ora era da qualche parte in noi. Ma invisibile. Come l'anima.

Partì un lungo applauso liberatorio ma la maggior parte delle persone sembrava stremata. Era quasi notte fonda e faceva sempre più freddo anche all'interno del teatro. Sentii distintamente un uomo di mezza età affermare sconsolato: «Stasera per la prima volta ho capito che anche le cose più belle possono sfinire». I musicisti sul palco si erano alzati esausti, Beethoven abbracciò il primo violino e si inchinò più volte verso l'orchestra. Quasi volesse chiedere scusa sia per quanto accaduto sia per l'onerosità della prova cui l'aveva sottoposta. A passi lenti e qualcuno sbadigliando, gli spettatori si incamminavano verso il foyer come uscendo da una chiesa dopo il *missa est*. Alcuni gruppi di entusiasti si erano fermati davanti al palcoscenico, qualcuno aveva anche cercato di complimentarsi con Beethoven. Andreas sulle prime aveva applaudito, poi si era girato verso di me con tono sbrigativo: «Ti saluto perché ho da fare con delle persone». Ci saremmo dovuti rivedere, concluse, magari davanti a un caffè, me lo avrebbe fatto sapere. In quei giorni aveva ancora molto da fare per una serie di progetti. Tanti e che ancora doveva programmare per bene. E gli toglievano anche tempo per il pianoforte. E poi doveva comunque prepararsi per un suo concerto. Ma il tempo era quello che era.

Nel suo mondo quando una cosa finiva non c'era un intervallo, ne subentrava subito un'altra. Avrebbe avuto bisogno del *perpetuum mobile*, quella musica infinita, che ritorna sempre dove è cominciata e riprende solo per tornare nuovamente al suo inizio. Senza fermarsi. Eppure rimane in compagnia soltanto di se stessa, senza il piacere del silenzio.

Ancora una volta come la scorsa estate a Heiligenstadt lo vidi dileguarsi, con la stessa andatura concitata e volitiva.

Io invece mi incamminai verso il foyer rallentando a ogni passo. Come un fedele che non vuole uscire dal recinto sacro del tempio, come se ogni mattonella, ogni poltrona, ogni stucco fosse stato santificato dal passaggio delle note. Mi soffermai in coda alla fila davanti al guardaroba. E approfittai per contemplare ancora qualche momento il teatro ormai quasi deserto. In lontananza, sul palco, due contrabbassi erano rimasti lì, adagiati a terra e incustoditi come cannoni fumanti sulla scena di una battaglia. Presi il soprabito, mi infilai il cappello e stavo per uscire quando sentii una mano che mi toccava la spalla e una voce conosciuta mi chiamò per nome.

5

Per essere l'antivigilia di Natale il tempo era decisamente clemente. Nessuna traccia di neve per le strade e il sole di metà mattina irradiava un calore tenue ma confortevole. Due battelli si incrociavano al centro del Danubio e in prossimità della riva si poteva seguire con gli occhi la scia leggera lasciata dai burchielli dei traghettatori. Una piccola chiatta che trasportava terra per maioliche stava attraccando. Quella mattina non erano usciti i piccoli gozzi da diporto che negli ultimi anni erano diventati un coloratissimo spettacolo, soprattutto d'estate. Agili e filanti queste imbarcazioni erano state importate da un ufficiale che durante le sue campagne nel Nord Italia aveva avuto modo di apprezzare le delizie delle innocue e riposanti navigazioni sui laghi lombardi.

L'acqua del fiume, piuttosto limacciosa, sembrava color di giada, lungo l'alveo un paio di coppie passeggiavano.

A Vienna non c'era una caffetteria che amassi più di Hugelmann, anche d'inverno, quando il giardino non era agibile come nella bella stagione. Ma era comunque piacevole di fronte alle vetrate montate a giorno godersi il traffico sul Danubio, ascoltare il chiacchierio degli avventori e di tanto in tanto gustarsi le giocate al biliardo dove si radunava sempre un buon numero di appassionati attentissimi, concentrati quasi più dei giocatori e soprattutto competenti e salaci nei commenti.

Il cameriere ci aveva appena portato una tazza fumante di moca accompagnata da un bicchiere d'acqua e ci aveva offerto anche dei giornali, che però avevamo lasciato impilati lì accanto, sul tavolino. Come al solito Franz stava riordinando le idee prima di iniziare a raccontare quello che mi aveva preannunciato all'uscita del teatro. Dal taschino del soprabito aveva tirato fuori un taccuino dove aveva appuntato qualche frase sparsa, alcune parole erano evidenziate con una sottolineatura netta e senza sbavature, a volte anche doppia. Sapevo che stava iniziando a scrivere una storia.

«La cosa risale a ieri mattina», cominciò a dire, «ero appena uscito di casa per andare in biblioteca ma le raffiche di vento erano talmente forti che avevo trovato riparo sotto il portico vicino al palazzo degli Eberle. Lì, infreddolito nel cantuccio, ho notato due ombre dietro una colonna e ascoltato le loro voci, una delle quali aveva un tono familiare».

Conoscevo la sua straordinaria capacità di osservazione, la sua memoria e il fascino che la penombra suscitava sulla sua immaginazione. Abitava in una casa grandissima e da piccolo amava avventurarsi nella legnaia; così grande, mi aveva detto, da poter contenere un'altra intera abitazione. Lì entrava sul far della notte con una lampada in compagnia del fratello per sconfiggere fantasmi e misteriosi briganti invisibili. Il buio fa fermentare le idee, diceva.

«Parlavano del concerto, dicevano che non importava anche se avevano due posti distanti», cominciò a raccontare Franz, «poi la voce giovane ha nominato un patto. Ha detto proprio così. L'altro taceva, poi ha fatto riferimento a una tomba a Salisburgo, dove c'era la stessa piramide del gioco; ecco, mi sono appuntato il nome, perché non lo conoscevo: Mercante in Fiera».

Me lo aspettavo che fosse Andreas. Franz aveva creato un clima di attesa, da narratore provetto, ma non abbastanza da confondermi. Glielo dissi scherzando.

«Lo accetto», rispose sorridendo. «Ascolta per bene, comunque. Come al solito Andreas sembrava molto sicuro delle sue argomentazioni. Almeno per quello che ho capito. Poi però ha fatto un'allusione a un'altra cosa che mi suonava familiare e insieme strana. C'era di mezzo Mozart e la locanda di Manfred».

«Sì», intervenni. «La vicenda è quella dell'ospitalità che diede a Mozart dopo avergli fatto riparare la carrozza. Il musicista visto il suo rifiuto di accettare del denaro gli regalò alcune carte del Mercante in Fiera, così almeno ha detto Manfred. C'ero anch'io assieme ad Andreas e a mio fratello Kaspar quando l'ha raccontato».

«Ecco, adesso è tutto più chiaro», replicò Franz. «Poi c'è un'altra cosa che mi ha colpito. Andreas si riferiva a un segreto iniziatico simile forse a quello, ha detto, della scrivania di Beethoven».

A quel punto, concluse, non ce l'aveva più fatta a rimanere nascosto e anche per colpa di un improvviso colpo di tosse aveva dovuto girare l'angolo per ritrovarsi di fronte ai due. Andreas si era dimostrato caloroso ma l'altro si era limitato a un cenno con la testa. Era raffreddato e tossiva. Dopo un paio di convenevoli si erano infine accommiatati.

Cercai di concentrarmi per riordinare quegli elementi. Conoscevo la devozione di Andreas per Mozart ma mi sembrava che la faccenda del Mercante in Fiera non gli fosse proprio interessata. E il segreto di Beethoven non lo collegava al documento che avevamo provato a copiare? Era una cosa da iniziati? In che senso? E la tomba di Salisburgo si riferiva a Mozart? Ma soprattutto, cosa avevano a che fare queste storie misteriose con la musica? Non era la nuova via di Beethoven quella che gli interessava?

A me sembrava che all'inizio la ricerca del segreto fosse poco più di un gioco. Una sfida intellettuale. Ora mi rendevo conto che per lui era diventata un'ossessione. Dal giorno della lettura del manoscritto infatti era ulteriormente cambiato. Secondo me troppo. Ripensai all'ultima volta che mi aveva fatto sentire il tempo di una sonata dedicata da Beethoven al conte Waldstein soffermandosi più volte sul passaggio in cui dall'adagio scaturisce l'ultimo movimento, spiegandomi che qualcosa lì era cambiato, come da un giorno all'altro. Assieme a Ries era riuscito a vedere degli appunti precedenti dove quel passaggio non c'era. A volte in Beethoven, aveva concluso, si avvertono dei cambiamenti bruschi, è come se qualcosa, qualcosa di estraneo alla sua mente a un certo punto gli facesse cambiare idea. Io gli avevo detto che mi sembrava assolutamente naturale per un compositore. No, aveva detto. Io secondo lui non volevo capire, ragionavo in maniera troppo semplicistica.

Franz mi interruppe. Mentre finivo di parlare aveva scorso velocemente le paginette del taccuino, quindi mi mostrò l'ultima. «Mi ero dimenticato questa cosa», disse. «Non mi ricordo chi dei due abbia detto: "Delle donne che hanno a che fare con lui c'è la Lichnowsky e la sua mano magica"».

«Una mano magica?».

«Non so dirti di più, non ho mai sentito dire nulla del genere, non ho familiarità con l'ambiente del principe».

«Ma neanch'io», risposi, «magari è una questione di tecnica pianistica espressa male».

Un improvviso clamore, grida e muggiti provenienti dalla riva ci distrassero. A meno di un centinaio di metri di distanza era approdata una chiatta dalla quale alcune persone stavano facendo scendere una piccola mandria di vitelli verosimilmente destinati al macello per i festeggiamenti di fine anno. Alcuni avventori dentro il caffè si erano alzati dai tavolini per andare a vedere lo spettacolo attraverso le vetrate, ma c'era anche chi dopo aver velocemente pagato il conto stava scendendo direttamente al fiume.

«Hai ragione. Ha tutta l'aria di un'ossessione», riprese a dire Franz. «Altro che quella di mia madre».

«Penso proprio di sì. Mi ha detto anche che in questo periodo sta studiando poco».

«Come si mantiene?».

«C'è la rendita del padre e a volte suona nei locali, da solo o in duo».

«È piuttosto più grande di noi. Non ha una donna? È sposato?».

Non risposi. Franz richiuse il taccuino e se lo mise in tasca.

Io ripresi in mano la tazza per finire il caffè. Cinque minuti dopo, mentre uscivamo da Hugelmann, gli raccontai quanto accaduto in quel pomeriggio di fine estate.

«Se una donna ti bacia non lo fa solo per farti stare zitto. Avrebbe trovato un altro modo, stai pur sicuro», concluse.

Anche stavolta non risposi, ma l'interpretazione mi aveva riacceso una fiammella di speranza. Non c'era una sera che prima di addormentarmi non pensassi alle sue labbra.

«Io ci andrei a parlare», riprese a dire, «trova una scusa…».

«Sì, certo. Devo pensarci, però…».

Continuammo a camminare. Mi dicevo in silenzio che avevo cose più importanti a cui pensare ma ormai il meccanismo del desiderio aveva ingranato la sua marcia subdola e inarrestabile nella testa.

«Non ho un motivo valido», dissi ad alta voce mentre

dentro di me continuavo a cercarlo. «Non so neanche dove abita».

«Ah ecco», sorrise Franz, «ma è quasi Natale. Di' ad Andreas che vorremmo vederci un pomeriggio tutti insieme. Verrò anch'io se ti può essere utile».

Banale, indubbiamente, per provenire da lui. Non glielo dissi ma pensai che sicuramente avrei dovuto trovare qualcosa di meglio.

6

Kaspar era tornato da Jena per trascorrere le feste con noi. Avevamo mangiato come di consueto zuppa di gulasch, bollito e pollo fritto ma soprattutto avevamo giocato a Mercante in Fiera per buona parte del pomeriggio del 25, con tutta la parentela convocata al tavolo. Non ci aveva voluto dire dove se le era procurate, quelle carte, ma aveva tenuto a sottolineare che non era stato facile. Soprattutto nel nord della Germania il gioco era sconosciuto.

Prima di iniziare l'asta mi presi qualche minuto per studiarmi tutte le figure mostrate sulle carte. Ma la piramide non c'era. Kaspar mi spiegò però che c'erano diverse varianti da paese a paese e quindi era impossibile stabilire una norma.

Il pomeriggio era stato divertente, a cominciare dalle dotte spiegazioni delle regole, ma soprattutto per le sviste dei più anziani nel gestire le giocate e per l'abilità di Kaspar nel mascherare la quantità delle carte messe all'asta, tenendole fino all'ultimo scrupolosamente nascoste in una piccola cassetta di cartone. Poi, ma non sempre, la scuoteva dall'alto in basso in modo che attraverso il suono i giocatori provassero a dedurre quante fossero. Per ogni carta c'era un aneddoto: il maresciallo e la battaglia di Jena, la spigolatrice che portava il sole del Sud Italia, il paese dei limoni, come diceva Goethe, le giraffe che da pochi anni erano presenti anche nel serraglio imperiale qui a Vienna. Come faceva a sapere tutto questo non ne avevo idea, ma lo guardavo con ammirazione. Un medico che sapeva diventare intrattenitore.

Lo zio Konrad era letteralmente impazzito, irretito dalle sue adorabili mistificazioni, talmente confuso che dopo un po' iniziò a rilanciare sulle sue stesse puntate. L'atmosfera sembrò a un certo punto quella di una bettola sulle rive del canale. Ogni freno inibitorio era saltato, stimati funzionari imperiali che sbraitavano, morigerate signore che ridevano come adolescenti, bambini che provavano a sparecchiare la tavola; si annunciava una sorta di notte di Valpurga dove al posto delle streghe vorticavano le carte.

Ma la vera sorpresa sarebbe arrivata per me di lì a poco e a giochi sospesi, prima di cena.

Kaspar mi fece cenno di salire al piano di sopra e si fermò davanti alla porta di quella che era la sua stanza da bambino. Mi guardò con aria solenne e fece un inchino invitandomi a entrare per primo. Una volta all'interno mi fece accomodare sul letto e si sistemò su uno sgabello lì di fronte a me.

«Non ti è sembrato strano che avessi fatto un regalo a nostro fratello e a te nulla?», mi chiese con aria sorniona.

Sorrisi senza rispondergli. Conoscevo le sue tattiche e le modalità con le quali fin da piccolo sapeva catturare l'attenzione di chiunque in famiglia.

«Così non vuoi darmi soddisfazione, eh?», proseguì, ridendo, poi si mise a frugare nelle tasche come se cercasse qualcosa, ma cambiò idea. «In ogni caso ho una sorpresa per te».

Non cambiai espressione. Anzi. Come una vecchia massaia puntai le mani sui fianchi, il capo appena inclinato e le labbra bloccate in un sorriso beffardo.

«I frammenti di Novalis li hai già letti e memorizzati, immagino, ma ora è la volta di qualcosa di... tradizione orale».

«Ti atteggi sempre più da letterato, quindi», osservai ridendo. Sulla scorta di quell'atmosfera ludica e anche parecchio bislacca che si era impossessata dei nostri sensi durante tutto il pomeriggio mi riusciva difficile, se non impossibile, rispondergli seriamente.

«Ormai hai un contatto diretto col Maestro, mi rendo conto... ma qualche notizia ulteriore su di lui dovrebbe interessarti». Si alzò e si diresse verso la finestra. «Non accenna a diminuire questo freddo. È peggio qui che a Jena». Poi si voltò e tornò a guardarmi con un'espressione allegra e appena impertinente. Toccava a me ribattere mantenendo alto il livello della disputa.

«Ma se neanche sa il mio nome...». Puntare al ribasso poteva essere un buon espediente.

«Prima o poi lo conoscerà, con tutte le conseguenze del caso». Le parole sibilarono come un colpo di fioretto. Voleva alludere al mio imbroglio o a una mia futura nomea? A quel punto non capivo più se davvero doveva farmi un regalo o un interrogatorio. Ma era solo la mia cattiva coscienza, perché invece mi mise la mano sulla spalla.

«Devi credere di più in Wilhelm, non ti nascondere dietro la tua immaginazione».

«In questo caso non c'entra nulla».

«Si sa dove abita, presentati al domestico, chiedigli un appuntamento. Magari vuole ancora sentire i tuoi commenti sul concerto. Non fare passare quell'incontro invano. Altrimenti dovrai ripartire da zero».

«Scusami... secondo te può esistere una mano magica?».

«Una mano magica? Che sciocchezza sarebbe questa?

E per fare cosa? Il prestigiatore in qualche compagnia da strapazzo?».

«Non dicevo per me... è una cosa che si dice in giro tra le persone che conoscono Beethoven».

«Ce l'avrebbe lui? Questa poi...».

«Non lui, una delle dame dell'aristocrazia, la principessa Lichnowsky».

«Un cognome importante. Ma la magia non esiste. Lo sai meglio di me».

Dubitavo di saperne più di lui. E poi invidiavo la sua chiarezza nel parlare.

«Dove eravamo rimasti? Ho perso il filo».

«Non ti atteggiare. Lo sai benissimo. I medici hanno buona memoria».

«Io invece mi devo appuntare sempre tutto Wilhelm. In base a cosa lo dici?».

In quel momento nostro padre ci richiamò al piano di sotto. Avevamo ricevuto altre visite e dovevamo essere presenti anche noi. Uno stuolo di parenti dopo aver passeggiato fino a metà pomeriggio si sarebbe unito a noi per cena. C'era, tra gli altri, il mio padrino con la moglie, poi un lontano cugino di mio padre che viveva a Penzing e sua figlia, Anne, una ragazza piuttosto carina alla quale avevo dato qualche lezione di pianoforte. Lei aveva il mito della nobiltà e aveva cominciato a studiare musica pensando che questo avrebbe accresciuto la sua reputazione e consentito di accedere a qualche salotto di quelli più esclusivi. Il padre era avvocato, ma a quanto si diceva nella mia famiglia viveva al di sopra delle sue possibilità ed era pieno di debiti. Le chiesi se avesse voglia di farmi sentire qualcosa ma mi rispose che invece aveva lei una storia da raccontarmi, una vicenda davvero curiosa. Evidentemente sarebbe stata una serata di confidenze, anche se quella più interessante per me doveva ancora attendere.

La settimana precedente, entrando nel ristorante più grande del sobborgo, era capitata nel mezzo di un pranzo nuziale. Spinta dalla sua curiosità per le cerimonie si era subito informata dal proprietario sull'identità degli sposi e si era sentita dire che si trattava di due mendicanti che esercitavano la loro attività in un altro quartiere e quindi avevano scelto il suo ristorante per festeggiare nell'anonimato senza farsi riconoscere. Da quello che si vedeva lì attorno non si erano fatti mancare nulla. C'era perfino un pianista e una cantante. Lei aveva chiesto al ristoratore come fosse stato possibile per dei mendicanti permettersi tutto quello: la donna, le aveva risposto, frugava nei rifiuti e spesso trovava qualche oggetto prezioso buttato per sbaglio, una moneta d'oro o un cucchiaio d'argento, lo sposo invece commerciava in ossi che raccoglieva tra gli scarti di cucina e poi vendeva ai fabbricanti di bottoni. «Un mestiere vero e proprio, assolutamente degno alla pari di qualsiasi altro», aveva spiegato il ristoratore. L'uomo poi si era anche vantato di conoscere Beethoven. Si aspettava anche che arrivasse da un momento all'altro. Il Maestro era uno che suonava gratis per gli amici, concluse. Ma tutti si misero a ridere. E lui ci rimase malissimo.

Sulle prime non mi ero reso conto se fosse più scandalizzata dalle figure degli sposi o incuriosita dalla questione musicale, ammiccava con quegli occhi marrone scuro come chicchi di caffè, capricciosi e allusivi, ed era lievemente arrossita per la concitazione del racconto. Le risposi che aveva ragione il ristoratore. Sicuramente anche lei sapeva cosa aveva combinato negli anni precedenti quell'americano di cui avevo dimenticato il nome che a Vienna aveva organizzato un servizio di ristorazione per indigenti sfruttando scarti di cibo, radici e scorze per farne minestre infilandoci appena qualche frammento di carne, pochi fagioli e pezzettini di cavolo. E la cosa gli aveva fruttato per bene.

Quanto alla musica, le dissi chiaramente che, Beethoven a parte, se mi avessero chiesto di suonare gratuitamente per delle persone povere o in qualcuna di quelle mense, ci sarei andato di corsa.

«A te risulta che lui vada in giro a suonare per gli altri?», mi interruppe.

«Come faccio a risponderti? Non ne ho proprio idea».

Mi mantenni sul vago. Sapevo della sua innata inclinazione a diffondere notizie inventate assieme a quelle reali. Era certo, comunque, che la figura di quell'uomo ritornava continuamente ad accendermi interrogativi. E aspettavo ancora il racconto di Kaspar.

Mi sorrise, non so quanto persuasa, poi mi fece un cenno e ci dirigemmo verso il salone dove stavano servendo un succulento buffet di formaggi e dolci per concludere quella giornata di festa. Io invece avevo nuovamente perso di vista mio fratello. Me lo indicò lei, un po' disorientata dal grosso sigaro che stava fumando all'angolo opposto della sala.

"Fai sempre quello che il dottore ti dice, ma non quello che lui fa". Infatti confidavo proprio su quello che doveva dirmi.

7

Dopo l'estate, grazie ai buoni uffici del professor Klostermann che si era ormai ritirato dalla professione attiva, Kaspar era stato invitato all'Accademia delle scienze di Berlino dove era rimasto per tutto il mese di ottobre. Finita l'occupazione francese la città si stava riorganizzando. Scienziati e studiosi provenienti da diverse zone della Germania ci si stavano trasferendo vista l'imminente apertura di un'università fortemente voluta dal governo cittadino.

«Una gran bella atmosfera, Wil», si soffermò orgoglioso quasi fosse una cosa sua, «una volta devi venirmi a trovare e ci andiamo insieme».

Punto di riferimento per tutti erano i fratelli von Humboldt: Wilhelm e Alexander. Il primo era un grande esperto di lingua e grammatica, era stato nominato ministro dell'educazione e contava anche molto a livello politico, ma era il secondo il personaggio più affascinante. Poco più giovane del fratello, Alexander possedeva un talento straordinario per l'esplorazione e la ricerca scientifica, e soprattutto aveva il pallino dei numeri e delle misurazioni. Appena terminati gli studi, ancora giovanissimo, aveva cominciato a collezionare un vero e proprio arsenale di strumentazioni scientifiche. Parlando con Kaspar si era vantato di possedere due barometri, un sestante a specchio e uno pieghevole, uno strumento per misurare l'ebollizione dell'acqua e un altro per fare i rilievi, un ago per determinare la forza del magnetismo terrestre e un "cianometro", che stando a quanto diceva era un apparecchio in grado di misurare la quantità di azzurro del cielo.

Lui l'aveva conosciuto alla fine di un concerto privato tenuto dal Maestro e *Kapellmeister* di corte Friedrich Himmel, che aveva guarito da una brutta bronchite.

Terminata l'esecuzione il cuoco personale del musicista aveva preparato una cena a base di carne condita da una mostarda mantovana regalata personalmente a Himmel da un funzionario di corte che aveva viaggiato in Italia. Assieme ai fratelli von Humboldt c'erano altri due musicisti e soprattutto il famoso medico Franz Wegeler, che in quei giorni era stato convocato dalle autorità prussiane per il conferimento di un premio.

Lui, soprattutto, ma anche Himmel e i due giovani avevano molto a che fare con Beethoven, precisò.

A questo punto spense il sigaro pigiandone l'estremità ancora fumigante sul posacenere e si versò un po' di caffè. Eravamo in un angolo del salone mentre attorno al tavolo, al centro della sala, l'atmosfera sembrava sonnolenta e la conversazione languiva. Mi alzai, presi un bicchiere d'acqua e tornai a sedermi. Era ora che venisse al punto, pensai.

Era stato Wegeler mi disse Kaspar, a dare il via a una serie di aneddoti su Beethoven, poi gli altri avevano proseguito. A questo punto tirò fuori dalla tasca dei fogli. Li sistemò sul tavolino seguendo un ordine preciso. Mi accorsi che erano perfino numerati.

«Non sorridere», disse, «sono gli appunti che ho preso quella sera. Non sono bravo a raccontare così ti riporto le loro testimonianze come le ho sentite. Non pretenderai un dialogo platonico, vero? Accontentati di qualcosa che assomiglia a un referto medico. E comunque, vedrai, esce fuori un Beethoven che non ti aspetti nonostante le mie carenze letterarie».

«Non vi sottovalutate, illustre dottore… Voi leggete Goethe, e avete frequentato Novalis. Qualcosina l'avrete imparata, o no?».

«La ritengo una presa in giro, signor musico, e se è così me li rimetto in tasca e buonanotte».

Mi misi a ridere e glieli sfilai da davanti. Rise anche lui riprendendo in mano il sigaro come se dovesse riaccenderlo.

«Avanti», disse, lasciando elegantemente scivolare un rimasuglio di cenere, «ridammeli, fammi iniziare, è nel tuo interesse».

Mimando un gesto di benevolenza glieli restituii. Sorrise soddisfatto, sospirò fingendo indignazione per doversi sobbarcare la fatica di riordinarli, poi si schiarì la voce con un colpo di tosse teatrale e iniziò.

Wegeler aveva iniziato raccontando che Beethoven aveva fatto l'aiuto cuoco durante una crociera sul Reno. Nell'occasione gli avevano anche dato un diploma che conservava gelosamente. Era in una scatola sul cui coperchio c'era un sigillo fissato con alcuni filamenti della fune di una nave. Un altro aveva parlato dei suoi atteggiamenti a lezione: un momento si commuoveva, subito dopo ti prendeva a pugni sulla schiena, una volta lo aveva costretto a tornare in fretta a casa da una passeggiata in campagna e si era messo a improvvisare per mezz'ora ancora col cappello in testa. «Perdonatemi», gli aveva detto, «oggi non potrò farvi lezione», e quello, di rimando: «Ma è stata la mezz'ora più utile della mia vita!». L'aneddoto più gustoso riguardava l'esecuzione di un quartetto di un altro compositore in cui Beethoven era al pianoforte. Il violoncellista a un certo punto si era fermato e allora il Maestro, continuando a suonare, si era messo a cantare la parte del basso a mente e senza un errore. A chi gli aveva fatto notare l'eccezionalità della cosa si era limitato a rispondere: «Sciocchezze. La parte doveva essere per forza così a meno che l'autore non capisse nulla di composizione».

«Per me invece è una cosa straordinaria, o mi sbaglio Wil?», Kaspar si stava entusiasmando. Vedeva che la cosa funzionava. Avevo di fronte un medico che avrebbe voluto fare il narratore?

«È una dote naturale per lui, ma per qualcuno nasconde un segreto», risposi, «come una formula misteriosa. Novalis ha scritto che la musica è simile all'algebra».

«Ma l'algebra è logica, non nasconde misteri».

«È che a noi che sappiamo poco di matematica sembra così, allora».

«Forse, ma in ogni caso non dar retta a queste assurdità. La gente cerca i misteri per non sforzarsi a pensare con la propria testa».

«Ma Novalis dice che anche la matematica è mistica».

«I mistici sì. Quelli non vanno in cerca del mistero, pregano affinché si riveli loro. Gli altri invece sono dei ciarlatani».

Mi stavo perdendo. Forse era il caso di tornare al racconto. Mentre parlava così, comunque, mio fratello continuava a sistemare i suoi appunti. Perciò riprese come nulla fosse.

La storia più divertente riguardava Ries, l'uomo che avevo visto a Heiligenstadt nel bosco. Dopo aver sentito il Maestro eseguire una nuova sonata andò dal conte Lichnowsky e gliene accennò alcuni passaggi al pianoforte. Quello la mattina dopo si recò da Beethoven dicendogli che voleva fargli ascoltare una sua nuova composizione. Nonostante la riluttanza del Maestro, che era anche di cattivo umore, si mise al piano e suonò alcune battute della sua sonata. Beethoven andò su tutte le furie, lo cacciò di casa e ingiunse a Ries di non presenziare più a sue esecuzioni.

Mi scappò da ridere. Ma certo era anche una cosa inquietante per noi adoratori. Non si poteva sbagliare con quell'uomo quando c'era di mezzo il suo officio sacro.

«Non ti sto annoiando, vero?», mi chiese improvvisamente Kaspar

«Scherzi!». In realtà aspettavo ancora la mia sorpresa. E invece lui mi propinò una filippica di Humboldt sul diritto per i musicisti di vivere dei proventi della loro arte senza dipendere dal signorotto di turno.

Proprio in quel momento però Anne si avvicinò al nostro tavolo e con un sorriso largo e sfrontato ci comunicò ufficialmente – disse proprio così, "ufficialmente" – che gli ospiti non avevano intenzione di giocare ma volevano che suonassi qualcosa al pianoforte per concludere la serata. Le risposi che avevo ancora delle cose da chiarire con mio fratello, ma lei non fece una piega. «Dal modo rilassato in cui conversate», osservò, «non mi sembra ci sia tutta questa fretta, potreste riprendere dopo».

Le dissi di aspettare almeno cinque minuti ancora.

«Guarda che l'hanno visto tutti quanto ridevate».

«Non avevate niente di meglio da fare?», le risposi, lievemente piccato.

Kaspar non recepì, o forse sì perché sotto il tavolo mi assestò un bel calcetto accompagnato da una strizzata d'occhio. Pensava forse che tra me e Anne potesse nascere qualcosa?

Lei si congedò con un inchino teatrale ribadendo che non avrebbe atteso neanche un minuto di più.

Kaspar la seguì con lo sguardo finché non passò sotto l'arco che divideva il salone dalla sala dove si trovava il mio pianoforte, poi mi osservò intensamente come sperando di cogliere in me qualche accenno di trasporto. Non gli avevo mai parlato della vicenda con Queenia e conoscendo la mia inclinazione per l'immaginazione temeva che i miei rapporti col gentil sesso fossero esclusivamente platonici. Non gli diedi peso e lo incalzai: era arrivato o no il momento della sorpresa?

Fece un lungo sospiro, le mani sulle ginocchia e finalmente l'abituale espressione professorale negli occhi. E ricominciò, tenendosi davanti un ultimo foglio e dopo aver riposto gli altri nella tasca: «Alla fine della serata Himmel mi chiese di fermarmi, e mi raccontò il suo incontro personale con Beethoven. "Era l'ospite d'onore di quella serata", disse, "e dopo qualche bevuta e un po' di convenevoli gli chiesero di improvvisare qualcosa. Lui accettò e suonò in maniera stupefacente. Subito dopo, credetti per gentilezza, fu lui a chiedere a me di esibirmi. Emozionato come ero mi misi alla tastiera e iniziai accennando un tema sul quale costruire delle variazioni. Proseguii così per un paio di minuti finché, alzando gli occhi verso Beethoven mi accorsi che mi guardava perplesso. 'Ebbene, quando volete cominciare a impegnarvi sul serio?'. Lo disse così, quasi senza espressione, come fosse il commento più normale da fare. Io ci rimasi malissimo, mi alzai di scatto e gli risposi dicendo che si stava comportando da villano. Lui ribatté asserendo che credeva stessi solo preludiando. Gli replicai che un musicista del suo calibro sapeva benissimo quando si trattava di un preludio. A quel punto mi diede le spalle e si rimise a sedere. Non mi rimaneva altro da fare che andarmene. Presi dal leggio i fogli e uscii tra lo sconcerto generale. Il padrone di casa mi corse dietro profondendosi in scuse. Non lo ascoltai neppure e imboccai la porta.

Soltanto dopo, a casa, mi resi conto che per errore avevo preso anche dei fogli in cui Beethoven aveva appuntato delle idee per una sonata. Sulle prime pensai di doverglieli restituire, ma, offeso come ero, decisi di tenerli per me. Sapevo del resto che non ha alcuna cura per l'ordine e che spesso lascia fogli e manoscritti in giro per casa alla portata di chiunque vada a trovarlo. Quindi", concluse, "avendo notato con quale attenzione avete seguito le nostre chiacchiere stasera ho pensato di farvi dono di questo foglio. È nulla in confronto a quanto avete fatto per la mia salute ma penso vi farà comunque piacere"».

Kaspar si fermò. Mi scrutò sorridendo, poi tirò fuori da una tasca interna della sua giacca un plico arrotolato e legato con un bel nastro rosso. «Il foglio è questo».

«La sorpresa!», esclamai, e feci per prenderlo.

«Aspetta», riprese lui, «e fammi finire. Ti dico la definizione che Himmel ha dato di Beethoven che comunque poi per lettera si scusò: "È un'anima inquieta, nobile e selvatica insieme. Un orso e un cerbiatto". Bella, non ti pare? Secondo me lo rappresenta bene e dovresti tenerne conto la prossima volta che te lo troverai davanti. Capire quando è una cosa o l'altra».

Detto questo tacque e mi porse il foglio. Poi prese in mano il sigaro e lo riaccese. Accavallò le gambe e poggiò la schiena alla spalliera. Era sazio di parole, quasi affaticato, ma convinto di aver coronato nel migliore dei modi la serata. E ovviamente aveva ragione.

Aprii il plico e lo stesi con gran cura sulla superficie del tavolino. Sì, erano appunti per una sonata per pianoforte e strumento solista. Era quella la grafia di Beethoven? Certo, mio fratello non poteva mentire, anche se per un attimo mi pareva troppo bello per essere vero. Altro che il foglio di Heiligenstadt. Io qui avevo la sua musica. Per la seconda volta pensai che meno mi davo da fare per cercare Beethoven e più le circostanze o le coincidenze me lo facevano incontrare. Ma allora cosa dovevo fare? Credere nel fato amico? Guardai Kaspar riconoscente mentre cercavo le parole giuste per ringraziarlo, ma mi uscì fuori solamente un «Grazie, ma ora devo proprio andare a suonare». Mi capita troppo spesso di sbagliare quando l'emozione deve tradursi nella realtà di un gesto o di una frase. È che il travaso non è semplice.

«Qualcosa di Beethoven, ovviamente», disse lui.

«No», risposi, «meglio una sonata di Mozart. L'emozione forte l'ho già avuta adesso. Mi devo rilassare».

Mi alzai e feci due passi verso l'altra sala, poi però tornai indietro e lo abbracciai. «Sei il nostro orgoglio», gli dissi, nascondendo il capo nel soffice foulard, che portava quasi sciolto, per non mostrargli che avevo gli occhi lucidi. Poi sentii una mano che mi batteva delicatamente sulla spalla.

«Di minuti ne sono passati dieci», trillò Anne, «e il pubblico comincia a spazientirsi. Vieni, dai», e mi prese per mano sorridendo civettuola. Allontanandomi vidi Kaspar che mimava il gesto di applaudire annuendo.

«Brava Anne, così si fa. Te lo affido», disse malizioso e convinto di saper fare anche la parte del bravo Cupido. Pensai che non avrebbe mai fatto il letterato perché di sentimenti ci capiva davvero poco.

Andando verso il pianoforte notai che ci aveva raggiunto anche parte della famiglia Strolz. Con un rapido gesto salutai Margarethe e il padre, che si stavano sistemando accanto ai miei. Lei veniva spesso con me ai concerti della domenica, così mi sentii inorgoglito dal fatto che per la prima volta avrebbe ascoltato me. Mi misi al piano e contrariamente a quanto avevo detto a Kaspar attaccai una sonata di Scarlatti.

8

All'angolo della piazzetta dietro al convento degli agostiniani c'è una bottega dove un tempo i religiosi tenevano il loro magazzino. Dicono che all'interno ci fosse spazio per un piccolo calesse, gli assali di ricambio, gli attrezzi per le riparazioni, vecchi mobili ecclesiastici e ciarpame di risulta invecchiato nei decenni. Quando il signor Albrecht Strolz, che per trent'anni aveva servito nel convento adiacente, raggiunse l'età della pensione, i frati glielo diedero in comodato per il resto della vita con la possibilità di lasciarlo in eredità ai figli.

Molti anni dopo, il suo primogenito Heinz lo aveva ristrutturato e ne aveva fatto una bottega modello dove aveva impiegato a sua volta i figli e la moglie. Assieme avevano sviluppato nuove tecniche per la realizzazione di gioielli e collane ma anche strumenti e arnesi di pregio per la casa che avevano poco a poco conquistato la gente della zona. Molti guardavano a questa impresa familiare con interesse e benevolenza e gli abitanti più anziani continuavano a chiamare il luogo "il nostro avamposto verso Dio"; forse anche per quel motivo il signor Heinz ogni anno realizzava una magnifica pisside in oro laminato e la donava al convento, per mantenere il legame con quei frati che erano comunque alla radice della sua riuscita professionale. Lo si poteva vedere al termine della messa, l'ultima domenica del mese, offrire ai religiosi i dolcetti da gustare assieme al vino aromatico delle loro vigne, ubicate dalle parti di Grinzing.

Nonostante avesse superato i sessant'anni Heinz aveva conservato la curiosità e il gusto per il nuovo dell'apprendista. Non solo nell'ambito del suo mestiere: leggeva anche molto e si interessava di politica. L'ultimo anno aveva viaggiato in Italia con la moglie visitando le officine dei migliori orafi di Mantova e Verona ed era tornato con un buon bagaglio di nuove conoscenze e soprattutto di informazioni sulle tendenze in voga nell'alta borghesia e tra i nobili lombardo-veneti, un'utile pietra di paragone per stimolare lo spirito di emulazione dei viennesi. «Me lo ripeteva sempre mio padre», diceva, «non accontentarti mai se vuoi fare questo mestiere, ma continua a inventare novità. Anche se lo sembrano, i clienti non sono così abitudinari e soprattutto fedeli».

Margarethe aveva ereditato dal padre questo desiderio continuo di migliorarsi. E in più era sinceramente appassionata di musica. Già dalla sera di Natale ci eravamo ripromessi che ci saremmo rivisti al primo concerto del nuovo anno, alla prima domenica utile da Meisl, il locale dove andavamo spesso alternandolo al più prestigioso Augarten. Nei mesi precedenti ero entrato in confidenza col proprietario di quel caffè, lo salutavo e ci scambiavo due chiacchiere. Speravo di avere la possibilità di esibirmi lì anch'io, il mio maestro mi ripeteva che prima o poi avrei dovuto provare l'impatto col pubblico.

Quella mattina comunque sarebbe toccato ad Andreas. Lo incontrammo davanti all'ingresso in attesa dell'apertura del locale. Era ancora solo e sembrava rilassato e felice, molto convinto della formula che si era inventato e che ci illustrò in anteprima, visto che mancava parecchio all'orario di inizio. Margarethe era sempre più che puntuale, e forse c'eravamo informati male.

Prima di ogni pezzo Andreas aveva pensato di leggere una breve storia tratta dalle leggende popolari riportate nel libro di canti che avevo visto quella sera nella locanda a Heiligenstadt. Le sceglieva in base a un'attinenza col tono del brano che avrebbe eseguito subito dopo. «Così l'effetto estetico sarà doppio», ci disse. Io mi congratulai per l'idea, anche se mi rendevo conto che la musica da sola non gli bastava mai. Era sempre alla ricerca di altro. Questa trovata però non aveva nulla di inquietante e quello che vedevo lì davanti non mi sembrava l'uomo che si appartava a parlare di misteri e mani magiche. Era l'Andreas della locanda di Manfred: creativo e soprattutto libero di sbrigliare intelligenza e fantasia. Sempre polemico e petulante, per carità, ma in ogni caso libero.

Una volta all'interno io e Margarethe indugiammo a scegliere il posto migliore. C'erano solo quattro persone oltre a noi e la cosa un po' mi preoccupava per la buona riuscita del concerto. Tirai fuori l'orologio dal taschino, però, e mi accorsi che in effetti mancava ancora mezz'ora all'orario stabilito. Così lasciai il soprabito sulla sedia, ci dirigemmo al bancone e offrii a Margarethe una cioccolata calda.

Seduti lì di fronte potevamo godere di una bella vista attraverso l'ampio finestrone che dava sul parco dove l'estate si tenevano i concerti più importanti. Ancora più oltre, visto che il locale era quasi in cima a un poggio, si distingueva in lontananza il profilo di un'antica casa nobiliare di campagna che già avevo notato altre volte con le sue mura gialle e le imposte verdi, i colori "di Schönbrunn", come li avevamo ribattezzati noi viennesi. Tornai a girarmi verso l'interno del caffè e mi accorsi che stavano entrando diverse persone. Me ne rallegrai. Margarethe intanto era assorta nella lettura del programma. Fin dalla prima volta che eravamo andati insieme a un concerto mi ero accorto che le piaceva soffermarcisi a lungo. Era totalmente presa da titoli e nomi. Lo capivo da quella piega nervosa e vibrante attorno alla bocca e dal battito più frenetico delle ciglia. O forse aveva semplicemente problemi con la vista, quotidianamente smarrita tra le minuzie dei gioielli di bottega. Io, invece, tanto per riempire quell'attesa, mi immaginai davanti allo strumento nella condizione di chi sta per esibirsi, amando e temendo quello che si accinge a fare. Un musicista deve misurarsi con il pubblico, certo. Gli sta offrendo un servizio, gli offre qualcosa di cui solo in quel momento e per tutta la durata della sua esibizione può godere. Ed è una cosa così misteriosamente sacra, così manifestamente fragile. Un pensiero di eternità che passa per le mani fallibili di un uomo. Mi riscossi. No, per la maggior parte delle persone la musica era solo un modo per ingannare il tempo, per occupare, come in questo caso, una sonnolenta e gelida mattinata di inverno.

«Quando ti va mi dici qualcosa sui pezzi, maestro?».

Sorrisi ma non le risposi perché mi accorsi di un discreto capannello che si andava formando proprio davanti al pianoforte. Così presi Margarethe per mano e ci dirigemmo verso Andreas. Avvicinandoci notammo subito una cosa particolare e inusuale per una sala da concerto. Sopra allo strumento erano sistemate delle piccole sculture, sembravano minuscoli strumenti musicali: non erano capolavori, ma il fatto che stessero sopra il pianoforte, accanto a un libro, non poteva non suscitare la curiosità degli ascoltatori. I viennesi amano le stranezze, le amenità, quanto il fritto di maiale.

«Li fa lei, dice che portano fortuna», Andreas esordì quasi con noncuranza e non sembrava dare troppa importanza alla cosa. Fu solo in quel momento che mi accorsi della presenza di Queenia, seduta in seconda fila, mentre Margarethe si era messa a esaminare quei manufatti con fare professionale. Erano dei lavori in creta e argilla, materiali umili, creazioni quasi infantili.

Mi fermai a osservarli non più di qualche istante, poi mi scostai da loro e mi avvicinai a Queenia, che stava cercando qualcosa nella sacca che teneva sulla sedia a fianco.

«Buongiorno! Dunque passi indifferentemente dalla musica alla scultura».

«Esagerato. Né l'una né l'altra. Tu come stai?».

«Si studia parecchio e poi in queste occasioni si cerca di incontrare le persone giuste».

Teneva i capelli legati e tutto il corpo era come rannicchiato. Sembrava essersi appena svegliata. Gli occhi erano morbidi e umorosi.

«È la tua prima volta qui?», le chiesi.

Annuì guardandosi intorno non troppo interessata all'ambiente. Si toccò la punta del naso. «Non è male, in effetti».

«Certo ci sono posti più belli, magari per chi è più avanti...».

«Cioè?».

«Intendevo per musicisti affermati».

«Capisco. Una questione di nome. Ma se studi così tanto, magari toccherà anche a te. Qui o... altrove».

«Non intendevo sminuire Andreas...». Temevo di aver fatto una gaffe, ma lei non mi sembrava averla intesa così.

«Non l'ho mica pensato».

«E certo non mi riferivo a me...».

«Questo invece te lo si legge in faccia, non sai mentire, tu. Ci speri, dai».

Margarethe ci raggiunse in quel momento. «Conosci l'artista, vedo...», disse sorridendo, «e non me la presenti?».

«Piacere, Queenia, ma non chiamatemi artista», mi

anticipò, «è una cosa che facevo da bambina con delle amiche, e credo di essere rimasta a quel livello. Un modo come un altro per fare qualcosa di mio, dato che ho smesso di suonare e mi resta solo il telaio e le cuffiette per lattanti. E anche le scarpine, dimenticavo».

L'avevo rivista un paio di volte da quel giorno a Heiligenstadt, ma non immaginavo questa cosa. Avrei voluto chiedergliene ragione ma Margarethe riprese a parlare presentandosi a sua volta: «La trovo un'idea carina, e guardate che sono del ramo. Magari dopo il concerto ne parliamo. Mi interessa».

Queenia annuì con una specie di smorfia bambinesca. Allargò le braccia come per dire "sono qui", allungò le gambe in avanti poi tornò a rovistare nella sacca.

Intanto la gente stava iniziando a sistemarsi. Sulle prime mi ero augurato che ci fosse un bel pubblico, ma ora, dopo aver visto Queenia, quella piccola folla di appassionati mattinieri la guardavo con fastidio.

Tornammo al nostro posto. Mi voltai sperando che mi seguisse con lo sguardo ma mi accorsi che era ancora indaffarata con la sua sacca.

«Che strana ragazza. Parla e si muove come se si trovasse a casa propria. Senza un minimo di etichetta. Vivaddio, però. Ogni tanto ci vuole. Certo è davvero molto bella, non sembra per niente viennese. Il tuo amico ci ha saputo fare». Erano vere tutte e due le cose, pensai, ma non mi andava certo di approfondire.

Per fortuna tornò a chiedermi informazioni sui brani che avremmo ascoltato. Si iniziava con un divertimento nello stile antico di Johann Baptist Cramer. Mi disse che non lo conosceva e io dovetti confessarle che l'avevo solo sentito nominare, ma secondo Andreas era molto apprezzato da Beethoven. Si diceva che si distinguesse per la chiarezza del suo tocco. Quella che invece conoscevo bene era la *Sonata in si bemolle maggiore* di Muzio Clementi. Qui lei si illuminò, dicendo che aveva suonato qualcuno dei suoi studi quando era bambina. Gli raccontai quello che molti nel mondo musicale sapevano e cioè che l'ouverture del *Flauto magico* di Mozart era basata proprio su un tema di quella sonata e che il musicista romano pretendeva che a ogni esecuzione pubblica la cosa venisse ricordata.

«Eh... *Il flauto magico*», sospirò. Non era bella, Margarethe, ma aveva delle labbra piene e ben disegnate che quando sorrideva mostravano una dentatura perfetta e ne ingentilivano lo sguardo altrimenti duro e un po' metallico. Non le giovava la sproporzione tra il naso piccolissimo, perso in un volto troppo largo, con quella mascella sagomata e volitiva che invece al padre Heinz conferiva un tono di rispettabile austerità. Nel complesso aveva l'aria di una donna risoluta ma gentile. Da brava Strolz.

Dopo la sonatina di Mozart le dissi che l'ultimo era un pezzo giovanile di Beethoven. Avrei voluto accennarle del mio particolare rapporto col Maestro ma non potei farlo, perché Andreas si era appena seduto al pianoforte e il concerto stava per iniziare.

Ancora una volta in quell'ora di musica confermò le mie impressioni. Era riuscito a sviluppare una tecnica tutta sua e per certi versi convincente. La sua esecuzione era un'alternanza di dinamiche e colori che volevano dare una logica enfatica, assolutamente personale alla musica. Di quando in quando affiorava però una certa frenesia. Ma quello era carattere. Peccato che si fosse perso improvvisamente nel pezzo finale. Aveva fatto un paio di errori e si era innervosito. Davanti a me un signore sulla cinquantina con una bella testa incorniciata da curatissimi riccioli grigi aveva sussurrato a quella che doveva essere la moglie: «Ha talento, indubbiamente, e belle idee. Ma le sbandiera troppo e non sempre è costante. In questo non ha fatto progressi. Ed è un peccato».

Al termine notai che Andreas lo salutò con deferenza. Mi disse subito dopo che era il famoso costruttore di pianoforti Streicher; lo aveva conosciuto l'anno prima quando aveva fatto il precettore. Un'altra delle attività che aveva abbandonato.

Poi mi fece cenno di seguirlo al pianoforte. Sfogliò lo spartito dell'ultimo brano. «Vedi quelle terzine?», mi disse. «Lì mi sono messo a pensare a questo contrasto, due contro tre, è impossibile fare entrare il tre nel due. Eppure la terzina la suoniamo su un ritmo binario, no? E non è una magia, questa? È esatto ma non è logico. Vedi che ho ragione?».

Temevo di capire dove volesse arrivare. Mi limitai però a un «Mi ero accorto che ti sei un po' perso». Evidentemente la cosa non gli piacque. Si rialzò e si mise a riordinare gli spartiti.

Margarethe, lì di fianco, era tornata intanto a parlare con Queenia, che stava riprendendo gli oggetti rimasti sul pianoforte. Dopo un breve scambio di battute e di domande tecniche cui non mi sembrava volesse rispondere approfonditamente, prese dalla sacca quello che doveva essere un piccolo mandolino, dipinto di rosso. «Tenete, ve lo regalo», disse, stuzzicandosi i ricci con la mano sinistra e mordendosi il labbro superiore.

«Grazie. Siete davvero gentile, E devo dirvi che mi avete fatto venire un'idea. Non perdiamoci di vista. Tanto abbiamo il nostro Wil in comune».

Queenia non rispose ma si limitò a un sorriso e a una scrollata di spalle. Poi si voltò in direzione di Andreas, che era tornato a sedersi al pianoforte a occhi chiusi.

9

Margarethe non si limitò ai convenevoli di quella mattinata festiva. Rientrata a casa mostrò l'oggetto al padre. Le era piaciuta molto quella trovata di realizzare piccole sculture a tema musicale. Se ne potevano fare dei gioielli veri e considerando la passione che c'era a Vienna per la musica poteva essere un'idea remunerativa: «Potremmo incastonarci una piccola pietra, ciascuna di un colore diverso. Ma dovremmo chiedere a quella ragazza di venire a lavorare per noi, ovviamente. L'idea è stata sua».

Heinz da giovane amava prendersi tutto il tempo necessario prima di qualsiasi decisione. Col tempo però aveva imparato ad affidarsi anche alle intuizioni degli altri. «In famiglia ci si aiuta», diceva, «e nel mio caso anche a essere un po' più rapidi». In quel periodo, con la guerra alle porte aveva ripreso però la vecchia abitudine di soffermarsi molto a valutare tutti i fattori in gioco prima di fare una scelta. E i suoi tempi erano tornati a dilatarsi.

Quando Margarethe mi mise al corrente di quell'idea mi chiese anche se a Queenia sarebbe mai interessata una cosa simile. La conoscevo troppo poco per azzardare una previsione, le dissi. In realtà non volevo immischiarmi. Se la vedessero tra donne, pensai. Nello stesso tempo però mi rendevo conto che poteva essere un'ottima occasione per avvicinarla a me. Migliore, in ogni caso, di quella che mi aveva suggerito Franz.

Trascorsero un paio di settimane senza che Margarethe mi facesse sapere nulla. E io non tornai sull'argomento.

Quando poi una delle domeniche successive riaprì il discorso mi disse che Queenia le era sembrata poco interessata e distratta: aveva paura di un'occupazione tutta nuova forse, e comunque era stata molto, troppo vaga nel rispondere. Dunque non era difficile solo per me rapportarsi con quella donna.

«Mio padre», aggiunse, «mi ha detto che l'idea è carina, ma il momento è quello che è. Alla bottega stiamo attraversando un periodo difficile e ogni problema gli sembra una montagna. Dopo le feste i clienti scarseggiano. La gente è preoccupata e pensa ad altro».

«Magari una novità, allora, è quello che ci vuole».

«È proprio quello che pensavo anch'io. Credo molto nel valore degli incontri fortuiti. E con Queenia mi pareva davvero uno di quelli. Ho provato anche a nominargli la parola provvidenza», e rise sommessamente.

«Di solito con lui fa effetto».

«Poi mi son detta: pazienza, vada come vada. Non mi cambia la vita».

Ma ci teneva. Era una sua scoperta. Provai a punzecchiarla: «Non è che sei troppo orgogliosa delle tue idee?».

Sospirò. Lei che si riteneva molto influente in famiglia temeva di perdere credibilità in quell'occasione. Col padre si scontrava spesso. Erano molto, troppo simili, ma lei non aveva la sua pazienza.

Per tutto il concerto rimase pensierosa. Anche il rito della lettura del programma mi era parso affrettato, approssimativo e superficiale. Mi attribuiva una parte di responsabilità? Cercavo di convincermi a non dare troppo peso alle mie percezioni, e poi tutta quella questione non era certo iniziata da me. Haydn comunque quella mattina non mi fu d'aiuto. Il giovane che eseguiva tre sue sonate pareva fosse lì per caso. Approssimativo e superficiale anche lui.

«Mi sa che non ti è piaciuto proprio, vero?», mi disse lei alla fine, alzandosi.

«Tu che ne dici?».

«Se ho delle perplessità io, figuriamoci tu».

«Infatti, ma non è facile per nessuno». Le porsi il soprabito e ci incamminammo per raggiungere velocemente l'uscita.

Queenia era lì in piedi, appoggiata alla ringhiera. La sacca a tracolla e un volto che aveva la luce di una finestra appena spalancata. Lei, assolutamente estranea alla logica deferente delle convenzioni, lasciava trapelare una frenesia che pareva quasi sottintendere un rimprovero. Anche se avevo fatto solo una fugace esperienza delle sue capriole emotive non me ne meravigliai più di tanto.

«Buongiorno, signorina Strolz. Sono passata ieri sera dalla vostra bottega ma era chiusa. Per fortuna mi sono ricordata di questa cosa dei concerti mattutini della domenica. Così mi sono detta: oggi o mai più. Allora, quando si comincia?».

In tralice notai ancora una volta quella piega di inquietudine ai bordi delle labbra di Margarethe, che non sapeva se ridere o sdegnarsi. Scosse il capo, si portò una mano alla fronte e sospirò: cercava la risposta più adatta a una situazione così imprevista, mentre Queenia continuava a fissarla.

«Lo so io», dissi sorprendendole, perché era l'unico modo per spiazzare due caratteri così distanti. Toglier loro il terreno della polemica sotto i piedi. «Si comincia con un buon pranzetto da Hugelmann. Tutti e tre insieme, così ne parliamo a stomaco pieno. Coraggio, andiamo».

Fu così anche un po' per merito mio se dall'inizio del mese successivo Queenia iniziò a lavorare nella bottega degli Strolz. Heinz aveva anche questa qualità: più dubitava di un'idea, più se ne innamorava se la realtà lo smentiva. Quando ero bambino mio padre ci si era spesso scontrato per delle questioni legali. Heinz tirava dritto e anche dopo interminabili discussioni ognuno rimaneva della propria idea. Mi ricordo come papà ne parlasse in famiglia. Io percepivo tanta passione tra termini e concetti che mi erano totalmente estranei. Eppure ci sentivo un'intensità che mi affascinava. Da adulto dovrei essere così, dunque, pensavo. Tra loro poi finiva sempre nello stesso modo: non si parlavano per una settimana e poi Heinz arrivava a casa nostra con un mazzo di fiori per mia madre, oppure con un portasigarette per papà e diceva: «Sì, Ulrich, avevi ragione tu, facciamo come dici. D'accordo».

E così andò anche con Queenia, che dovette affrontare un tirocinio impegnativo sotto una guida esigente ma in fondo benevola.

Nella prima settimana cominciò ad apprendere i segreti della modellazione e della fusione dell'argento, dopo, direttamente con l'aiuto di Margarethe, passò alle tecniche di finitura e incastonatura. E lì ci volle più tempo. «È un po' anarchica e disordinata, ma ha tanta voglia di imparare», diceva la nuora di Strolz, che anche a parole delimitava il proprio territorio e si teneva stretta mansioni e personali abilità. Ma aveva intuito in quelle prime settimane che al suocero la ragazza stava cominciando ad andare a genio.

Comunque Heinz badava che non ci fossero sovrapposizioni nella sua bottega. Era difficile tirar fuori da ciascuno il meglio, ma lui ci provava e quando si aggirava per il laboratorio con le sue braccia lunghe come remi ma armoniche nei movimenti come quelle di un direttore d'orchestra sembrava volteggiare tenendo un suo tempo, che voleva trasmettere al resto della compagnia.

Parlava ad alta voce spostandosi in continuazione tra la vetrina e la parte retrostante della bottega, verificando col suo piglio maniacale l'esposizione dei gioielli, perfino la pulizia degli scaffali interni. Margarethe mi aveva detto che provvedeva personalmente a spolverare le grandi bacheche appese alla parete dietro lo stanzino che fungeva da ufficio, più che altro uno spazio di poco più di tre metri quadri delimitato da un séparé di legno bucherellato.

«Tu diresti che devo tenere testa a dei bravi solisti Wil», mi disse come prima cosa il giorno in cui mi decisi ad andarlo a trovare. «E che quasi ogni mattina devono reimparare a suonare insieme, soprattutto adesso che è arrivata una nuova voce nell'orchestra».

Sorrisi.

«Vuoi ascoltare un po' della loro musica?». Mi fece segno di seguirlo. Gli piaceva sostare in quella metafora, mentre io la trovavo un po' stucchevole. Ero nervoso perché volevo vedere Queenia, ma non sapevo come attaccare discorso. Rimanevo quindi in questo limbo emotivo cercando di ascoltare i discorsi di Heinz con aria partecipe. Queste allusioni alla musica mi parevano quasi un ammiccamento dovuto, un vezzeggiarmi senza sapere bene quello che stavo effettivamente facendo. Mi dissi di portare pazienza. Dopotutto conoscevo la sua sincerità e il suo affetto nei confronti miei e della mia famiglia.

Mi accompagnò davanti all'ingresso del laboratorio, ma ci fermammo subito perché proprio in quel momento sua nuora e Queenia avevano iniziato a bruciare l'argento. Così mi indicò una finestrella che dava sull'interno e mi fece sistemare lì, davanti al vetro, porgendomi uno sgabello.

Prima, mi spiegò, le due ragazze avevano lavorato e scolpito la pasta d'argento creando i modelli mentre ora stavano sistemando quegli oggettini su una piccola rete d'acciaio. Sotto c'era un fornelletto a gas dal quale si librava una fiamma verdognola e piuttosto arzilla. «La pasta deve essere bruciata», disse Heinz, «perché in quel modo verrà eliminato tutto il materiale legante e rimarrà soltanto l'argento. Vedi», precisò indicandomelo, «hanno individuato il punto più caldo della rete che rimarrà incandescente anche quando spegneranno il fornelletto, quindi aspetteranno che riprenda il colore normale e solo dopo, con delle pinzette, preleveranno gli oggetti. Ma ci sarà da aspettare un po'».

Con una certa fierezza, mentre ci allontanavamo dalla finestrella, mi confidò che erano pochi i gioiellieri che in città utilizzavano la pasta d'argento. Gliela spedivano degli orafi veronesi che aveva conosciuto durante il suo viaggio in Italia. «È così malleabile», disse col tono reverente dell'artigiano verso il materiale su cui lavora, «che può essere scolpita solo con le mani, oppure con un filo metallico leggero o dei coltellini sottili. Queenia con le mani lavora meglio che con gli attrezzi, ma ne deve apprendere l'uso. Deve imparare ad affinare le sue doti naturali. Non bastano le qualità spontanee. È quello su cui insisto di più. Non so se vorrà fare in futuro questo mestiere, ma credo sia una lezione utile per la sua vita».

«Avete proprio ragione. Anch'io diffido quando sento la gente magnificare questa presunta dote della... spontaneità». Mi ero affrettato a rispondere così forse perché in realtà era proprio quello che mancava a me. Tradurre la spontaneità nel suono giusto. Non volevo essere come Andreas. Questo negli ultimi giorni lo stavo capendo. Non dovevo avere quella sua foga. Dovevo aspettare per trovare finalmente quello che volevo dire con un'idea, con un'interpretazione, con un colore.

«Sai una cosa?», disse, «a proposito di musica, non so nulla di come te la passi attualmente e quale carriera vuoi intraprendere. Che ne dici di due chiacchiere davanti a un caffè? È meglio uscire perché dovranno arieggiare gli ambienti. C'è il locale all'angolo andando verso il centro a due passi da qui».

Accettai volentieri l'offerta. Fuori c'era un bel sole, un'arietta pungente e quasi primaverile e a me in fondo faceva piacere prendermi un altro po' di tempo prima di affrontare Queenia, proprio perché ancora non avevo la minima idea su cosa dirle.

«Allora, cosa mi racconti? Hai quasi vent'anni ormai...». Le volute leggere che si levavano dalla tazza di caffè gareggiavano col fumo della pipa di Heinz e velandoglieli rendevano fiabeschi i suoi lineamenti. Sembrava il mago severo ma premuroso delle storie da focolare anche se negli occhi si poteva leggere una traccia di preoccupazione. Portò la tazza alla bocca ma la ripose subito. Il caffè era ancora troppo caldo.

Cominciai a dirgli di mio fratello Kaspar e della sua brillante carriera di medico nel nord della Germania, mentre di Bastian in seminario appariva già ben informato. «Ma parlami di te», mi interruppe, «è di te che mi interessa».

Mi mantenni sul vago, gli parlai delle lezioni che stavo prendendo, della stima che il mio attuale maestro mi esprimeva assicurandomi che presto avrebbe trovato il modo di farmi esibire in pubblico.

Con un sospiro di piacere, accompagnato da un movimento impercettibile del capo, riprese in mano la tazza. «Giusto. La vita deve andare avanti nonostante tutto», aggiunse. Capii benissimo a cosa alludeva.

«Questa minaccia di guerra che incombe di nuovo ci sta sfibrando. Gran parte della nostra clientela sta abbandonando la città per spostarsi nelle residenze in campagna. Così sono sempre di meno quelli che vengono in bottega. Noi non ci possiamo lamentare perché abbiamo cominciato a produrre utensili per la cucina e strumenti per piccoli lavori manuali. Il prezzo lo pagheranno ancora una volta i poveri. Con mio figlio abbiamo deciso di andare a servire assieme ai frati in una mensa dalle parti del canale dietro Santo Stefano. Un paio di volte a settimana facciamo una spesa abbondante per rifornirla di cose fresche, e come noi si stanno organizzando altri due miei amici che hanno un negozio di passamanerie e tessuti».

Tacque per un attimo, guardandosi intorno. Mi parve che un tizio grasso, immerso in una coppa di gelato tra sbuffi di panna sui baffi e ciliegine in bilico sull'orlo della coppa, ci guardasse imbarazzato.

«Queenia ci parla spesso di te. Davvero. Ma tanto, sai?».

Fui io questa volta a fissarlo dritto negli occhi e poi, con un solo sorso, buttai giù il mio caffè nonostante fosse ancora bollente. Poi posai la tazza e mi ripulii le labbra con il tovagliolo con un gesto non proprio elegantissimo. Dentro di me mi ero augurato di sentire una frase del genere ma ora ne minimizzavo il valore. Non si vive di certezze e spesso si dubita anche dell'esistenza di un benaugurante sottinteso nascosto dietro un'espressione del volto dell'interlocutore o in un tono particolare delle sue parole, solo perché quella cosa ci farebbe piacere e il fatto che ci fa piacere porta inevitabilmente con sé i tratti dell'autoinganno.

Quindi sorrisi come un idiota e non sapendo cosa rispondere gli indicai la sua tazza di caffè ancora piena.

«Gran personaggio quell'Andreas…», continuò. «Tu lo conosci bene?».

Gli riassunsi in breve la storia dei nostri incontri tralasciando l'irruzione nella dimora estiva di Beethoven.

«È un musicista molto bravo, mi ha detto mia figlia,

ma c'è qualcosa di inafferrabile in lui. Tu potresti pensare come faccio ad affermare questo, certo, però…».

«Non l'ho pensato», mi affrettai a dirgli.

Scosse il capo.

«Mia figlia mi dice pure che io voglio pilotare le persone».

«Sarà la vostra attitudine al comando, magari».

«Dici di me o di lei?». Rise.

«Ora siete voi che pilotate me. Non oserei parlare alle spalle di vostra figlia in sua assenza», e sorrisi anch'io, sebbene rimanessi sovrappensiero.

«Peccato lei sia un po' troppo grande per te. Vi avrei visto bene insieme. Avete gli stessi interessi».

Feci appello a tutte le mie forze mentali per sfoderare un sorriso che apparisse credibile. Io e Margarethe. Come gli era venuto in mente? Non mi aveva appena detto che Queenia parlava di me? Ma lui continuò tornando al discorso precedente.

«È strana quella ragazza. Certi giorni sta lì silenziosa, poi improvvisamente si apre, ma un minuto dopo scappa di nuovo nel suo mondo… difficile stare al suo passo, ma ha voglia di fare in ogni caso. E alla fine in qualche modo mi ascolta».

«Mi fa piacere per voi. Anche a me Queenia sembra sempre sfuggente».

«È inevitabile, del resto».

«Perché?». Lo dissi con un candore tale da provocare in lui il sorriso paterno e superiore che si riserva ai bambini.

«Lo sai che il padre è sparito da un giorno all'altro quando era ancora piccola e la mamma non c'è più, vero?».

«Certo».

«E allora sfugge perché vorrebbe affidarsi a chi ha intorno, ma ha paura poi di ritrovarsi di nuovo sola, e questo è facile da capire, ma soprattutto perché non vuole dare l'impressione di comprarsi a buon mercato l'affetto con un atteggiamento di eccessiva dolcezza e condiscendenza che invece le verrebbe naturale».

Mi sorprese questa sua capacità di lettura nel cuore delle persone. Lo fissai ammirato.

«Chi si reputa defraudato dalla vita», concluse, «teme nell'intimo che la benevolenza altrui sia una forma di risarcimento dovuto e pietoso, non un sentimento spontaneo».

«Quindi è in fondo insicura? A me non sembra. Non la vedo fragile, anzi. A voi invece...».

Sorrise e come un giocatore esperto calò in tavola i suoi anni con un'espressione di sicurezza disarmante. «Gli occhi di chi lavora con le cose piccole vedono meglio dentro l'anima. "Chi incastona i gioielli sa leggere anche nelle sfumature del cuore", dice sempre il mio amico Klaus, il decano del convento».

«Mi auguro che conosca di più le anime dei gioielli». Sorrisi, quasi per rompere quell'atmosfera che mi sembrava troppo confidenziale.

Sorrise anche lui. Fortunatamente comprese la necessità di una battuta sdrammatizzante. Era legatissimo al decano. E chissà, forse quell'acribia nell'interpretare in profondità gli altri derivava da lunghe chiacchierate e confidenze all'ombra del chiostro.

«Se hai ancora un po' di pazienza ti racconto un'altra cosa», riprese.

«Certo», risposi per rispetto, ma ora sentivo l'aria fresca della novità inattesa e non vedevo l'ora di alzarmi e tornare alla bottega per provare a leggere anch'io nelle pieghe delle parole di lei, nelle sue espressioni.

«La prima sera che l'abbiamo invitata a casa, dopo cena, ci ha cantato tre canzoni, dei motivi popolari in inglese. Sono ballate struggenti, quasi tutte tristi. Mia figlia è rimasta colpita da una intitolata *Barbara Allen*. Prima Queenia ce l'ha cantata, poi su richiesta di Margarethe, che sa un po' di inglese ma non abbastanza da comprenderne il senso per intero, ce l'ha spiegata. Era la storia di un nobile e di una giovane ragazza del popolo, Barbara Allen. Di un amore che non arriva a compimento perché quando è lui a essere innamorato lei lo respinge convinta di essere stata precedentemente rifiutata. Neanche quando la manda a chiamare sentendosi in punto di morte lei si lascia convincere. "Se mi baci, io sarò salvo", le dice, ma invano. "Non provo pena per il tuo cuore, che ora pianga sangue", le risponde lei. E però rientrando a casa e sentendo il suono delle campane a morto, in preda al rimorso la ragazza decide pure di lasciarsi morire. La natura alla fine fa giustizia di questo amore che non aveva saputo andare a tempo. Sulle loro tombe cresceranno un rovo e una rosa, abbracciati».

«Non conosco queste storie e in questa in particolare il finale mi pare un po'… mieloso», commentai forzatamente freddo, ma la mente vagava a cercare allusioni e paragoni. Non sapevo sostenere la parte del cinico.

«E lei ha insistito su questo argomento chiedendoci se secondo noi, che siamo sposati da tanti anni, è difficile amare allo stesso modo e allo stesso tempo. Lei pensava di sì. Che fosse difficile. "Non è possibile che tutti e due si amino ugualmente e nello stesso tempo. La canzone ci fa capire questo". E poi ha aggiunto, mascherando con un sorriso forzato un velo d'ansia: "O forse i musicisti hanno bisogno di storie così, storie negative perché a loro servono. È l'amore, non le persone, che serve ai musicisti"».

«I musicisti», sottolineai alzando il tono di voce.

«Come Andreas?».

«Magari anch'io, allora».
«Anche tu cosa?».
Arrossii.
«È stata la prima volta che l'ho sentita fare un ragionamento così personale e accorato. Ma aspetta», era molto preso dal suo stesso racconto, «senti come è andata avanti. A quel punto si è rivolta a mia moglie e le ha chiesto di versarle ancora un po' d'acqua. Ma subito dopo si è rifatta serena, guardandoci tutti a turno come per mettere un punto fermo. Come per dire: "Mi sono svelata troppo. Non succederà più". Mia figlia invece ha ripreso il filo del suo discorso. "O forse, musicisti a parte", ha detto, "il vero amore sta fuori dal tempo. È un sogno irrealizzabile. Per paura a volte ci si accontenta invece di illudersi e continuare a cercare l'impossibile".
"Io non ho paura", le ha risposto Queenia, quasi infastidita, e forse le conclusioni di mia figlia erano un po' scontate. Ha avuto una delusione di recente. "Non ho paura del tempo o dell'amore", ha sottolineato la parola facendo una pausa, "ma che le cose non si incastrino per bene. Servirebbe un miracolo. E io non credo ai miracoli"».
«Questa battuta non vi sarà piaciuta», commentai sforzandomi nuovamente di assumere il tono del sarcasmo. Sapevo quanto fosse religioso.
«Andreas è pieno di vita e di idee», Heinz continuò riallacciandosi alle sue argomentazioni precedenti, «ma quando ci parli sembra sempre sia da un'altra parte con la testa, ti fa sentire inutile, ti trapassa con lo sguardo e poi... si spazientisce alla prima contrarietà e...», si fermò con un sospiro, poi riprese più lentamente. «Un paio di volte è venuto alla bottega. Si è fermato ad aspettare che lei finisse e abbiamo scambiato due parole. Poi, e ti giuro che l'ho fatto senza volerlo, un pomeriggio, avevamo fatto tardi, mi è capitato di ascoltarli. Lei gli spiegava il la-

voro, gli strumenti che utilizzava, i diversi tipi di pietre. Si capiva che voleva metterlo a parte di questa sua nuova vita, del suo piacere, ma lui la liquidava con risposte brevi e stiracchiate. Mi sembrava davvero che non andassero… a tempo».

A quel punto lo fissai io più intensamente. «Voi dite? Ha ragione vostra figlia allora? O forse è semplicemente che avete una visione troppo matura, da padre o, permettetemi, da nonno?».

Sorrise ancora una volta, ma diversamente da prima mi sembrò meno determinato e vagamente intristito.

«C'è anche un'altra cosa, però», riprese a raccontare. «Il giorno dopo mi ha chiesto di parlare, io e lei da soli e mi ha fatto delle strane domande. Mi ha chiesto se conoscessi l'ordine degli Illuminati e se secondo me era possibile che utilizzassero le pietre per dominare il pensiero della gente. Un discorso confuso che continuò parlando di certe presunte magie. "Lei che conosce le pietre cosa ne pensa?", mi ha chiesto alla fine».

«E voi cosa le avete detto?». Provai un brivido. Qualcosa che assomigliava a un'inquietudine remota che si risvegliava.

«Le ho detto che l'unica magia che conosco è l'amore per il prossimo, quello sì che può influenzare e toccare il cuore della gente, facendo forse la figura del vecchio parruccone bigotto come anche a te sono sembrato poco fa», concluse sorridendo.

«Ma no. Non è così». Glielo assicurai, cercando di essere il più trasparente e convincente possibile.

Mi guardò facendomi capire che non l'avevo affatto convinto. «Andiamo», disse, col disincanto addolcito dei suoi sessant'anni. «Alla tua età parlavo di meno ma facevo di più».

10

Appena rientrammo me la ritrovai davanti. Aveva i capelli legati, gli occhi arrossati dal fumo e le gote più rosee del solito. Indossava un grembiule grigio legato in vita e ai piedi un paio di zoccoli in stile olandese sui quali si muoveva non proprio a suo agio.

Mi fece un rapido cenno con la mano e si rivolse a Heinz, che la ascoltò con attenzione, riassumendogli le fasi del lavoro appena terminato. Lui sorridendo le rispose che avevamo apprezzato il tutto dal vivo, indicandogli la finestrella. E anch'io mi unii facendole i complimenti. Non avevo la più pallida idea di come si producesse un gioiello d'argento, affermai, ed ero rimasto affascinato dalla loro perizia.

Lei non gli diede peso, minimizzando con una scrollata di spalle, e poi chiese a Heinz se poteva farmi vedere i lavori finiti. Ricevuto il suo assenso si diresse verso un armadietto di metallo chiuso a chiave. Lo aprì e tirò fuori alcuni piccoli oggetti avvolti in un panno rosso, poi mi fece cenno di seguirla nel retrobottega.

«Credevo fossero in cassaforte», le dissi facendole l'occhiolino.

Ci sedemmo accanto a una finestra che dava sul cortile interno. Mi mostrò due violini grandi quanto un pollice, poi un flauto e infine un clarinetto appena più lungo del suo dito indice, sul quale la figlia di Heinz era riuscita perfino a scolpire in rilievo delle minuscole chiavi. Poi un tamburino con al centro due piccole bacchette. «Questo è il primo che ho fatto da sola. Il più semplice», e lo disse così, con noncuranza.

«E comunque in cassaforte li sistema il signor Heinz la sera prima di chiudere. Durante il giorno non c'è bisogno». Sfoderò un'espressione piccata, con un sorriso canzonatorio e le labbra a cuoricino.

Dentro di me mi detestavo per la regressione che il suo sguardo in quelle occasioni mi causava. Non sarei mai stato in grado di conquistarla, se non avessi imitato il piglio e l'autorevolezza di Andreas. Ma finii per dire solo: «Splendidi».

Lei neanche ci fece caso e riprese a spiegarmi che dopo il lavoro di bruciatura lei e Dorothea – così si chiamava la nuora di Heinz – dovevano incastonare delle piccole pietre per rendere più prezioso l'oggetto, secondo la primissima idea di Margarethe.

«Le pietre mi piacciono, sai Wil?», mi ricordai quello che mi aveva appena detto Heinz e la osservai concentrato e compito per farle percepire il mio interesse. «Mia madre mi diceva che nascondono delle storie, quelle della vita di chi le indossa e che tramandano a chi le indosserà dopo di loro. Io ho questa sua, un'acquamarina, sul cuore», e mi mostrò il ciondolo che portava appeso a una collanina sottile d'oro giallo.

«Certe volte mi domando quante vite hai vissuto finora», le dissi.

«Ma se ho solo un anno più di te!».

Era sempre disarmante nelle risposte. Mi limitai a ricambiarne il sorriso.

«Sei troppo complicato tu», riprese. «Perché devi fare queste riflessioni, non sei un artista? Dovresti seguire il tuo istinto. Gli artisti sono istintivi».

Avrei voluto risponderle di sì, ma seguire l'istinto presupponeva di averne un'idea chiara e allora bisognava rifletterci sopra. E non sarebbe stato un calcolo anche quello? Ero consapevole, certo, che stavo appesantendo la mia vita di riflessioni alle quali non davo seguito e temevo l'aridità noncurante del mondo reale, temevo che il pupazzo di neve si sciogliesse di nuovo.

«Ma perché non ti basta vivere? Non ti piace la tua vita?», stava continuando a dire. «Dovrei regalarti una pietra, una fatta apposta per te».

«A me?».

«Vieni». Mi prese per mano e tornammo verso il laboratorio. Il signor Heinz con un cenno della mano ci fece intendere che dovevamo essere prudenti. Nonostante l'aerazione c'era il rischio di qualche residuo di sostanze nocive.

«Sbrigati a passare», la avvertì.

«Ti stai guadagnando la loro fiducia», le dissi mentre apriva con una chiavetta la porticina.

«Sì ma tu rimani qua, non entriamo insieme, prendo quello che mi serve e ritorniamo subito di là. Non voglio abusare di questa fiducia».

Passò un attimo ma si riaffacciò specificando e scandendo bene le parole: «Lì c'è la cassaforte».

Tornammo a sederci nell'angolo davanti alla vetrata. Questa volta aveva tra le mani un involto di raso verde molto più voluminoso, legato con una cordicella intarsiata d'oro. Sciolse il nodo con delicatezza e lo aprì. C'erano pietre di diversi colori, ciascuna separata dalle altre. Poi prese una pinza più grande e cominciò a sistemarle sul tavolo. Ne scelse tre dopo un'accurata riflessione. Mi piaceva quando si concentrava, la lingua spuntava dalle labbra serrate mentre con la mano sinistra si tormentava i riccioli come se fossero una parte del corpo di un'altra persona tanto li tirava. «Ecco, cominciamo da quella più preziosa», disse.

«L'avrai visto al collo di tua madre o in un anello al suo dito. È uno smeraldo, guarda il verde come spicca sul grigio della pietra. Mia madre mi diceva che si poteva forarlo in lunghezza e, inserendovi un ago d'oro, portarlo poi al dito, come talismano, come portafortuna. Lei però non ne aveva neanche uno», e rise, rise forte, mettendosi la mano davanti alle labbra. «E comunque è bello non trovi?».

Annuii e avvicinai la mia mano per toccarlo ma mi frenai senza incrociare il suo sguardo, che si era già posato sulla seconda pietra.

«Questa che ha dei riflessi violetti è l'ametista: simboleggia la felicità, si usa contro tutti i pensieri cattivi, gli incubi notturni e la cattiveria di chi ti vuole male».

«Ma io cosa c'entro?», la interruppi.

«Ma no, è per dire», sorrise. «Lo vedi che ragioni sempre troppo?».

Tacqui osservando con quale destrezza la stava rigirando per farmi cogliere meglio le sfumature di colore, le trasparenze, il gioco della luce che filtrava da fuori e si scomponeva. Pareva quasi che fosse la pietra ad attirarla.

«E però sarebbe appropriata per molte persone», dissi frettolosamente. Lasciai che continuasse.

«Gli anziani al mio paese dicevano che chi porta questa pietra vede le cose invisibili. Io e le mie amiche ci ridevamo su e dicevamo che pensavano così perché non vedevano più le cose vere!».

Ma tu ci credi o no? Avrei voluto chiederle. Ne parlava con una semplicità incantevole e disarmante ma assieme così lieve da sembrare superficiale, come una fiaba che è bello raccontare per sentire il sapore delle parole ma senza prestarci troppa fede, o forse ero io che quella fede non l'avevo. Lei intanto era passata alla terza pietra.

«Questa è la mia preferita», disse. «È un'ambra e il signor Heinz mi ha spiegato che deriva da antiche resine, come se fosse nata dalle lacrime degli alberi, ma guarda il suo colore: sembra giallo ma se la rigiri non lo è più, una varietà di rosso? Ma se la guardi tenendola davanti alla luce non ti appare più così...», detto questo tirò fuori da un cassetto sotto il tavolo un panno di lana bianco. Poi dalla tasca estrasse un foglietto di carta e lo spezzettò in piccoli quadretti irregolari.

«Ora guarda cosa ti combino», disse.

Prese la pietra in mano e la strofinò con forza sul panno, poi la ripose al centro e sparse intorno quei frammenti di carta che, immediatamente, attratti dalla pietra le si attaccarono sopra. Vedendo che ero rimasto colpito si affrettò a dirmi che si trattava di una forza magnetica, come le aveva spiegato Heinz. Era una cosa naturale, precisò, e però dimostrava che le pietre davvero avevano una forza dentro, che non erano una cosa inerte. «Quindi quando le tocchi devi averne rispetto. Non è magia, è verità», insistette con foga. «C'è qualcosa che vive qui e poi», mi fece l'occhiolino, «vedi come sono serene, senza parlare? Vivono meglio di te. Sì sì, prima o poi ti regalerò dell'ambra».

«Così se sto scrivendo un pezzo la metto vicino al foglio, me lo sposta e mi fa mettere le note che vuole». Ero veramente un idiota.

«Ahahah, non ci avevo pensato... dovrei dirlo ad Andreas».

Per fortuna rise. La battuta era pessima.

«Che fai? Ti ho confuso con tutte queste chiacchiere? Magari per una volta sono riuscita a metterti in difficoltà».

Detto questo mi stuzzicò la mano con una pinzetta. Poi improvvisamente si sciolse i capelli che quasi piovvero sulle pietre.

«No, così per dire», provai a rispondere, citandola, anche se non c'era nulla da dire.

«Certo, non hai ancora trovato il modo per una nuova cosa complicata. Non ti troverai mai una fidanzata se stai sempre lì a farti domande…».

Touché. Credo di essere riuscito a dominare il rossore, ma feci la cosa più sbagliata. Presi in mano due di quelle pietre a caso, tanto per fare qualcosa. Ma lei mi fermò la mano e me le sfilò, con dolcezza. «*Ssh*», aggiunse, «in realtà non si dovrebbe fare. Ho sbagliato anch'io».

«In che senso?».

«Non vuole che si tocchino così… come per gioco. Io volevo solo fare bella figura con te e incuriosirti un altro po'…».

«E ci sei riuscita benissimo», le dissi illudendomi di stare recuperando.

Si rabbuiò però riaprendo l'involto e con gli occhi si mise a cercare qualcosa che non trovava. «Ora avrei voluto farti vedere lo zaffiro, ma non lo trovo, probabilmente Strolz lo ha portato in laboratorio, dovrà lavorarlo lui per qualche gioiello». Estrasse un altro paio di pietre alla rinfusa e le lasciò scivolare sul tavolo.

«Già perché questo è materiale grezzo», dissi

«Sì, pensa che lo zaffiro ha colpito molto Andreas, perché su un libro che parla di tarocchi e carte magiche c'è raffigurata molto spesso questa pietra».

Ancora lui?, pensai dentro di me.

«Si è fissato da quando ha visto quelle di Mozart, mi ha detto. In una c'è disegnata una piramide che sarebbe uguale a un'altra che sta su una tomba a Salisburgo, la città di Mozart, dove vorrebbe andare. E poi ha preso in prestito dalla biblioteca un libro dove si parla di una specie di mago che viveva a Vienna, secoli fa, in una torre. C'è scritto anche del potere di certe pietre, dello zaffiro in particolare, per parlare con i morti e altre cose misteriose... che a me sinceramente piacciono poco. E poi, dico, cosa c'entrano con la musica?».

Questa dunque la sua interpretazione, pensai. Per fortuna non ci crede. Magari si allontanerà da lui.

«Le pietre per me sono l'amore di mia madre, sono le sere in cui le facevo vedere i miei animaletti di creta e ci ridevamo sopra. Mi diceva: "Bello lavorare le cose della terra, ma abbi rispetto, rispetta tutto ciò che c'è intorno a te. Perché anche quel grumo di terra vive. C'è una canzone nascosta nelle cose. Anche se non lo capiamo, se non ci sembra di sentirla. E allora respira profondo e chiudi gli occhi"».

Stavo quasi per farlo io mentre confrontavo quel discorso col racconto di Franz e le parole di Heinz. Quel dover interpretare, però, mi riusciva pesante.

«Lo zaffiro per la mia gente era semplicemente un pegno d'amore tra fidanzati», riprese, «gliene avevo parlato ma lui mi ha liquidato con un gesto secco della mano. "Stupidaggini"».

«E tu cosa gli hai risposto?».

«Ci sono rimasta male», si interruppe, guardandomi negli occhi, «è che a lui non interessa. Però...».

«Però? Non ti fermare. Se vuoi ti ascolto».

«Sei un tesoro, non ti voglio annoiare. E poi già pensi troppo di tuo...».

Era il mio momento. Non potevo farmi sfuggire questa occasione. Fu proprio allora però che rientrò Heinz.

«Scusatemi. Mi dispiace interrompervi, ma oggi devo chiudere prima».

Queenia arrossì guardando quella sfilata di pietre che aveva sistemato sul tavolo.

«Non ti preoccupare», la rassicurò capendola al volo. «Ci penso io, basta che tu mi ridia la chiave».

«Eccola. Certo».

«Mi dispiace avervi interrotto», ci disse tirando fuori dalla tasca tre ducati. «Ecco, andate a mangiarvi qualcosa alla taverna qui a fianco, alla mia salute. Margarethe vi aspetta lì davanti».

«No, no», dissi, «signor Strolz non lo posso accettare. Mi avete già offerto il caffè».

«*Ssh*, ricordati che ti ho visto in fasce», sorrise e diede di gomito a Queenia.

«E tu oseresti contraddirlo?», sentenziò dandomi un buffetto sulla mano.

«Mi arrendo», esclamai sorpreso e deliziato da quell'improvvisa complicità, «ma come disse Giulio Cesare: "Questa è violenza"». E sorrisi.

«Ma io non ti pugnalerò, comunque. Neanche Margarethe, vero?». Si alzò e fece l'occhiolino a Heinz.

11

Quella stessa mattina Andreas saliva i gradini che portavano all'ultimo piano del palazzo del principe Lichnowsky. L'attico dove a suo tempo aveva vissuto a lungo Beethoven. Lui era stato già due volte ospite al palazzo, ma lì non c'era mai entrato.

Christiane, la moglie del principe amava raccontare di come avevano accolto, sostenuto, coccolato quel giovane talentuoso e imprevedibile che all'epoca non aveva neanche venticinque anni. Dovendo anche fare i conti con il suo carattere e i suoi modi non proprio rispettosi dell'etichetta in un consesso ristretto e raffinatissimo come quello del suo entourage. Per fortuna a palazzo Lichnowsky tutti amavano la musica e chiudevano spesso un occhio o forse anche due ma, si sa, almeno alcune convenzioni andavano rispettate.

«Sapeste quante volte si presentava a tavola senza parrucca, con i capelli spettinati e una casacca sporca di inchiostro. Ma era fatto così e dovevamo anche stare attenti a non fargli pesare questa sua mancanza di tatto. Pensate che spesso senza avvertirci decideva di andare a mangiare da solo al ristorante, per sottrarsi, diceva in giro, alle nostre eccessive attenzioni. Ma altre volte si abbandonava come un cucciolo. Quando era di umore malinconico, magari dopo una sfuriata, si rivolgeva a me, che ho appena cinque anni più di lui, come a una madre. E io c'ero sempre. Anzi, a volte eccedevo in premura. Con mio marito facemmo in modo che naufragasse una relazione con quella tal Josephine Deym, non so se ne avete sentito parlare, una donna che avrebbe nuociuto alla sua carriera. Oggi mi rendo conto di quanto fummo invadenti, ma volevamo solo favorire il dispiegarsi del suo genio».

Era la prima volta che Andreas rimaneva solo con lei, una delle più rispettate e stimate dame dell'aristocrazia viennese. Ottima pianista, figlia della contessa Maria Wilhelmine che era stata protettrice di Gluck, Haydn e Mozart.

«Un altro spirito libero, Wolfgang», riprese a dire Christiane, «che ha dato lezioni a mio marito, penso lo sappiate, e che definì mia madre la persona più cortese e incantevole che avesse conosciuto. Lui sì che sapeva stare in società. Pensate che invece con Ludwig si è dovuta inginocchiare per convincerlo a suonare per lei. Mia madre, non so se rendo l'idea: l'amabilità fatta persona».

«Una qualità che le ha trasmesso, se posso permettermi», chiosò Andreas sforzandosi di assumere il tono più galante ma meno adulatorio possibile.

«L'apprezzamento di un giovane raffinato come voi è sempre ben accetto, non preoccupatevi», rispose, «lo sapete che mio marito vi tiene in grandissima stima e a quanto so anche Beethoven».

Strano, pensò tra sé Andreas, perché non ci siamo mai incontrati di persona, ma non volle approfondire. Guardava attentamente le sue mani, soprattutto quella destra, dove portava un luminoso anello di brillanti.

«È stato bello da parte sua», disse, «dedicare a vostro marito la *Sonata in do minore*, quella che l'editore ha ribattezzato *Patetica*».

«Peccato che ultimamente la loro amicizia si sia un po' raffreddata. Ma con lui succede spesso. Colpa di quell'incidente di Graz di cui penso lei sia al corrente».

«Non ne so nulla. Mi interessa la musica».

«Ma la musica viaggia sulle mani degli uomini, che sono spesso viziati, vanesi e accentratori».

«Ne ho un'idea diversa», concluse, quasi alterato. Era naturalmente incline a recepire le affermazioni altrui come delle sfide rivolte alla sua persona.

La principessa lo guardò sorpresa da quella risolutezza. Fece un leggero movimento col capo, accompagnandolo con un gesto elegantissimo della mano, come una schermitrice che accetta la stoccata.

Andreas non le diede peso e riprese a parlare di quel brano dedicato al principe.

«E so, inoltre, che voi eseguite divinamente quella sonata».

I complimenti non le risultavano sgraditi. A dispetto dei suoi quarantaquattro anni la principessa era ancora decisamente affascinante nonostante avesse subito una dolorosa menomazione, l'asportazione chirurgica del seno. In qualche modo la natura aveva compensato, però, quell'insulto atroce alla sua femminilità. Le aveva donato negli occhi una sensualità umida e pastosa. Non brillavano più, non potevano scongiurare la permanenza sterile del dolore, e allora sembrava quasi volerli nascondere dietro le palpebre, perché fossero cercati. E anche tutto il resto della sua persona emanava il desiderio di riconquistare vita, attenzioni e sorrisi. Ma con una delicatezza garbata, solo velatamente maliziosa. Si diceva nei salotti dell'aristocrazia che temesse l'infedeltà del marito, si era parlato anche di un figlio illegittimo del principe. Ma il debito con la vita, se mai ne avesse avuto uno, lei si sentiva di averlo già pagato. Per questo dentro di sé rifiutava il pensiero di qualsiasi ulteriore amarezza. Attendeva che il destino distogliesse lo sguardo dalla sua persona e per questo si abbandonava alla musica, e il tocco delle sue mani sulla tastiera acquisiva una serena, distaccata naturalezza, come fosse quello lo spazio del suo mondo rimasto intangibile, dove ogni cosa era limpida, primaverile, vergine.

«Ve lo ricordate?», riprese a dirle Andreas con lo stesso garbo di prima. «Oggi toccherebbe a voi. Io vi ho già fatto vedere quel poco che so fare».

Lei si schermì con un gesto quasi impercettibile del capo. Andreas notò come un ricciolo fosse sfuggito da quella sorta di turbante che lei aveva indossato anche le altre volte che si erano visti. Segno di un'inquietudine appena accennata, specchio di una delicata riluttanza a ospitare un visitatore in quel suo mondo appartato.

«Il rispetto dell'etichetta non vale nel dominio dell'arte», gli rispose con un briciolo di affettata petulanza.

«È vero, la grazia di un regalo la si può solo chiedere. Ho sbagliato a porvi in quel modo la domanda».

«Siete quasi insolente mio caro giovane con queste frasi così arrotondate e precise».

«Non possiedo questo dono. Indirettamente mi adulate».

La principessa pensò dentro di sé che avrebbe anche potuto togliere quel quasi. Mentre però lo guardava provò una nitida sensazione di piacere nel sentirsi assalita dalla sua volontà. Era l'io prorompente di un giovane che la eccitava, la invitava a cedere. Aveva suonato molte volte in pubblico, in un salotto o per una compagnia ristretta di amatori. Mai per una persona estranea, da sola. Cos'era allora quel desiderio? Non sapeva spiegarselo. Un'intimità così radicale, la condivisione del suo giardino segreto doveva essere una sua scelta, aveva sempre pensato. Ora invece le piaceva essere invasa, conquistata anche controvoglia.

Andreas doveva avere colto questa sua tacita resa perché le si avvicinò e la prese per mano, invitandola ad alzarsi. Lei però non volle più guardarlo negli occhi e tenne il capo chino verso il basso, la schiena lievemente incurvata, l'altra mano su quel vuoto sopra il cuore.

Fecero tre passi così, come una coppia di ballerini che prova per la prima volta, eccitati e timorosi, dirigendosi al pianoforte, lo strumento sul quale Beethoven aveva pensato i suoi primi trii, il rondò in sol maggiore, due concerti per pianoforte e orchestra.

Lei si sedette allo sgabello mentre lui le spinse accanto senza alcuna discrezione una delle sedie che erano intorno al tavolino. Si mise alla sua destra, sembrava le facesse ombra, perché la luce calava obliqua da un lucernario in alto. Sempre senza guardarlo lei attaccò il secondo movimento della *Patetica*, quella lunga dolcissima melodia, di una tenerezza semplice, quasi infantile, il passaggio della sonata che a lui piaceva meno.

E anche lei faceva fatica a trasmettere quella dolcezza che pure profondamente amava. Teneva le labbra lievemente socchiuse ma gli occhi fissi sulla tastiera, la schiena rigida, il capo immobile. Alla fine della frase, prima della ripresa all'ottava superiore, si diede quasi una spinta con il collo per proseguire e la suonò senza espressione, come una cosa dovuta. Prima del ponte modulante poi si fermò e si alzò in piedi di scatto. Poggiò con forza le mani sulla tastiera generando una dissonanza fragorosa, improvvisa, un fracasso simile al frantumarsi di un vetro. Rimase alcuni secondi così a fissare con gli occhi intorbiditi dallo smarrimento quello che ora gli sembrava un serpente sinuoso e ondeggiante, bianco e nero. Poi si voltò dando le spalle ad Andreas, che non poté vedere quanto le sue gote si fossero infiammate ma le pose una mano sulla vita e in quel momento lei pensò che stesse per baciarla. Perché lui ora le aveva preso con forza anche la mano destra e la stringeva poggiando il mento sulla sua spalla, mentre l'altra mano risaliva lungo la schiena. Così lei si voltò mentre Andreas la cingeva ancora più forte. In punta di piedi per via dell'altezza di lui, gli accarezzò il collo e avvicinò la bocca alla sua.

A occhi chiusi non aveva neanche assaporato l'umore di quelle labbra che sentì uno strattone forte. Fece appena in tempo a scorgere l'onda dei suoi capelli che si erano sciolti nella concitazione del momento. Lei barcollò per lo stupore e la mancanza di appoggio mentre lui imboccò con furia la porta precipitandosi per le scale.

Aveva fatto però solo un piano che si fermò sul pianerottolo. Restò in silenzio sperando di ascoltare i passi di lei, con la tentazione forte di risalire. Si appoggiò al muro e per un attimo guardò il soffitto. Trasse un sospiro stentato. Poi si legò i capelli, si guardò la mano e se la pose sulla fronte. Non aveva sentito nulla, nessuna energia, nessuna magia in quella stretta che a quanto si diceva era taumaturgica.

Ma il modo in cui lei gli si era abbandonata, quello sì che lo sentiva ancora sulla pelle. Una donna di quella raffinatezza, eppure così repentinamente sensuale. Quell'energia sì che l'aveva avvertita. Alla malora i loro misteri, pensò, che si consumassero nelle loro tombe e cominciò a risalire la scala pensando a come buttarsi ai suoi piedi e implorarne il perdono.

Ma lei comparve in quel momento in cima alle scale. Il capo reclinato verso la spalla, le braccia abbandonate lungo i fianchi, poi a uno a uno scese i gradini e gli si avvicinò. Lui era immobile e la fissava con gli occhi, ora inariditi e vacui.

«Non è abbastanza appagante per un giovane come voi darsi a una donna priva di seno, vero? Toccatemi. Mettete la vostra mano, ora, qui. Lo sentite? Tanto immagino lo sapeste già. Tutta Vienna lo sa. Sa che sono un rifiuto, inutile per mio marito, inutile per qualsiasi uomo».

«No, mia signora, no che non lo sapevo, ma voi siete meravigliosa. Il rifiuto sono io».

Si girò e stavolta non tornò più indietro. Scese gli ultimi due piani senza voltarsi e in un baleno fu in strada.

Dall'altro lato del marciapiede Schikaneder seduto all'esterno del caffè gli fece un cenno. Lui neanche ricambiò lo sguardo e tirò dritto. Ma quello gli urlò dietro facendo voltare due passanti, poi attraversò la strada senza guardare costringendo un postiglione a una brusca virata per non investirlo. Una donna gridò per lo spavento e Andreas si fermò. Schikaneder lo raggiunse e lo apostrofò con un filo di voce, ansimando.

«Ma vi pare questo il modo? Non eravamo d'accordo?».

«Non ho mai fatto alcun patto con voi», gli rispose brusco.

Schikaneder si riassestò la giacca riprendendo a respirare lentamente, tenendosi una mano al costato.

«Calmiamoci, sì. Del resto lo immaginavo. È una donna che può sconvolgerti. È vero. In quella mano ha il potere degli Illuminati…».

«Non l'ho sentito», replicò Andreas, girato di schiena. Non aveva nessuna voglia di guardarlo in viso. «Non ho sentito nulla. Quel potere non esiste. È più probabile che esista un dio piuttosto che questo potere».

«Adesso bestemmiate pure, dunque. Vedete? Ho ragione. È quel suo fascino da regina degli elfi che vi ha sconvolto».

Si voltò di nuovo.

«Io sono un musicista. Lei è una pianista. E basta».

Schikaneder tacque. Probabilmente stava riordinando le idee. Andreas pensò che quella cosa era andata avanti abbastanza. Settimane di letture, di incontri in penombra, carte e tarocchi da interpretare, aveva perfino rubato uno zaffiro dalla bottega degli Strolz, perché quella, gli avevano detto, era la pietra talismano dei negromanti. Tutto questo, dunque, aveva fatto, a tutto questo si era sottoposto e la sua musica non era migliorata per nulla.

Streicher invece gli aveva proposto di andare a lavorare con lui alla sua fabbrica di pianoforti. «La vostra sensibilità mi sarebbe di grande aiuto», gli aveva detto quel giorno dopo il concerto da Meisl, «e non dovreste più sottoporvi al supplizio di un'esibizione pubblica, almeno per un po' di tempo. Ho visto come la soffrite. Toccare i martelletti, lisciarne il legno, stendere le corde, tutto questo vi aiuterà a riprendervi. Vi farà recuperare intimità con la musica. A me pare l'abbiate persa. Ed è un peccato».

Aveva ragione? Era quella la sua strada? Diventare un artigiano come Queenia? E lei l'amava per davvero? In quel momento avrebbe voluto baciare di nuovo Christiane e averla lì, nell'attico che fu di Beethoven: quella era l'unica cosa che sentiva di avere chiara. E l'aveva sprecata. L'aveva buttata via.

«Vi do un'altra possibilità, allora», riprese Schikaneder, «il maestro mi ha convocato a Salisburgo lunedì prossimo. Mi svelerà l'ultimo segreto di Paracelso. Quello potrebbe essere per voi l'ingresso nell'ordine e garantirvi l'accesso ai misteri. Libero di maledirmi se non farà di voi un artista completo, degno di Mozart, capace di eguagliare anche Beethoven, anzi di proseguire dove lui si è voluto fermare. Ma ora so che non mi volete ascoltare. Almeno con una parte di voi. Quella che si ostina a non vedere l'opportunità che vi offro».

Andreas alzò solo per un attimo la testa, ma per guardare al di là di lui, verso la facciata del palazzo Lichnowsky, dove gli parve di vedere un'ombra dietro una finestra al secondo piano.

«Non rispondetemi ora. Siete troppo turbato. Lunedì alle sette del mattino ci sarà una carrozza davanti alla Cripta dei Cappuccini. E ci saremo anche noi».

12

La domenica seguente ero all'Augarten con Franz. Un giovane musicista che prendeva lezioni da Beethoven avrebbe dovuto esibirsi in uno dei concerti mattutini che si svolgevano in questo prestigioso edificio viennese.

Soprattutto in primavera e poi in estate la grande sala si animava di musica e di persone, ma non era un pubblico di specialisti. Si trattava di spettacoli gratuiti, così ti poteva capitare di stare accanto a una mamma col bambino in braccio che si metteva a frignare, oppure di due vecchi commilitoni che si alzavano e girovagavano rievocando i bei tempi della giovinezza. La sala del resto era al centro del parco ed era impossibile tenerla separata da frequentatori saltuari e poco disposti a investire un'ora intera del loro tempo per ascoltare musicisti che il più delle volte neanche conoscevano.

In attesa dell'inizio avevo riferito a Franz i discorsi di Strolz e di Queenia. Mi ascoltò con attenzione e mi promise che il giorno seguente avrebbe fatto un salto in biblioteca a documentarsi. Mi disse che il mago della torre era Paracelso, una sorta di scienziato e stregone dell'epoca del Rinascimento. L'edificio non era troppo distante da casa sua e lo conosceva, ma sapeva che da qualche anno era disabitato. Per quanto riguardava la questione delle pietre era credenza comune che portate al collo potessero influire sulla salute delle persone e forse sul loro umore, ma addirittura che potessero influenzarne i pensieri o la creatività artistica gli sembrava un'idea assurda.

«Ci sarà qualcuno che glielo ha messo in testa», commentò freddamente. «Io non gli darei troppa importanza. Sono i deliri di questa nuova sensibilità morbosa».

«Mi ricordo una cosa che mi disse mio fratello l'estate scorsa quando lo incontrammo per la prima volta».

«Cioè?».

«Che persone di quel genere hanno, come credo intenda anche tu, una sensibilità superiore alla norma e che questa loro facoltà mentale non va di pari passo con il corpo che...», e qui mi fermai un attimo, «ne può soffrire fino ad ammalarsi. Come accadde a Novalis».

«Il grande poeta».

«Mio fratello l'ha conosciuto».

Gli occhi di Franz si illuminarono. «Ho letto quasi tutto quello che ha scritto. Davvero l'ha incontrato?».

«Sì, a Jena, prima che morisse. Credo anche che avesse diagnosticato in anticipo il suo male».

«La tisi».

«Già. La tisi».

«E però, ascolta», aveva cambiato espressione frugando nella memoria. «Mi hai fatto venire in mente una cosa».

«Io?».

«Sì, Me l'hai fatta ricordare con questa storia delle pietre. C'è una sua opera incompiuta, si intitola *I discepoli di Sais*: mi ricordo che c'è un personaggio che trova una pietra all'apparenza insignificante ma che pur non avendo nulla di magico suscita negli altri dei presagi meravigliosi. E questo perché lui, tra tutti i discepoli, è l'unico in armonia con la natura».

«È una favola».

«Non mi sembra che Andreas cerchi armonie...».

«Non so se conosce questa storia, non mi sembra appassionato come te di letteratura».

Delle voci concitate provenienti dal fondo della sala ci distrassero. Era entrato Beethoven in compagnia del suo allievo. Lo guardai sperando che non mi si leggesse l'invidia sul viso.

«Sembra anche di buon umore», disse Franz.

«Eh già», risposi cercando di sembrare il più vago possibile.

«Mio padre mi ha detto che anche Beethoven ha suonato qui qualche anno fa, ma non ricordava cosa. Gli sembrava una sonata per violino e pianoforte».

In quel momento ci accorgemmo però che i due stavano venendo verso di noi.

«Potrei avere l'onore di presentarmi, signori», disse il giovane. «Mi chiamo Reiner Löwe e il Maestro mi ha detto che sarebbe bello poter fare la vostra conoscenza. Dice che avete una cultura sterminata».

Beethoven nel frattempo sorrideva.

«Io?», dissi. «Intanto il piacere è mio, mi chiamo Wilhelm Werner e, a proposito di cultura, questo è il mio amico Franz Grillparzer, lui sì che ce l'ha. Il Maestro è troppo generoso nei miei confronti, preferirei mi si definisse un buon musicista apprendista».

«Pianista anche voi?».

«Sì e...».

«Ma lo sapete quanti pianisti ci sono a Vienna?», intervenne Beethoven. «Mi dicono centinaia e la maggior parte sono anche miei nemici», e qui aggiunse una risata di scherno. «Si ritengono troppo bravi per venire a suonare gratis, ma dove andremo a finire di questo passo...».

Ci guardammo. Nessuno trovava la risposta adatta così Beethoven continuò.

«Io penso ai soldi ma anche a chi non ne ha, e se qualcuno di questi miei amici è in difficoltà sappia che mi metto alla scrivania e in un paio di giorni gli risolvo il problema. Ormai non ho più bisogno di trattare con gli editori. Mi cercano loro e stanno alle mie condizioni».

Parlava con se stesso, con un'esaltazione che pareva quasi patologica.

Reiner provò a inserirsi: «Avrei un invito da farvi...».

Beethoven però lo interruppe di nuovo.

«Mercoledì sarò a palazzo Erdödy. Vorrei ci foste tutti e due. Magari suonerò anche. È il caso di passare una serata tranquilla prima che il signor Bonaparte venga a farci visita con i suoi cannoni. Ho accettato anche per questo e ci saranno solo persone selezionate».

Notai come si protendesse in avanti aspettando le nostre risposte. Aveva un colorito più giallastro del solito e gli occhi infossati sembravano febbricitanti, sul suo collo tozzo le vene erano in rilievo e però si era pettinato per bene e indossava una redingote verde brillante da cerimonia.

Intorno si era fatto silenzio, il povero Reiner era imbarazzatissimo. Il pubblico era completamente concentrato su Beethoven, quasi non si accorsero che lui camminando lentamente, come un condannato al patibolo, era andato a sedersi al piano.

Il concerto comunque non andò male: Reiner eseguì una sonata di Mozart, due di Haydn e poi, sotto gli occhi del Maestro, la grande *Sonata in do minore* dove cercò di dare il meglio di sé e in qualche modo ci riuscì, soprattutto nel terzo movimento, interpretando bene la condotta delle parti. Sarebbe diventato un esecutore tecnicamente ineccepibile, pensai, e ammirai la sua capacità di ritrovare immediatamente la giusta concentrazione. Forse avrebbe dovuto migliorare un po' di più l'espressione.

Beethoven sembrò comunque soddisfatto, tanto che ci invitò a pranzo allo Schwan, un locale poco distante dove andava spesso, e anche Franz si aggregò.

Mancava poco a mezzogiorno ma l'aria era pungente come se fossimo ancora in inverno. La primavera stentava a irradiare la sua energia sui lunghi viali che costeggiavano la residenza imperiale, l'erba sui prati era ancora rada. Gli alberi però si stavano rivestendo di gemme. Guardandoli dal fondo e lasciando andare lo sguardo dritto in avanti attraverso le chiome pareva di vedere un'onda leggera di un verde tenue, appena animata da una lieve brezza. Aceri, tigli e frassini ospitavano usignoli ancora un po' pigri quella mattina. Mentre camminavamo Franz ci raccontò che la prima nidiata di uccelli l'aveva fatta portare l'imperatore Giuseppe qualche anno prima. Voleva un parco di gentilezza e che fosse per la gente un ristoro. Lo aveva fatto anche scrivere all'ingresso, sopra il cancello.

Dietro di noi nel frattempo Beethoven borbottava qualcosa e ciascuno a turno si girava verso di lui. Era la prima volta che gli camminavo davanti e la cosa mi faceva sentire a disagio. Così finsi di dovermi sistemare una scarpa e mi fermai. Sentii chiaramente che stava canticchiando. Tirò fuori dalla tasca un piccolo quaderno di appunti e cominciò a scriverci sopra qualcosa. Ci fermammo tutti in religioso silenzio, ma lui alzò gli occhi infastidito e ci fece cenno di proseguire. Aveva forse il pudore della sua creatività? Ero sempre più convinto che non voleva il distacco dagli altri ma in quei momenti in cui la sua immaginazione lavorava non gli piaceva che gli altri pensassero a una sua eccezionalità. Detestava provocare qualsiasi forma di adulazione. Doveva momentaneamente isolarsi per accogliere l'ispirazione e meditarla in tranquillità. Stavo idealizzando, forse, magari era solo il suo carattere spigoloso, ma probabilmente la verità era che quell'uomo era sempre al di là di qualsiasi congettura. Come aveva detto Himmel? Un orso e un cerbiatto, sì, me lo ricordavo. Eppure non andava bene. Scordarsi le definizioni: ecco cosa c'era da fare quando c'era di mezzo lui. Chiudere gli occhi e respirare, come diceva la madre di Queenia. Godere la musica e lasciare l'uomo anche alle sue manie, le sue fragilità. Dopo un paio di minuti ritornò verso di noi con un passo quasi marziale.

«Scusatemi», disse. «Comunque non manca molto. Ora affrettiamoci!», tuonò. Alla sua maniera.

«Siete sovrappensiero?», mi chiese un attimo dopo Reiner avvicinandosi.

«Non volevo disturbarlo. Neanche con una mossa o un gesto sbagliato».

«Capisco. Non è facile comportarsi in questi momenti».

«Certamente», aggiunsi. «È come in un mondo suo, non trovate anche voi? Sarà così anche quando siete da lui, credo...».

«Direi anche più di un mondo». E sorrise.

«Difficile seguirlo».

«Dipende dalle volte. È capace di entusiasmarsi e dopo pochi minuti di criticarti pesantemente. Segue una sua maniera particolare...».

«Forse una sua logica?», mi permisi di interromperlo.

«Non saprei dirvi se è una logica o un istinto o qualcosa di più nobile. Non mi ci sono mai soffermato troppo a pensare e probabilmente non ce n'è neanche bisogno».

«Sì. Credo proprio sia come dite voi. Perché starci sempre a fare domande?».

«Già. Non penso servano», concluse Reiner. Mi resi conto che saremmo potuti andare d'accordo e smisi di invidiarlo.

Neanche al ristorante però Beethoven rientrò pienamente nel nostro mondo. Anzi. La cosa iniziò con una portata di stufato in salsa verde. Fece delle osservazioni al cameriere che gli rispose con un tono di voce alterato. Dall'altro capo della tavola non mi resi bene conto di quale fosse la questione. Rimasi però sbalordito quando vidi Beethoven afferrare il piatto e scagliarlo addosso al cameriere, che in quel momento già ne teneva in equilibrio altri quattro. Il disgraziato rimase così, come pietrificato, poteva solo urlare mentre la salsa verde gli colava lungo il viso. Anche Beethoven continuava a sbraitare dandogli dell'asino e dello screanzato, mentre intorno c'era chi era rimasto a bocca a aperta e chi invece se la rideva di gusto. Arrivò nel frattempo un altro cameriere, probabilmente il *maître*, che chiese conto a Beethoven dell'accaduto. Il Maestro non si sentiva minimamente in torto. Anzi, si alzò in piedi accusando il cameriere di averlo preso in giro per cui, concluse, si meritava quella figura davanti a tutti. L'uomo gli rispose che anche il suo comportamento era inaccettabile e lo invitò a tranquillizzarsi o a lasciare immediatamente il locale. Arrivò poi il padrone dello Schwan e prese da parte Beethoven dopo aver congedato il cameriere. Così gli animi si placarono. Dopo pochi minuti il Maestro tornò a sedersi e ordinò un altro piatto, ma il pranzo proseguì in un silenzio imbarazzante. Al termine però Beethoven si alzò e assieme a un'altra persona, che ci aveva raggiunto nel frattempo e ci era stata presentata come un aiutante del conte, si diresse verso la cucina. All'uscita quel tizio ci disse che Beethoven aveva lasciato una ricca mancia per il cameriere. La cosa ci rincuorò anche se sulla via del ritorno il Maestro continuò ancora a tacere imbronciato.

Giunti nuovamente all'altezza dell'Augarten ci preparavamo ai saluti di congedo. Mi voltai per stringere la mano a Reiner ma in quel momento Beethoven si mise in mezzo. «Mi avevate detto che mi avreste presentato un altro bravissimo giovane pianista, ma non è venuto? Ve ne siete dimenticato?

«È vero», rispose Reiner, «mi stavo quasi dimenticando. Non credo abbia cambiato idea, però ieri Andreas, così si chiama, mi ha fatto sapere che doveva prepararsi per un viaggio. Domattina va a Salisburgo. Ha degli impegni con Schikaneder».

Beethoven gli si avvicinò. Mi parve che avesse tentato di leggere il suo labiale.

«Sì maestro, me lo ha detto ieri».

«Schikaneder? Ho sentito bene? Quel cialtrone è ancora in giro? Ma se non ha più il teatro!».

«Non saprei dirvi», ripose Reiner imbarazzato, mentre attorno si era fatto silenzio.

«Dite piuttosto al vostro amico di non fidarsi di quell'uomo. *Il fuoco di Vesta*! C'ero cascato anch'io. Tutte quelle sue magie. E poi con la *Leonora* mi fece fare un mezzo fiasco. No, ditegli che lo lasci perdere. Non può venire nulla di buono da quel mistificatore».

«Vi ripeto, mi ha detto che doveva fare una cosa importante a Salisburgo. Di più non so».

«Mettersi in viaggio di questi tempi con la guerra alle porte, ma che idea! Non so se lo farei...».

«Se uno ha qualcosa di importante da fare...», concluse Reiner, che pareva sentirsi in colpa per aver generato quel momento di collera.

Io, dal canto mio, avrei voluto aggiungere che la cosa importante Andreas ce l'aveva già e non lo capiva, ma tacqui.

TERZA PARTE
Vienna, maggio 1809

1

Quando mi vide arrivare alle prime luci dell'alba, Oskar fece un passo in avanti e uno indietro, quasi inciampando, con un leggero tremito. Poi si aggiustò il berretto in testa, come per prendere le misure all'evento, e mise le mani a mo' di binocolo attorno alle sopracciglia. Doveva essere certo che non fossi un'apparizione sfuggita al buio della notte. In questo modo però fece cadere a terra il forcone col quale stava sistemando il foraggio per i cavalli davanti al capanno grande a fianco dell'orto. Si inchinò a raccoglierlo borbottando qualcosa, poi mi venne incontro.

Era per lui giorno fatto, ma sapeva che noi di città avevamo altre abitudini. Mi ricordavo benissimo quando da bambini passavamo qualche giorno alla sua fattoria e alle sette del mattino ci buttava giù dal letto urlandoci dietro che la giornata era già sciupata, come amava dire lui.

L'ultima estate eravamo andati a trovarlo appena un paio di volte, quindi, dopo l'abbraccio di rito, feci subito l'altrettanto doveroso mea culpa. Sapevo che aveva un cuore grande, ma ero altrettanto consapevole della fragilità di quell'organo generoso ma infido. Lo rassicurai subito dicendo che a casa stavamo tutti bene come mi auguravo anche per la zia, che certamente a quell'ora si stava già dando da fare in cucina.

Per arrivare da lui alle pendici del Nussberg mi ero alzato alle quattro del mattino facendo attenzione a non svegliare nessuno. Ero scivolato silenziosamente attraverso il portone del palazzo lungo i vicoli bui sperando di non incrociare la milizia. Avevo con me una sacca con del pane, un borsellino con qualche fiorino, una borraccia piena d'acqua, una mantella più pesante, un paio di stivali di ricambio e una cartina. Non partivo per la guerra ma probabilmente gli feci l'impressione di uno che stava andando ad arruolarsi quando gli dissi che mi serviva uno dei suoi cavalli.

«Ma sei matto? Se non sei mai andato a più di un tiro di schioppo da casa! Salisburgo, hai detto?».

«Sì, proprio così».

«Dimmi un po'. Da quanti secoli non cavalchi?».

«In realtà dallo scorso anno. Ma è facile riprendere confidenza. Ho avuto un buon maestro, dovresti saperlo». Gli diedi una virile pacca sulla spalla. Sapevo quanto fosse sensibile alle lusinghe in quel campo. E aggiunsi: «E poi sei mi dai Asgard… te lo ricordi? Ha un debole per me. L'ho visto nascere e sono stato il primo a cavalcarlo».

«Vedo che per quello che ti serve hai buona memoria. Come tuo padre. Dai, entra! Prenditi una tazza di latte con noi così mi spieghi meglio cosa ci vai a fare. Altrimenti né Asgard, né Bruno, né Belenus. Forza!».

Quello che mi era sempre piaciuto della loro fattoria era che tutto stava meravigliosamente al posto giusto. Il tinello era ampio e confortevole, arredato in maniera spartana ma funzionale. Tre mensole non allineate, ma appena sfalsate, per ogni parete utile. La grande porta finestra che dava su un piccolo giardino. All'angolo opposto il camino. Sopra, due vasi con delle pervinche di un azzurro sfolgorante. In mezzo, il tavolo di rovere solida quanto una montagna e appesi a una sbarra, in alto, su un piccolo lavabo, una sfilata di ramaioli e altri utensili dalla forma misteriosa che avevano attratto la mia attenzione fin da bambino.

E poi, soprattutto, c'era quell'odore che permeava ogni ambiente e filtrava dalla stanza opposta, che fungeva da spaccio alimentare per il paese. C'era un aroma di anice che era ormai parte dell'arredamento, così come i vasetti di vetro di Murano con i favolosi dolcetti che si facevano mandare da una lontana parente veneta. Mia zia si vantava orgogliosamente di aver importato lei per prima in Austria l'uso di correggere il caffè con del sopraffino liquore all'anice veneziano. Non so se fosse vero, ma come per tutte le glorie familiari era parte di un patrimonio simbolico intangibile.

Lei mi guardò con gli occhi traboccanti di preoccupazione. Evidentemente le mie spiegazioni non erano state troppo convincenti. Me la cavai con una sfilza di raccomandazioni e l'impegno a ripassare per di là il prima possibile. Risposi che era inevitabile, visto che non potevo mica portare Asgard a pascolare nel cortile di casa nostra a Vienna.

Mezz'ora dopo ero in mezzo al bosco. E in più nella sacca mi ero guadagnato un filone di pane fresco e un boccale per la birra piuttosto ingombrante da riportare ai miei. Non avevano voluto sentire ragioni. Avevo dovuto accettare anche un centrino da tavola e una coperta di lana traforata che lei aveva promesso da tempo a mia madre.

Era un mattino di straordinaria limpidezza, le cose del mondo sembravano generate al momento dalla mente di Dio, distanze e proporzioni parevano quelle di un dipinto rinascimentale, le ultime nuvole si erano appena alzate e l'umidità residua aveva regalato una laccatura al paesaggio.

Ritrovai in alto sulla destra, uscendo dal folto delle

querce, la torre diroccata, dove andavamo a giocare da bambini. In quella luce fresca e purissima sembrava più che mai un relitto, una cosa fuori luogo, eppure il sole le donava una nettezza e uno splendore tardivo simile a quello di una donna matura che si è appena truccata per presenziare a un ballo di debuttanti. Attorno invece la vita vibrava di movimenti impercettibili, brusii, accenni di richiami, rami che si spezzavano improvvisamente, un ruzzolare intermittente di pietrisco smosso da qualche animale.

Guardai verso il basso, le acque del Danubio in fondo alla valletta scintillavano, gli alberi nella gaiezza della primavera avevano voglia di brillare e catturavano avidamente il sole fin dai primi raggi obliqui e pigri.

Fu proprio di fronte a quella radiosa pienezza naturale che il mio tentativo mi apparve velleitario, assurdo e presuntuoso. Non sapevo a che ora sarebbe partita la loro carrozza, non conoscevo la strada che avrebbero percorso, avevo solo in mente alcune delle stazioni di posta sulla via verso nord-ovest; ma soprattutto non avevo idea di cosa avrei fatto e detto se li avessi incontrati. Sarei andato con loro? Li avrei scortati con il mio Asgard sino a laggiù? E per quale ragione, e a che titolo? Dovevo proteggerla, certo. Anche da lui e dalla sua follia.

Neanche io comunque ero da meno. Muovendomi come stavo facendo sul terreno malsicuro delle interpretazioni, di deduzioni forzate da una fantasia irrequieta.

Presi dalla sacca la cartina e calcolai che prima della stazione più vicina c'erano più o meno una ventina di chilometri, mentre quella successiva si trovava a quaranta. La carrozza sarebbe comunque andata più lentamente di me. Poteva essere quella la prima destinazione giusta.

L'assoluta precarietà del tutto mi donava una sorta di euforia, un'eccitazione che occupava tutto il resto della mente lasciato libero dal pensiero di lei. Quella frase di

Beethoven era stato il soffio che aveva sollevato la cenere della frustrazione, delle fantasticherie notturne sul sapore di quel bacio lontano ormai quasi un anno. Ora ero fuoco, ora ero un uomo. Che come gli antichi guerrieri delle leggende stava andando a combattere nella certezza dell'insuccesso. Ma lo voleva. Senza più indugi.

E questo mi inebriava al punto che non mi passava neanche per l'anticamera della mente che una battaglia vera poteva scoppiare realmente in mezzo a quel paesaggio così placidamente accomodato in una pace naturale che sembrava inattaccabile perfino dai pensieri.

Zwentendorf sul Danubio. Scelsi alla fine quella stazione di posta. Mi sembrava la più indicata per una sosta. Dovevo fare ancora una trentina di chilometri, però. Lasciai riposare la fantasia e diedi di sperone a Asgard, che nitrì selvaggio come quando era poco più di un puledro.

Galoppando così io e lui stavamo regalando il vento a un paesaggio altrimenti ancora immobile e sonnolento: un paio di caprioli a fianco di una macchia di frassini ci guardarono infastiditi per poi rifugiarsi al coperto dei rami più frondosi, dei merli gracchiavano petulanti mentre in alto una poiana sfidava gli invisibili abitanti del cielo con i suoi richiami. Mi sentii per un attimo un ospite gradito della realtà.

Poi però lo sguardo mi cadde sul fiume al quale la strada si stava avvicinando tra prati, boschetti ordinati di betulle ed eleganti file di pioppi. Stavo avanzando, pensai, nel suo passato. Lui procedeva verso la foce lontanissima, io risalivo verso la sorgente, lo incontravo sempre dove era già stato.

Come nella *Pastorale* non accelerava né rallentava, indifferente al tempo. Le sue particelle d'acqua ne erano soggette ma lui come fiume era eternamente presente, eternamente flusso. Sempre differente e sempre uguale, come quella musica avvolta su se stessa eppure così esatta nel comunicare la sensazione nitida del movimento.

Due piccole *Zillen*, le chiatte basse che si usano in quel tratto, mi stavano venendo incontro. Si sentivano distintamente le voci e i richiami dei battellieri. Loro, i padroni del fiume, si scambiavano avvertimenti e consigli per noi profani incomprensibili. La maestria con la quale guidavano quei calessi d'acqua era quella di generazioni su generazioni.

La strada stava abbandonando il fiume per inerpicarsi lungo un pendio non troppo ripido. Ora avanzavo ancora più lentamente, riflettendo e guardandomi intorno in cerca di non sapevo bene cosa. Piccoli cespugli ispidi di ginepri cingevano un sentiero che a sinistra saliva verso la collina a sud. Alcune casupole sull'erta, vegliate da un campanile a cipolla, erano così silenziose da sembrare disabitate. Dopo un breve falsopiano la strada iniziava invece a digradare verso il centro dell'abitato di Zwentendorf. Sentii che Asgard non aveva gradito questo improvviso cambiamento di andatura e scalpitava.

Fu in quel momento che da una piazzola spuntò un calesse che procedeva lentamente in senso inverso al mio. Lo guidava un uomo tarchiato con accanto un soldato del nostro esercito. Non mi fermai, cercando di passare inosservato. Sapevo che si parlava di applicare con più rigore la leva obbligatoria e i miei diciannove anni non mi esentavano dal rischio che mi prelevassero lì, in mezzo alla campagna.

Ripresi ad avanzare ma avrei giurato di aver sentito degli spari in lontananza. Aguzzai lo sguardo per cercare di capirne la provenienza. Mi parve di distinguere tra gli alberi sulla collina antistante dei puntini in movimento. Esploratori in ricognizione? Poi dalla stessa piazzola che stavo per raggiungere si mosse una carrozza in direzione opposta. Tra lo scalpiccio di cavalli, l'eco di quei colpi, qualche voce che risuonava allarmata nelle case ecco che l'atmosfera era mutata. La Storia entrava nel paesaggio.

Ma non avevo tempo di soffermarmici. Ero ormai davanti alla stazione di posta e mi resi conto che non c'era nessuno. Il dettaglio del mio piano senza senso non aveva bisogno di chissà cosa per essere vanificato.

Smontai da cavallo e tenendo Asgard per le briglie mi avvicinai al pergolato. Un uomo mi venne incontro correndo. Indossava un paio di pantaloni alla tirolese spiegazzati e una camicia ampia a scacchi, mentre il braccio sinistro era coperto da un manicotto di pelliccia. Nella mano destra teneva un moschetto che sollevò con aria minacciosa.

«Ancora qui? Ma non vi è bastato?», urlò.

«Cosa dite?», risposi. «Non vi capisco».

Si avvicinò e mi squadrò con attenzione. «Non eravate con quelli della carrozza?

«Non so di cosa stiate parlando. Vedete, questo è il mio cavallo».

«Allora siete un medico?», mi chiese calmandosi.

«No. Stavo cercando delle persone che probabilmente dovevano passare per di qua».

«Ascolti, c'è da soccorrere una ragazza. Si è sentita male ed è svenuta. C'è stato un parapiglia con due soldati e altri passeggeri. Hanno portato via il giovane che era con lei».

Lo scansai con una spinta e mi precipitai nella locanda. Queenia era tra le braccia di una donna che le stava inumidendo la fronte con dell'acqua. Aveva la gonna lacera e una manica strappata. Spostai con delicatezza le mani della donna e le presi il viso pallidissimo. Aprì gli occhi con le palpebre tremolanti e le iridi acquose.

«Ti ha mandato il Cielo, Wil. Ma sei veramente tu?».

«Sono io. Sì. Ma cosa è successo? Sei ferita?».

«Ma tu perché sei qui?».

«Ma rispondimi, benedetto Dio!».

«Andreas», disse, «l'hanno portato via».

«Portato? Chi l'ha portato via? E dove? Perché?».

«Quell'uomo sulla carrozza, Emanuel e il tizio coi baffi che guardava fuori».

«Adesso calmati. Stai delirando».

«No. È la verità».

«Ma stai bene? Riesci a muoverti?».

Provò ad alzarsi ma ricadde tra le braccia della donna, semisvenuta. Mi sedetti lì accanto, le accarezzai il collo per sincerarmi che non fosse ferita, poi le passai la mano tra i capelli. La donna, pallida anche lei, con una strana cuffia in testa e due trecce brizzolate annuì verso di me per tranquillizzarmi.

«È solo la paura, non ha nulla».

«Ma il sangue lì per terra?».

«È caduta nel parapiglia della rissa. Vedete», disse sollevandole un lembo della gonna, «ha una bella sbucciatura sul ginocchio».

Le sfiorai la gamba e lei ebbe un brivido. Poi uno scatto. Provò a girarsi di lato.

«Deve calmarsi», disse la donna. «È successo tutto così improvvisamente per lei».

«Capisco», risposi, senza distogliere neanche un attimo il mio sguardo dal suo volto.

Poi la donna si alzò vedendo che il marito stava rientrando. Sentii che bisbigliavano tra di loro mentre io rimanevo in silenzio. Queenia, spostandosi ancora, quasi incosciente, si era accomodata tra me e le due sedie e si era addormentata.

«Povera ragazza», riprese a dire la donna mentre le ripuliva la ferita, «prima mi era sembrata forte e vigorosa, in un attimo si è spenta come una candela».

«Ma è forte», risposi io, con decisione.

La donna mi guardò con un misto di compassione e disappunto. Si girò verso Queenia e con un gesto di estrema dolcezza le ravviò i capelli. Poi scosse il capo.

«Sono giorni che c'è quest'aria in giro».

«È vero», aggiunse l'uomo, «un vento di ferocia».

«Vogliono farla questa guerra», gli rispose, «ma nessuno di noi la desidera. Sapete?», e si rivolse a me. «Mio figlio sono venuti a prenderlo ieri. Leva obbligatoria, hanno detto».

Mi vergognai e feci un respiro profondo.

«Immagino voi siate in borghese», aggiunse l'uomo.

Non risposi. Rimasi immobile, non so per quanto, a pensare. Non sapevo cosa dire, né soprattutto cosa fare con lei. Ci sarebbe voluto Kaspar. In lontananza si sentirono ancora degli spari.

«No, non sono più loro questi», disse il locandiere. «Dicono che ormai i francesi stiano per arrivare».

«Chi lo dice?». Mi resi conto mentre lo dicevo che stavo facendo la parte dello sprovveduto.

«Due miei amici che sono usciti presto stamattina per andare a caccia hanno visto al di là del colle dei movimenti di drappelli in uniforme rossoblù», si fermò. Ma poi aggiunse: «Voi non siete del paese, vero? Da dove venite, da Vienna?».

Annuii. «Il cavallo, l'avete sistemato?», dissi poi a voce ancora più bassa, come se qualcuno mi stesse spiando.

«Non preoccupatevi, l'ho legato qui dietro. Gli ho dato anche del foraggio».

«Vi ringrazio. Avrò bisogno di tutte le sue forze. E alla svelta».

Poi mi chinai verso di Queenia e anche se ora sembrava riprendere colore mi forzai a svegliarla. «Non abbiamo tempo», le sussurrai. «Torniamo a casa».

2

Di come erano andate le cose non parlò che a tarda sera a casa degli Strolz. L'avevano fatta sedere sulla poltrona più comoda, vicino al camino, avvoltolata in una vestaglia di lana col gatto di casa accoccolato sulle ginocchia. Sembrava avesse la febbre.

La moglie di Heinz, che da giovane aveva fatto l'infermiera, le aveva subito somministrato un miscuglio di erbe lenitive e calmanti, Margarethe le aveva fatto indossare una sua blusa e una gonna a balze orlata di merletto. «L'aveva fatta mia nonna e la indosso solo in occasioni speciali», le aveva detto accarezzandole il viso.

Lei guardò quegli abiti a lungo. Non era abituata a pensarsi come in una famiglia. Era già andata a casa loro a cena, in un'appendice lieta della giornata lavorativa, lo sapevo. Ora invece era indifesa, fragile, si sentiva di peso: aveva il diritto di sentirsi figlia?

«Sei a casa tua», le aveva detto Heinz come se avesse voluto anticipare quel pensiero. «Se vuoi rimanere da sola con Wil ce ne andiamo, se invece pensi che possiamo essere di qualche aiuto stando qui, eccoci. Non hai che da dirlo».

La carità di una parola come di un gesto non è cosa cui gli esseri umani sono abituati, pensai. Si vive nel flusso delle convenienze, del dare e avere. Negli equilibri interessati della convivenza, delle frequentazioni c'è questa cosa qui, la gratuità, che eccede la misura, che squilibra i piatti della bilancia. Talmente inconsueta da sembrare un'ostentazione di superiorità. Per chi è orgoglioso o chi è ferito dal mondo forse è insostenibile. Odiosa, quasi.

Lei però era natura, lei era immediatezza e quei pensieri che le attribuivo non l'avevano neanche sfiorata. Lo capii da come prese la mano di Strolz e se la portò quasi sul cuore. Sembrò manovrarla con delicatezza, la sollevò assieme alla sua come per ottenere una benedizione. Vidi gli occhi di Strolz allargarsi, le sue labbra si distesero, con un movimento perfettamente sincrono a quello di lei inclinò il capo all'indietro e ritrasse la mano sfiorando però la sua fino alla punta delle dita. Gli anziani quando accarezzano hanno questo pudore. Come se anche un simulacro di effusione non fosse più cosa loro.

Ma lei in silenzio gli stava dicendo che sì, ora voleva. Il male si poteva curare solo così. E qualche volta era possibile che così fosse. Era un miracolo. Raccontare sapendosi compresa. Amata, forse.

«Vi avevo già accennato a quelle storie di magia, le carte, il mago, la torre, vero?», Queenia parlava ancora sussurrando. Inspirava e si interrompeva. Avevo l'impressione che non fosse solo l'ansia e la paura accumulata, ma c'era dell'altro, una sorta di pudore per un accaduto per certi versi incomprensibile. Io invece mentre la guardavo ripensavo alla folle cavalcata che avevamo fatto per tornare indietro il prima possibile, inseguiti da nulla, sospettosi di tutto.

Eppure a poco a poco mi era salita per le membra una gioia selvaggia assieme ad Asgard che nitriva impetuoso. Sentivo il vapore caldo delle sue narici che mi trasmetteva un vigore animale, una mascolinità agricola, primordiale. Era la mia donna che stavo salvando, pensavo, perché ora lei dipendeva in tutto da me, abbandonata com'era cingendomi i fianchi. E così mi dicevo, lo ripetevo per costringere il destino a ubbidire alla mia immaginazione furente.

Intanto Queenia aveva ricapitolato tutta la storia delle carte, dei simboli e della tomba di Paracelso, ma ci aveva anche parlato di altri incontri.

«Lei lo sa, signor Strolz. Si ricorda? Ne abbiamo parlato. E poi Emanuel, così si chiamava quel tizio, cominciò a frequentare casa sua sempre più spesso e assieme a lui c'erano altri strani figuri che si fermavano anche per delle ore fino a notte. All'inizio se capitavo lì li osservavo incuriosita. Continuavano a parlare e a parlare a voce bassa, seduti in circolo attorno al tavolo e davanti a quelle carte, quei segni: la piramide, la fenice, i tarocchi. Mi era parso un gioco. Non era così. Una sera li sentii dire che si dovevano purificare per accedere all'ultimo dei segreti».

Heinz annuì, aveva una smorfia sul viso non per minimizzare la portata del racconto ma perché provava il suo stesso disagio. Lei intanto riprese.

«Poi qualche giorno fa, anzi, ora che ci penso, era il giorno dopo che tu mi sei venuto a trovare alla bottega Wil, quel pomeriggio mi disse che doveva andare a Salisburgo ma mi chiese se secondo me era il caso. La cosa mi colpì. Non era mai successo che mi chiedesse un parere. Non era più sicuro di nulla, e nella vita, mi disse proprio così, aveva perso tante occasioni per fare di testa sua e ora non voleva più sbagliare. Io rimasi in silenzio, ma stavolta non si spazientì e mi sussurrò con delicatezza: "Verrai anche tu. Lunedì mattina davanti alla Cripta dei Cappuccini. Voglio vedere le sue carte. È l'ultima occasione"».

Ora sembrava straordinariamente lucida. Mollò il gatto a terra, si ravviò i riccioli e raddrizzò la postura. Poi ricominciò il racconto.

«E invece mi ricordo quelle poche ore di viaggio da subito come un incubo, come se avessi un presagio. All'angolo della carrozza vicino al finestrino Andreas e quell'uomo avevano confabulato a lungo. Poi a un certo punto quello tirò fuori da una sacca un libro che pareva molto antico. Notai che il titolo sulla copertina era in una lingua sconosciuta. Provai a sillabarlo: *nimphis*, *salamandris*, tutte quelle esse. Emanuel, leggendo, nominò cose che avevano a che fare con energie e forze invisibili. Solo gli iniziati potevano godere di quel privilegio. E mentre parlava così Andreas lo guardava con interesse vero. Era di nuovo un altro. Forse, per entrare sempre più nelle sue grazie, disse che gli avevano parlato di una salamandra disegnata in un quadro della casa dove Beethoven andava spesso. Quella era un'altra prova, concluse».

Trasalimmo per un rumore improvviso. Il gatto che era rimasto ai suoi piedi miagolò irrigidendosi e puntando il caminetto dove quel leggero scoppiettio della brace aveva provocato delle scintille aranciate.

«Ah, ma c'è un'altra cosa. Importante», riprese. «Lui, quel tipo buffo e bizzoso, quello Schikaneder, anche lui nominò le pietre».

«Schikaneder?», sussultai. «L'impresario teatrale? Beethoven ne parla malissimo».

«Non ho idea, credevo di averlo già nominato. C'era un altro uomo sulla carrozza che l'ha chiamato così a un certo punto. Uno coi baffi che aveva sonnecchiato tutto il tempo e si era svegliato poco prima che arrivassimo alla stazione di posta. O forse no. Era stato prima. Ve l'ho già detto? Ma insomma non importa. A un certo punto mi sono assopita anch'io».

Si fermò. Capì che stava facendo confusione. Non ricordava cosa ci avesse già raccontato e perdeva facilmente il filo. Heinz le si avvicinò di nuovo, precedendomi. Si accucciò davanti a lei, fino a porre la sua fronte spaziosa davanti alla sua. Poi le mise una mano sulla spalla.

«Se non vuoi, se non ce la fai, non parlare più. Non importa. Forse è meglio».

«Aspettate, aspettate», riprese. «No. È necessario. Me lo devo togliere. Lui disse delle cose strane. Lui, dico quello Schikaneder, disse che la pietra per eccellenza era quella filo… fil… filosofale. Si dice così, vero? E che è la medicina per ogni male… che ha una potenza, sì, e disse anche che era, ma mi sembra una cosa assurda, "oro potabile". Bisognava addentrarsi in quei segreti, conoscere le formule esatte. Me le ricordo a memoria queste parole e io, io provai a rispondere dicendogli che era solo un piacere lavorarle e che per ogni pietra c'era una leggenda, ma non aveva importanza se fosse vera o no. Suonava bene. Andreas a quel punto mi ha guardato quasi ridendo, ridendo di me. Ero sempre più confusa da tutti quei suoi cambiamenti di umore. E mi sentivo umiliata, anche perché il tizio, pure lui, mi aveva liquidato con un ghigno. È successo poco prima che la carrozza si fermasse. Il postiglione doveva fare una sosta. "Potete bere un bicchiere o mangiare qualcosa nel frattempo", ci ha detto».

Si fermò per prendere fiato. Heinz si rialzò, andò alla vetrinetta accanto alla finestra e si versò qualcosa da bere. Ne offrì anche a me, ma gentilmente rifiutai. C'era un'aria di sospensione inquieta, ciascuno di noi attendeva qualcosa ma forse per Queenia sarebbe stato meglio rimandare tutto all'indomani. La moglie di Strolz si era alzata per riattizzare il camino. Margarethe aveva ripreso in braccio il gatto e pareva assente.

Io invece pensavo di avere capito perché quella parte dei discorsi le fosse risultata particolarmente penosa. Le pietre erano l'anello che legava il passato, le parole della madre, quei suoi racconti incantati a una speranza concreta di futuro, un'utilità pratica per la vita. Era come se quelle leggende lei ora le avesse tra le mani, se i ricordi combaciassero con elementi di realtà. Solidi e affascinanti, pregiati e tangibili. E invece quelli lì avevano ricominciato a inanellare suggestioni e saperi arcani con una loro prosopopea e una sicumera che la metteva in crisi. Millantando misteriose corrispondenze come fossero leggi.

Potevano avere ragione? No, lei sentiva di no. Non poteva essere. Ma non aveva avuto argomenti convincenti per contraddirli e si sentiva come un bambino che non sa giustificare il piacere di un gioco che all'adulto sembra fantasioso e inconcludente.

Poi riprese a raccontare quello che era accaduto dentro la stazione di posta. E iniziò a parlarne al presente, a occhi chiusi, come quel pomeriggio a Heiligenstadt. Dentro il racconto. Le avrebbe fatto male, pensai, e istintivamente mi avvicinai quasi fino a toccarla.

«Ci sediamo dentro la locanda della stazione di posta. Lui gli dice: "No, preferisco stare da quel lato, siediti tu qui di fronte". Poi dopo un po' si alza ed esclama: "Ho dimenticato la sacca sulla carrozza". E invece no. Non è vero. Passa un minuto e rientra con due soldati e con quello che viaggiava con noi. Io li vedo e mi alzo in piedi di scatto. Andreas mi guarda incredulo mentre loro gli mettono le mani addosso. "Siete in arresto per cospirazione", dice il tipo coi baffi, quello della carrozza. "Dobbiamo portarvi via per l'interrogatorio".

Lui, Emanuel, si è fermato sulla porta. Andreas urla e si divincola, grida: "C'è un equivoco, io non ho fatto nulla!", e così dà una gomitata al soldato che lo sta bloccando. Quello si piega con un rantolo, ma l'altro tira fuori una pistola e lo minaccia, e minaccia anche me. "Si sieda signorina altrimenti portiamo via anche lei". Io grido. Così accorre l'oste, che però inciampa in una tovaglia mentre i soldati hanno immobilizzato Andreas e lo stanno trascinando fuori. Faccio per alzarmi ma quell'altro mi tiene sotto tiro e mi minaccia. Poi, non so da dove, parte un colpo. La moglie dell'oste, entrata nel frattempo, si mette a urlare. Il soldato si gira e io faccio per saltargli addosso ma perdo l'equilibrio e cado a terra a faccia avanti. "Fermi voi due", grida l'altro soldato ridendo, "sennò vi facciamo requisire la locanda e vi sbattiamo in mezzo a una strada, è chiaro?". Io provo a rialzarmi ma un calore mi avvolge e ricado a terra. Poi, dopo non so quanto, ho visto te, Wil».

Le presi la mano esattamente come avevo fatto poche ore prima, ma la ritrassi subito. Non avrei potuto fare di più. Perché non era la mia donna. Soffriva per lui? Ma se l'aveva umiliata? Mi vergognai dei pensieri fatti durante la cavalcata. Ancora una volta avevo vissuto dei momenti sospesi fuori dalla realtà, che invece tornava a umiliare la mia immaginazione.

«Proverò a sentire qualcuno vicino alla cancelleria. Vediamo se mi dicono dove l'hanno portato. Mi pare una cosa assurda», disse Heinz dopo qualche istante, «c'è la guerra ormai, ma questa ricerca di congiure a me pare un'ossessione».

«Soprattutto se se la prendono con gli artisti», aggiunse Margarethe che era nota per le sue idee molto liberali. «Tutta colpa della frattura che c'è tra l'imperatore e i suoi consiglieri, quel pallone gonfiato di Stadion. Si crede di essere all'altezza di Napoleone».

«E ci porterà alla rovina», le fece eco la madre.

«Ma vi era piaciuto quando aveva parlato di riforme e di letteratura, no?», le rimbrottò Heinz. «Ora non vi va più bene, invece. E certo avete ragione, ma per me era falso anche prima. Cercava di ingraziarsi certi personaggi che… ma lasciamo perdere».

«Forse, mi permetto di aggiungere», dissi, «che bisognerebbe anche capire il ruolo di quello Schikaneder. Hanno portato via anche lui? O è lui che ha chiamato i gendarmi? Ma poi per quale motivo? Non era un impresario?». Ma la mia osservazione così come le mie domande caddero nel vuoto.

Lei rialzò la testa. Le pupille si erano ristrette e l'iride era tornata acquosa. «Ho sonno», disse, come se volesse chiudere gli occhi per abbandonare definitivamente la giornata a se stessa.

La moglie di Strolz uscì dalla stanza, mentre nessuno di noi riusciva a riprendere il discorso. Passò forse un minuto e rientrò con una tazza di latte e dei biscotti.

«Sei ancora digiuna. Mangia qualcosa prima di dormire», e gliela porse. Ma lei la scansò delicatamente.

Margarethe guardò di nuovo il padre con quello che mi parve un cenno di intesa.

«Senti, Queenia, ora tu ti fermi per un po' con noi», le disse Heinz con un tono di addolcita risolutezza. «Ho già dato disposizione alla domestica perché ti possa sistemare al secondo piano. Avrai una stanza tutta per te, il lavatoio lì a fianco e uno stanzino per le tue cose. Lascia quella mansarda, non puoi stare ancora lì con quella ragazza».

«Ma io...», provò a obiettare.

«Non mi fido più di nessuno oggi come oggi. Margarethe è già andata poco fa a prendere le tue cose e le ha portate su...».

«Ma non, non so se potrò...».

«È meglio così per te», intervenni. «Magari qualcuno pensa che anche tu sia coinvolta in questa presunta... cospirazione».

«Wilhelm ha detto quello che volevo dirti io», intervenne Heinz. «È meglio che tu stia con noi. Ci rispettano tutti, sempre che mia figlia qui non si metta a fare comizi in giro».

«Quando ci si mette non c'è niente da fare, lo avrai capito», intervenne sorridendo la padrona di casa.

Percepii finalmente un rilassamento. La sensazione di profonda concordia in una casa allenata al dialogo, un luogo dove si trovavano soluzioni.

«Così potrai riprendere a suonare e a cantare. Anche qui c'è un pianoforte», aggiunsi, sfiorando l'ingenuità.

Lei continuava a tacere e aveva ripreso a vagare qua e là nella stanza con lo sguardo. Poi abbassò gli occhi e si mise ad accarezzare il gatto, che le era tornato in grembo.

«Lui non voleva», rispose. «Abbiamo avuto un litigio tempo fa. Disse che la musica apparteneva a lui, io ero buona solo per le strofette e le canzoni degli zingari o per quelle nenie di mio padre. Ma era un giorno in cui era molto arrabbiato».

«Lui ha detto questo?», dissi cercando di frenare un moto di stizza che non volevo fosse scambiato per la gelosia che in realtà lo fomentava.

«Non è vero», aggiunse Margarethe, «perché hai una voce bellissima».

«Ne parleremo a Beethoven», dissi questa stupidaggine senza pensarci, ritrovando una certa energia perché l'atmosfera di quel momento mi aveva ridato forza. «Mi ha invitato a un concerto privato per mercoledì sera. E tu verrai con me».

Bisognava mettere a frutto le esperienze vissute e soprattutto gli incontri. Non potevo più permettermi il lusso di stare a guardare.

«Non so se ce la farò», rispose Queenia, mezzo addormentata.

La abbracciai senza aggiungere altro. Non serviva. Lei rimase rigida e immobile. Il gatto, disturbato dalla mia effusione, scivolò giù e si diresse verso il camino. Anche la brace si era acquietata.

Heinz le venne vicino dispiegando le braccia come ampie ali sopra la poltrona.

«Adesso dormici su», concluse. «"Il sonno è meglio di una bistecca al sangue", diceva in questi casi mio padre. A Beethoven penserete poi. Ora hai bisogno di riposo».

Tornò alla finestra e accostò le imposte per suggellare la fine di una giornata di troppe cose. Da ricacciare via, oltre quelle mura.

3

Quel mercoledì sera, all'ingresso del palazzo incontrammo per primo Reiner. Mi aspettava, disse, perché c'erano delle cose che dovevo sapere prima di entrare nella residenza della contessa Erdödy.

Lei era una nobile di origine ungherese. Una donna di grande classe, fine e contegnosa che, sebbene abbandonata qualche anno prima dal marito, il conte Péter, aveva mantenuto la stima e il rispetto dell'alta società viennese. In quelle giornate, mi spiegò Reiner, stava cercando di convincere alcuni nobili della città a sottoscrivere un vitalizio a favore di Beethoven.

«E questo per un motivo molto serio», concluse. «Abbiamo paura che se ne vada da Vienna per trasferirsi a Parigi».

Mi aveva parlato con tale precipitazione che non si era neanche dato pensiero di presentarsi a Queenia, che l'aveva ascoltato silenziosa. Per un paio di notti aveva dormito pochissimo, mi aveva confidato la signora Strolz, e ancora dava l'impressione di un'assoluta estraneità a quanto le accadeva intorno.

Entrammo quindi nell'atrio del palazzo che era di forma circolare. Di fronte, in una nicchia, c'era una statua marmorea che raffigurava una divinità classica. Salendo lungo lo scalone Reiner mi mostrò l'ingresso dell'ala dove Beethoven aveva soggiornato più volte. Giunti di fronte al salone al piano superiore, con un primo gesto di cortesia fece strada a Queenia e le si inchinò con una deferenza che a me parve eccessiva, scusandosi poi per essersi lasciato trasportare dai suoi discorsi e augurandole di passare una splendida serata.

La prima persona che ci venne incontro fu un uomo di mezza età che aveva i modi artificiosi e studiati di chi funge da padrone di casa senza esserlo. Indossava una giacca di colore marrone molto stretta in vita, col petto convesso e le maniche gonfie in alto, in perfetto ossequio ai dettami della moda. Sulla sinistra spiccava una decorazione che non riuscii sul momento a decifrare. Mi colpì lo jabot impeccabile con le pieghette inamidate alla perfezione. Aveva le palpebre un po' gonfie come di chi dorme poco o male, la fronte alta e spaziosa e il naso importante ma perfettamente sagomato gli conferivano un'espressione decisa, quasi marziale. Un uomo di una nobiltà pratica, disponibile e per nulla altezzoso.

Reiner si affrettò a presentarcelo: era il principe Lichnowsky, il mio avamposto verso Beethoven, pensai arrossendo. Se in quel momento ero lì, ma lui non poteva saperlo, ne aveva tutta la responsabilità, a parte quella mia indegna finzione. Prima di porgermi la mano però si inchinò verso Queenia e accennò a un composto baciamano. Lei sorrise e per la prima volta notai sul suo volto un'espressione forzata ma che non doveva stonare troppo in quell'atmosfera ovattata da minuetto cortese.

Io invece non riuscivo a scrollarmi di dosso quella sensazione di disagio, di inappropriatezza, quasi la vergogna per essere in fondo al posto di un amico che ora magari era in qualche gattabuia. Questo senso di colpa mi condizionava le espressioni e pareva rendere soprattutto le mie parole disperatamente di prammatica, impersonali, in fondo false.

Passammo attraverso una sala le cui mura erano rivestite da una magnifica boiserie di pino. All'angolo una grande stufa di ceramica di un verde brillante. Pareva quasi di avere attraversato un bosco tanto quei colori erano vividi, finché giungemmo nella sala più grande dove al centro c'era il pianoforte. Le pareti qui erano affrescate, mentre il soffitto era tutto a cassettoni. Al centro pendeva un lampadario di cristallo. Nel complesso l'impressione era di una lussuosa sobrietà, senza lo sfarzo e l'eccesso di stucchi che si trovavano in tanti palazzi nobiliari. Unico vezzo: una pendola a carillon che aveva appena suonato una gavotta alle sette e un quarto. Pensai sorridendo a cosa ci sarebbe toccato alla mezz'ora.

In un angolo due uomini stavano confabulando, uno dei due con il gomito appoggiato al davanzale di una finestra fumava un sigaro, mentre dalla parte opposta della sala alcune donne erano impegnate a commentare le rifiniture dell'abito di una di loro che pareva la più giovane.

Sul lato sinistro invece si aprì una porta ed entrò quella che doveva essere la padrona di casa, assieme a un giovane che indossava una redingote azzurro brillante, delle scarpe rosse dalla punta quadrata e una parrucca con codino che sembrava appartenere al secolo passato. Queenia mi diede di gomito e mi sussurrò qualcosa all'orecchio talmente piano che non capii nulla anche perché Reiner continuava a parlare ad alta voce come se volesse attirare a forza l'attenzione dei presenti. E probabilmente fu così perché la contessa avanzò verso di noi con passo incerto e l'aria di una persona che sta ricapitolando un discorso che ha in testa. Indossava una gonna ampia a balze, strettissima in vita. L'ampio décolleté era arricchito da due fazzoletti ai lati del petto mentre una mantella corta le copriva le braccia fino al gomito. Mi colpì il collo affusolato e decisamente lungo per un volto piccolo e incoronato da ricci spumosi e foltissimi.

Dopo i saluti e gli inchini di rito la contessa sfoggiò un sorriso fanciullesco traendo da uno dei fazzoletti una lettera che mostrò a Lichnowsky. Non ci dovevano essere segreti visto che non provò alcun imbarazzo per la nostra presenza, anzi, pareva provare piacere dal renderne pubblico il contenuto a chiunque si trovasse nei paraggi.

«È di Ignaz, che come sai in questi giorni è a Friburgo», disse, «e mi racconta che a sua volta ha ricevuto lì una lettera di Beethoven a proposito della questione di cui sapete».

«Ha scritto a lui, mentre a voi?», rispose Lichnowsky.

«Il solito rosario di scuse…».

«…col tono di quando si rende conto di quello che ha fatto».

«Ma come avete fatto a indovinarlo?», e lo guardò con un risolino di intesa.

«Ma sì. Non mi stupisce. Dobbiamo avere pazienza».

La contessa sorrise verso di noi e ci coinvolse nella conversazione.

«Penso lo conosciate anche voi, se siete qui».

Reiner rispose per noi con affettata sollecitudine. La Erdödy annuì compiaciuta fissando in particolare Queenia.

«E allora ve la devo riassumere prima che lui stesso arrivi, altrimenti apriti cielo. La sostanza è che è entusiasta del contratto per cui a me serberà eterna riconoscenza ma poi…», e qui si fermò e si mise una mano sulla bocca, più per ragioni di teatralità che per mascherare un riso forse troppo smaccato e offensivo nei confronti del Maestro. «Insomma vi devo leggere come conclude. Ascoltate: "Per cui, carissimo, ora dovresti aiutarmi a cercare moglie. Se ne trovi una bella lì a Friburgo, disposta magari a intenerirsi delle mie armonie, non esitare ad agganciarla. Ma deve essere bella, non posso amare niente che non sia bello altrimenti dovrei amare me stesso". *Ipse dixit*», concluse la Erdödy allargando le braccia e poi sbattendo tra di loro i palmi con uno schiocco non propriamente signorile.

«Decisamente spiritoso», commentò Lichnowsky, mentre Queenia si mise a ridere sommessamente coprendosi la bocca.

«Non vi trattenete», la tranquillizzò la contessa. «Se un giglio si schiude non è bene chiedergliene ragione. Lasciatevi ammirare piuttosto», e poi allargando lo sguardo e rivolgendosi a Lichnowsky, «proprio una magnifica coppia, mio principe, il livello delle vostre amicizie cresce ogni volta di più. Ora se però mi permettete vado a fare gli onori di casa con gli altri ospiti. Buon proseguimento e buona musica visto che siete del ramo. Lui dovrebbe arrivare a breve».

Mi sentii in grande imbarazzo, ma lei pareva rinfrancata. Non immaginavo si trovasse così a suo agio in mezzo a tanti formalismi. Margarethe le aveva procurato un corsetto magnifico e una mantella rosso fuoco che contrastava con la sua pelle chiara. L'aveva tenuta indosso perché aveva ancora qualche brivido di freddo.

Ci allontanammo per prendere posto a sedere, non in prima fila ma neanche troppo lontano dal pianoforte, dove il Maestro avrebbe suonato. La posizione giusta per studiare meglio i suoi movimenti sulla tastiera più che le espressioni del viso.

«Ti senti meglio?», le chiesi.

Annuì con un sorriso ancora velato e intorbidito dalla stanchezza.

«Ma ti senti ancora debole? Sei pallida…».

«Solo un po'. Non ti preoccupare».

«Ti sei anche guadagnata qualche bel complimento», aggiunsi.

«Se è per questo anche tu», sorrise con un pizzico di malizia.

«E non ti hanno annoiata le loro chiacchiere, spero».

«Ma no, hai visto? Mi hanno fatto ridere».

Senza alcuna esitazione e soprattutto senza pensare neanche un attimo di poter essere importuno, Reiner ci si sedette accanto e cominciò a guardarci alternando brevi sospiri e scrollate di spalle come per suscitare in noi una qualsiasi domanda. La voglia tracimava dai suoi occhi. Non era semplicemente un entusiasta. Gli piaceva più d'ogni altra cosa far vedere che era al corrente di particolari esclusivi e che era parte di quel mondo.

«C'era proprio il timore che il Maestro se ne andasse», proseguì dando per scontato che riallacciarsi a un discorso iniziato mezz'ora prima fosse la cosa più facile del mondo anche per noi. «Lo aveva minacciato più volte. Ma invece grazie ai buoni uffici e l'abilità diplomatica della contessa i nobili di cui vi accennavo hanno deciso di mettere del denaro, ciascuno di tasca propria, per costituire questo fondo. Del resto siamo tutti debitori della sua arte. Il suo credito non ha misura».

«Ma non ci saranno condizioni per lui?», chiesi più per preservare l'inerzia della conversazione che per genuina curiosità. Mi bastava sapere che il Maestro sarebbe rimasto vicino a noi.

«Si impegna a rimanere in città o quantomeno nei confini dell'Impero. Anzi...», ma si fermò voltandosi improvvisamente di scatto verso l'ingresso della sala dove però non era comparso nessuno. Era un attore consumato, pensai.

«Anzi?».

«È lui che le ha poste, le condizioni. L'uso del Theater an der Wien la Domenica delle Palme per un concerto a suo beneficio e il loro appoggio per ottenere la carica di *Kapelmeister* imperiale accanto a Salieri».

«Salieri?», dissi.

«Immagino quello che stiate per dire». Sorrise assumendo un'espressione di compiaciuta complicità.

In realtà non avevo nulla da dire ma lui proseguì come se sottintendesse delle conoscenze pregresse e condivise.

«Sembra vero che Salieri abbia minacciato i suoi orchestrali, ingiungendo loro di non suonare più per quello zoticone di Bonn. Così pare abbia detto e sicuramente sarà giunto anche alle vostre orecchie».

Scosse il capo e si risistemò sulla sedia appoggiandosi allo schienale.

Queenia mi toccò sulla spalla. «È lui. Vero?».

Beethoven era entrato assieme a un uomo alto e molto più giovane. Poteva avere forse due o tre anni più di me. Aveva un viso dai lineamenti regolari, direi quasi fanciulleschi per via delle labbra rosse e carnose, ma l'ovale era piuttosto lungo e gli faceva perdere grazia. Ma dai modi traspariva una gentilezza nient'affatto formale. Salutava i presenti con affabilità e un misurato trasporto, mentre Beethoven al suo fianco procedeva imbronciato con le mani dietro la schiena e lo sguardo fisso a terra.

«È l'arciduca Rodolfo d'Asburgo», disse Reiner. «Allora la cosa è fatta. Lui è praticamente il garante del contratto. Sono molto amici».

«Eppure Beethoven non mi sembra proprio entusiasta», intervenne Queenia, che cominciava a gustarsi il delicato gioco di schermaglie dei rapporti umani, così determinante in quei consessi.

La contessa si fece loro incontro con un ampio sorriso al quale Beethoven rispose borbottando qualcosa. Rimasero fermi per un po' mentre altri nobili accorsero a presentarsi. Cresceva il brusio e si erano formati alcuni capannelli quasi a distanza regolare, come satelliti attorno all'astro che però non aveva alcuna voglia di illuminarli.

Alcuni si accontentavano di orbitargli intorno, i più coraggiosi azzardavano un saluto fugace, poi c'erano i fortunati, quei pochi che ci scambiavano alcune parole. Due persone di mezza età erano rimaste invece accanto all'arciduca che conversava con loro serenamente. Dopo un paio di minuti lo salutarono. Evidentemente erano persone di una certa importanza perché Lichnowsky li accompagnò personalmente a sedersi in prima fila.

Subito dopo la contessa si riavvicinò a Beethoven e lo invitò a dirigersi al piano. Ma lui rimase fermo a osservare la gente che ancora indugiava nel prendere posto tra cigolii e scricchiolii di sedie sul pavimento tirato perfettamente a lucido.

«Non saranno troppi?», disse a voce esageratamente alta. «Detesto queste atmosfere. E soprattutto siete in grado di garantire per loro? Altrimenti non suono. Ce n'è in giro di dilettanti che mi ascoltano e poi se ne vanno a rivendere le mie improvvisazioni come cose loro».

Si fece un silenzio di tomba. Sembrava di essere all'Ultima Cena. Ognuno dava l'idea di dubitare del proprio vicino. Beethoven si scostò dalla contessa e come girando su se stesso passò in rassegna l'intero salone. Pareva quasi stesse contando con gli occhi. Poi fece altri due passi verso la finestra e si fermò nuovamente. Si sistemò il fiocco dello jabot che era visibilmente storto e si ravviò i capelli con la mano destra, mentre con la sinistra cercava qualcosa nella tasca dei pantaloni, larghi e fuori moda. L'etichetta non era il suo forte, questo lo sapevano tutti. Lichnowsky gli si avvicinò e gli sussurrò due parole quasi nel padiglione auricolare. Per un attimo parve che il Maestro fissasse qualcuno in particolare. Poi si girò di nuovo verso il principe e fece cenno di sì con la testa. Mise di nuovo le mani in tasca e tirò fuori un pezzo di carta che gli porse senza aggiungere altro. Allora, a passi cadenzati con un'andatura teatralmente rallentata, si diresse al pianoforte, spostò lo sgabello con cura e mise le mani sulla tastiera.

Trattenni il respiro. Pensai che non mi sarebbe più successo di ascoltarlo così da vicino. Come se avesse percepito la mia emozione, Queenia mi si mise sottobraccio.

«Non so a cosa pensare», sussurrò.

Magari le mancava Andreas. E un po' mancava anche a me, provai a convincermene più per entrare in empatia con quel suo eventuale pensiero che per un sentimento puro. Non ne ero capace. Per fortuna l'improvvisazione iniziò.

Attaccò un tema in do minore, breve e denso, lentamente, poi dopo una modulazione iniziò a variare improvvisando. Quindi non avremmo ascoltato una nuova composizione. Forse aveva cambiato idea. Suonava comunque con grande vigoria, come per sfogare su quei tasti il malumore dell'arrivo in sala.

Sembrava trattasse lo strumento come uno che cerca una vendetta o che magari ha tra le mani un nemico mortale e con un piacere sadico vuole torturarlo. Dalla mia posizione potevo vedere benissimo le sue mani. Le teneva basse e ricurve come artigli. Avevo già notato che aveva polpastrelli esageratamente larghi ma ora sembravano sparire nascosti sotto il dorso della mano che agiva come uno stantuffo con un'incredibile forza del polso, realizzando continue azioni e reazioni.

Lui non suonava per ammaliare il pubblico ma per trasmettere fisicamente i suoi pensieri attraverso lo strumento, che si piegava alla sua volontà. In una relazione stretta, strettissima tra corpo e pianoforte.

Accentava le note con un attacco del tasto vigoroso e fermo, ma poi sapeva rilasciare impercettibilmente il dito e il suono si faceva più lieve, il contrasto era entusiasmante, come un discorso costruito sull'alternanza di consonanti e sillabe.

A poco a poco si allentò quel pathos febbrile dell'inizio. La melodia si distendeva e la tastiera sembrava ora una cosa morbida e flessibile, dalla quale lui poteva ricavare i suoni che voleva. Nel registro acuto le note suonavano pure, simili a quelle di un flauto, mentre la mano sinistra le armonizzava con bassi corposi e diretti.

Legava le note come un violinista. Non avrei mai pensato che fosse possibile ottenere un effetto simile con dei tasti e non sulle corde o con la voce. Dal punto di vista delle idee, poi, era stupefacente come piegasse delle modulazioni impreviste a una logica interna, una malia razionale, un'algebra dell'emozione. Ripensai alle parole di Novalis.

Quasi non mi accorsi quando cadenzò e concluse quella lunga improvvisazione. Teneva ancora le mani sulla tastiera e il capo chino, ondeggiando, come stesse per ricominciare. Fu così che l'applauso stentò a partire, ma poi si alzò in piedi e con lui tutti noi, ora convinti in uno scroscio di mani.

Fece un rapido inchino e si avvicinò all'arciduca, che lo abbracciò. Provammo credo tutti la tentazione di stringerci in cerchio attorno a loro. La scena aveva un non so che di irreale, l'emozione serpeggiava tra le persone ma c'era l'impressione netta di trovarci sulla soglia di un altro mondo da cui eravamo irreparabilmente separati. Sembrava quasi che la musica continuasse ad abitarlo e si traducesse in espressioni, sguardi, fosse nascosta nelle ciglia aggrottate, trasmessa alla chioma che ora era nuovamente spettinata. Qualcuno si alzò per complimentarsi direttamente, ma la maggior parte era rimasta seduta e applaudiva ancora. Lui rispondeva a monosillabi, forse avrebbe solo voluto andarsene, evidentemente però la presenza di alcuni di quei nobili lo induceva a pazientare, anche se controvoglia. Reiner allora ci fece un cenno perentorio e con baldanza ci trascinò quasi ai piedi del Maestro, strattonando anche un paio di persone col fare di chi ostenta platealmente una familiarità superiore. Gli porgemmo con discrezione i nostri complimenti. Sulle prime ebbi perfino l'impressione che neanche ci guardasse.

«Grazie», rispose frettolosamente. «Non c'è nulla da complimentare, però. Non volevo deliziare nessuno; loro vogliono solo passare il tempo. Io parlavo con me stesso».

In quello stesso momento una sedia si rovesciò, un uomo anziano perse l'equilibrio e scivolò in terra, ma venne subito rialzato da una donna molto più giovane che sembrava rimproverarlo sottovoce.

Due tizi lì vicino si ritrassero imbarazzati. Il brusio si chetò d'un colpo. Beethoven fissava quel teatrino improvvisato con aria di schietto disgusto. Poi si voltò improvvisamente, perché una voce gli si rivolse.

«Voi non parlavate con voi stesso, voi stavate cantando. Io l'ho sentito bene. Voi non suonavate, Maestro, voi cantavate».

Era Queenia che aveva parlato così e lo aveva fatto a voce spiegata, come se davvero anche le sue parole fossero cantate. Lui la guardò incuriosito e si avvicinò. Io ero rimasto a bocca aperta.

«Chi siete?», disse brusco. «Cosa avete detto? Potete ripetere, di grazia?».

Queenia si fece piccola piccola ma ripeté a voce ancora più alta di prima quelle parole, anche se lui era praticamente a un palmo dalle sue labbra.

«Bravissima. Perché invece nessuno se ne accorge. Questo», continuò girandosi verso il pianoforte, «è il meno studiato di tutti gli strumenti: spesso si ha la l'impressione di stare ascoltando un'arpa. E mi rallegro cara amica che lei sia una delle poche persone che capiscono e intuiscono che con un pianoforte si può davvero cantare. Ma vedete», e alzò lo sguardo come un tribuno, «tutto sta negli accenti. Senza accenti la musica diventa un discorso monotono, come di un oratore che riferisce un'opinione altrui e in cui alla fine non crede. Io invece credo. Credo sempre. Credo fortissimamente».

Con uno scatto si rigirò con grande veemenza e tornò a sedersi di fronte al pianoforte. Neanche si era sistemato che ricominciò a improvvisare con foga. Rimanemmo tutti immobili, come pietrificati, temendo di fare rumore riguadagnando le nostre sedie. Sembrava il momento più sacro di una funzione religiosa. Il nostro silenzio era devoto e totale e la musica pareva piovere dall'alto e poi diffondersi su di noi come una pentecoste di note. Quasi non ci accorgemmo che questo pezzo durò anche più dell'altro e fu più scintillante ancora, tutto in tonalità maggiore, energico, vibrante, omerico. Addirittura nella cadenza si alzò in piedi e rallentò allo spasimo, come per trattenere la tensione fino al limite. Si fermò così su un accordo di settima. Staccò le mani dal pianoforte e si mise a ridere vedendo alcuni di noi come sospesi e in attesa. E allora si risedette e si avviò in una lunghissima modulazione per gradi remoti prima di tornare trionfalmente alla tonica.

L'applauso fu più rumoroso ed entusiasta di prima, quasi selvaggio. Lui rimase ancora seduto, senza ringraziare, senza un cenno. Poi si alzò di scatto e tornò verso di noi inchinandosi di fronte a Queenia e rivolgendosi solo a lei ma a voce altissima: «Questo voi volevate dire, vero? Questo era farlo cantare. Non trovate?». Lei arrossì con una vampa che le invase tutto il viso fino alla fronte.

Tutt'intorno si fece silenzio. La maggior parte delle

persone guardava con sorpresa e incredulità quella giovane sconosciuta che infrangendo l'etichetta era però andata dritta al cuore del suo pensiero. Poi il brusio riprese mentre il cerchio si allentava. Ma Beethoven non si mosse. «Mi venga a trovare», disse, «siete una gioia per gli occhi e per l'intelletto e scommetto anche per l'uomo che vi accompagna». Mentre si era avvicinato Queenia mi si era stretta di più cingendomi col suo braccio. Quasi per condividere l'emozione o forse per pudore. Fu allora che Beethoven mi riconobbe. «Voi siete quello del teatro, vero? E di quel pranzo sciagurato! Le persone sensibili si accompagnano per natura oltre che per scelta. Vi aspetto a casa mia. Quando volete».

Sentii l'invidia di tutti gli astanti piovermi addosso come un temporale scoppiato senza avvisaglie. Cercai tutte le locuzioni presenti nel vocabolario per ringraziarlo adeguatamente ma senza incorrere in quel genere di adulazioni che detestava. Nello stesso tempo invece credetti di scorgere negli occhi di Lichnowsky una domanda che sicuramente intuivo solo io. Reiner mi fece un mezzo sorriso. Così finii per rivolgere a Beethoven un grazie patetico, al limite del piagnucoloso. Per fortuna ci sentiva poco e non colse la sfumatura.

«Dovreste ringraziare lei piuttosto», ci tenne a precisare Reiner con una punta malcelata di risentimento, mentre tornavamo insieme al guardaroba. «Non l'ho mai visto così toccato dalle parole di qualcuno. È un privilegio non raro, ma unico».

Queenia allora sorrise e si staccò da me, forse per prendersi quella gratificazione tutta per sé, pensai. Anche i suoi ricci come i capelli di Beethoven avevano ripreso vita. C'era musica lì in mezzo.

4

«Per caso ti sembra una cattiva idea?».

Queenia da quella sera sembrava rinata. Io forse tendo sempre a sovrapporre troppo le mie impressioni personali a una percezione spassionata e lucida degli atteggiamenti e delle parole delle persone, e però quella specie di raddrizzamento euforico dei comportamenti mi turbava e preoccupava. Pareva forzato e innaturale ma l'assecondavo con delicatezza rimanendole a fianco, entrando in punta di piedi nei suoi discorsi saggiando il suo umore, che ora sembrava meno soggetto alle intemperie del mondo esterno.

Fingevo noncuranza ma invece c'era soprattutto un'inconfessata paura di svelare dell'altro, di andare a fondo tra i ricordi. Ci dicevano: «Che bella coppia», ma sapevo che non l'eravamo.

Lei aveva avuto l'idea di andare da Beethoven portando della corteccia di *Daphne mezereum* che le aveva consigliato la moglie del signor Heinz. L'avevano lasciata a bagno in una soluzione alcolica per esaltarne le capacità lenitive. Heike diceva che fosse particolarmente indicata per disturbi come mal di testa, alle orecchie e alla gola. Erano state indaffaratissime per almeno tre giorni a controllare la soluzione aggiungendo dell'acqua e badando che rimanesse sulla finestra all'aperto ma lontana dai raggi del sole.

A me tutto quello sembrava un azzardo, avendo imparato a conoscere la diffidenza di Beethoven, ma confidavo nella benevolenza che ci aveva dimostrato dopo l'improvvisazione, in quella maniera così genuina e immediata, in fondo solo per noi. Mi sorprendevo spesso a usare la prima persona plurale e mi appagavo di un piacere puramente platonico nel contemplare l'aura in cui il dittongo si scioglieva.

Strolz nel frattempo mi aveva confidato di aver parlato con qualcuno che a sua volta aveva conoscenze importanti tra l'entourage del Cancelliere, ma ovviamente ancora non aveva avuto risposta sulla sorte di Andreas.

Arrivammo ai bastioni nel primissimo pomeriggio. La casa dove viveva Beethoven, situata proprio in prossimità dell'antica cinta muraria, era di proprietà del barone Pasqualati, famoso per aver curato l'imperatrice Maria Teresa, ma soprattutto molto apprezzato per il carattere schietto, le sue maniere sbrigative, efficaci e umanissime. Beethoven praticamente entrava e usciva da quell'appartamento a seguito dei litigi che collezionava con i domestici. Così da un giorno all'altro piantava tutto e si cercava un'altra dimora. Ma lui, il barone, la lasciava sfitta e attendeva. Attendeva con pazienza che passasse il momento, certo che Beethoven sarebbe tornato sui suoi passi e dopo un profluvio di scuse gli avrebbe chiesto di poter rientrare. E così puntualmente era accaduto, anche poche settimane prima di quel pomeriggio.

Il portale del palazzo immetteva in un lungo andito che dava su un cortile lastricato in modo irregolare. Al centro spiccava una fontana, di lato un lampione a gas di ferro. Entrammo attraverso un portone sulla destra e salimmo fino al quarto piano. Giunti in cima trovammo sulla porta un domestico che con uno straccio lustrava le due ampie finestre del pianerottolo. Ci annunciammo e rimanemmo in attesa lì davanti. «Il Maestro è al piano», ci disse, «e dovrete attendere qualche minuto. Ma potete accomodarvi nell'anticamera».

La musica che si sentiva era completamente diversa da quella della serata a casa della contessa Erdödy. Dal modo in cui alternava le frasi potevano essere degli spunti che stava meditando per una grande sonata o magari, chissà, per una sinfonia.

A un tratto si fermò, sentimmo la sua voce che si rivolgeva al domestico. Trascorse più o meno un minuto, poi l'uomo ripassò per l'anticamera con una lettera in mano ma ci fece segno che potevamo accomodarci.

Passammo per una stanza arredata in modo molto spartano con un tavolino lungo nel mezzo e uno tondo a piede centrale nell'angolo sulla sinistra con un centrino di merletto ingiallito. A destra c'era una *commode* di legno chiaro. Attraverso un corridoio stretto e corto arrivammo nella stanza del pianoforte.

Lui alzò appena la testa sentendoci entrare e senza neanche salutarci ci chiese se avevamo voglia di ascoltare un lied che aveva appena composto.

Un invito appena sussurrato. Pudico. Eravamo arrivati al momento della nascita. Bisognava fare piano. Annuimmo.

Così lui attaccò subito e si mise a cantare con una voce quasi innaturale, che cercava il più possibile di esser aggraziata, di appoggiarsi alla velata malinconia del testo e della musica, nonostante un luminoso la maggiore.

Conosci tu il paese dove fioriscono i limoni?
Nel cupo intrico di foglie splendono le arance d'oro,
Una brezza gentile spira dal cielo azzurro,
Il mirto è immobile e alto è l'alloro!
Lo conosci tu?

Laggiù! Laggiù!
con te vorrei andare, amato mio!
Conosci tu la casa? Su colonne poggia il suo tetto,
La sala splende, scintillano le stanze,
Le figure di marmo in piedi mi guardano:
Cosa ti hanno fatto, povera bambina mia?
La conosci tu?
Laggiù! Laggiù!
O mio paladino, con te vorrei andare.
Conosci tu il monte e il sentiero che sale tra le nuvole?
Il mulo nella nebbia cerca la sua strada,
Nelle grotte dimora la stirpe antica dei draghi,
La roccia precipita e sopra lei le onde:
Lo conosci?
Laggiù! Laggiù,
Va il nostro sentiero, andiamo o padre mio![6]

«Non lo trovate bellissimo?». Il lied di *Mignon*, ci disse al termine. «Sono versi di Goethe, quel grand'uomo che spero prima o poi di incontrare». Io guardai in tralice Queenia che era stranamente imbambolata, come rinchiusa in se stessa. Non sembrava reagire musicalmente come quella sera dalla Erdödy. Eppure eravamo dei privilegiati, testimoni di una prima volta, di un brano che sarebbe stato ascoltato chissà quante volte e per secoli.

«Ora ve lo ricanto», riprese a dire Beethoven, quasi avesse intuito una richiesta di bis. E riattaccò, leggermente più lento, assaporando il suono, ma era appena arrivato alla seconda strofa quando lei, avvicinandosi al pianoforte, si unì al suo canto. Era lì, vicinissima. Le mani sul cuore. Inizialmente si limitò a sussurrare il motivo ma poi prendendo in mano il testo ne scandì anche le parole con voce ispirata.

6. La traduzione del lied di *Mignon* è dell'autore.

Conosci tu la casa? Sulle colonne poggia il suo tetto,
La sala splende, scintillano le stanze,
Le figure di marmo in piedi mi guardano:
Cosa ti hanno fatto, povera bambina mia?
La conosci tu?
Laggiù! Laggiù!
O mio paladino, con te vorrei andare.

Si fermarono lì, come a un segnale convenuto. All'unisono. Beethoven appoggiò le mani sui fianchi e trasse un lungo sospiro. Lei lo guardava e pareva volesse chiedergli scusa. Lui invece alzò il capo lentamente, con aria severa, ma la applaudì. Tre volte. «Splendido», disse. E giunse le mani, accennando a un inchino.

Forse nessuno aveva mai osato tanto, pensai, e mi godevo la scena col cuore che si sarebbe unito volentieri saltandomi fuori dal torace. Mi limitai a guardarli deliziato ma mi pareva di contemplare la cosa come da un altrove e una parete invisibile di ragionamenti mi separava inesorabilmente da quella festa di suono. Che era loro. Eppure tecnicamente avrei potuto eseguirlo anch'io. Tecnicamente. Mi riscossi perché Beethoven alzandosi mi si era avvicinato.

«La signora ha una memoria prodigiosa, anzitutto canta benissimo e in più non si è commossa come fa la maggior parte degli uomini quando sente un bel pezzo di musica; ma gli artisti come me non piangono, sono focosi», e mi assestò una pacca cameratesca sulla spalla.

Poi proseguì: «Vedete, io non ho amici, debbo vivere solo con me; ma so con certezza che Dio nella mia arte è più vicino a me che non agli altri uomini; io lo pratico senza paura, perché l'ho sempre riconosciuto e compreso. Né mi preoccupo per la mia musica, ché non può avere una brutta sorte. Chi la comprende deve necessariamente liberarsi da tutte le miserie».

Non trovavo le parole adatte per rispondergli. Ce n'erano, poi? Né lui sembrava attendersi una qualche reazione da parte mia.

Così tornò a sedersi e riprese a improvvisare su una melodia simile a quella che avevamo ascoltato entrando. Suonò per un paio di minuti, poi si fermò. Aveva un aspetto fiero, convinto, con una punta d'ansia speranzosa ma più virile, stavolta come di un genitore che ha appena accompagnato suo figlio in società.

«Questo era il tema del mio prossimo concerto per pianoforte e orchestra: sarà il più lungo e complesso che abbia mai scritto».

«Un motivo luminoso, tutto d'oro», esclamò Queenia con un'ingenuità per me disarmante, ma lui le si avvicinò chiedendole di ripetere quelle parole. Lei lo fece e lui le rispose riprendendo il tema. Andarono avanti così per diversi minuti.

Guardandoli ebbi di nuovo quella sensazione di estraneità. Ma stavolta era ancora diversa. Sentivo che comunque quella specie di mia impotenza era benvenuta. Frasi, concetti, elementi formali stavano ancora accampati ai bordi della mia coscienza. Ma il paesaggio era vuoto. Io ero vuoto, ma quella sensazione non so come mi bastava. Eppure sarei dovuto essere io lì accanto a lui. Era quello che avevo sempre sognato, quello che avevo sempre pensato e che avevo organizzato nella mia mente. Nella mente, appunto. Ma lei aveva un corpo. Dissi il suo nome: Queenia, lo sussurrai sottovoce per non disturbare. Si perché loro due avevano ripreso a fare quella cosa che sembrava un duetto intimo. Ma lo era? La mia mente vacillava perché percepivo come una corrente elettrica che era scoccata tra di loro, e poi andava e tornava, indifferentemente. Lui suonava e lei gli rispondeva parlando. Poi lui riprendeva e io non capivo più neanche cosa dicessero. Ma era bello così, mi stavo lasciando catturare anch'io. Mi ero arreso. Subito dopo Beethoven attaccò un'altra improvvisazione, abbandonando il suo stesso tema come fosse incoraggiato da lei a spaziare liberamente. Andò avanti ancora per un po', poi improvvisamente si fermò e tornò a rivolgersi a me.

«Io sono costretto a lanciare la melodia dal centro dell'entusiasmo in tutte le direzioni», disse come se improvvisamente avesse trovato la voce per un nuovo monologo interiore, «poi la inseguo con passione e la raggiungo e la vedo fuggire di nuovo e scomparire nella massa di diverse eccitazioni».

«Scompare», ripeté Queenia, «ma non è così, non è...».

«E io la riprendo», continuò a dire perché evidentemente non aveva sentito le parole di lei, «né posso più separarmi da lei, e la dispiego in tutte le sue modulazioni».

Si fermò e fece un colpo di tosse. Aveva gli occhi umidi. Li sfregò con impeto col dorso della mano e stava per riprendere ma Queenia lo anticipò: posò le mani sul pianoforte e si mise a suonare in piedi e una per una delle note, con la mano incerta e un suono asciutto senza espressione, ma la melodia scorreva sicura su una scala naturale. Poi si fermò e iniziò a cantarla, quella melodia: Beethoven abbassò il capo, con delicatezza la spostò e chiudendo gli occhi si mise ad accompagnarla armonizzando. Ne veniva fuori una cosa originalissima mai ascoltata. Un sapore antico, primordiale. Lui lasciava andare la melodia e la seguiva con un basso, poi delle note di passaggio, accenni di contrappunto. Se provava un accordo più complesso, però, si fermava subito e tornava a qualcosa di più semplice. In fondo non era lui ad armonizzare ma il canto di Queenia generava quell'armonia, e lui a occhi chiusi seguiva un'ispirazione rustica, accresceva del pezzo quell'aura campestre. Era il custode di quel canto, non lo indirizzava a suo gusto.

Pensai a Heiligenstadt, a quel pomeriggio passato a inseguirlo nel bosco. Il pastore e il suo zufolo mi vennero in mente, certo. Quello era lo stesso tipo di musica. Non mentale ma naturale, non pensata ma lasciata fluire da qualche sorgente lontana e nascosta. Doveva essere custodita.

Quando lei terminò il canto lui concluse con una cadenza plagale dal quarto al primo grado alla maniera di un mottetto rinascimentale, di quelli che il mio maestro mi aveva fatto studiare tanti anni prima e io tornando a casa fantasticavo su come poteva presentarsi la mia città a quell'epoca, tra vicoli stretti e palazzi più bassi, senza statue, senza stucchi, solo quanto occorreva per accompagnare al meglio la vita. Quello dovevo fare. Ecco. Almeno vestire i concetti di immagini, dall'algebra al disegno a mano libera.

«Voi, signorina, siete un dono. Da dove le viene questo canto?», le chiese il Maestro.

«È una melodia della terra di mio padre, l'Irlanda. Si intitola *L'ultima rosa d'estate*. Ma me ne cantava diverse quando ero bambina per addormentarmi».

«Si vede che le è rimasta nel cuore», rispose, «è così che…». Poi improvvisamente strabuzzò gli occhi e si mise le mani nei capelli come se avesse riconosciuto per strada una persona e gli fosse tornato in mente il suo nome.

«Thomson», esclamò. Si alzò di scatto ed entrò in quello che doveva essere il suo studio. Sentimmo che rovistava tra le carte su una scrivania. Noi eravamo rimasti fermi ma dopo qualche istante si affacciò sulla porta e ci fece segno di entrare.

Al centro, accanto alla finestra che dava sui bastioni, c'era uno scrittoio. Ai lati, per terra, una pila di fogli, partiture e manoscritti, alcuni dei quali sporchi di inchiostro. Dalla spalliera pendeva un grembiule verde anch'esso chiazzato di macchie nere di china, sulle sedie aveva accatastato alla rinfusa degli abiti impolverati, mi parve perfino di scorgere in un angolo un vaso da notte. Altri fogli erano sparsi dall'altro lato della stanza. Due calamai colavano una sostanza grumosa e rappresa.

Da un astuccio trasse della corrispondenza. Una dozzina di pagine. Le scorse e le riordinò finché ne tirò fuori una.

«Mi ha scritto qualche tempo fa questo Thomson, con una proposta che riguarda alcuni canti popolari. Lui è uno studioso e un cultore della musica della vostra terra, delle isole britanniche. Guardate pure, signorina».

La porse a Queenia che però gliela restituì subito. «Qui si parla di soldi, Maestro, e son cose che non mi riguardano».

«Siete davvero gentile. Ah, eccoli qui. Mi ha proposto di scrivere gli arrangiamenti. L'offerta economica mi sembrava misera, e abbiamo mercanteggiato un po', ma non era solo questa la cosa che mi lasciava nel dubbio... è che non riesco a trovare l'accompagnamento giusto. Ne ho provati diversi ma nessuno mi convinceva a pieno. Ora però...», e si fermò pensieroso.

Queenia provava a sbirciare con discrezione, così lui se ne accorse e glieli porse. «Provate a leggere, vedete se ve ne tornano in mente...».

Lei ne scorse alcuni, ma la maggior parte di quei testi sembravano rimanergli estranei, lo capii dal modo in cui strizzava gli occhi.

Lui intanto si era alzato e le girava intorno. Sembrava dipendere da lei. Notai una macchia, probabilmente di sugo, appena sopra al ginocchio. Poi si girò e si mise a riordinare la scrivania. Queenia intanto continuava nell'operazione, ma a un tratto lasciò cadere i fogli per terra, tranne uno, e si mise di nuovo a cantare.

Come over the hills, my bonnie Irish lass
Come over the hills to your darling
You choose the road, love, and I'll make the vow
And I'll be your true love forever
Red is the rose that in yonder garden grows
Fair is the lily of the valley
Clear is the water that flows from the Boyne
But my love is fairer than any.

Ma si fermò a quella seconda strofa, si chinò a terra e raccolse tutti i fogli, che restituì al Maestro. Poi si voltò avvicinandosi alla finestra.

Era il canto di quella sera a Heiligenstadt. L'avevo riconosciuto subito. Beethoven, invece, ci guardò con aria interrogativa. «È successo qualcosa?», mi chiese. Era stranamente tenero. «Anche questo canto è bellissimo», riprese a dire. «Dovrò mettermi al lavoro prima o poi… ne vale la pena, credo», concluse a voce più bassa come parlando a se stesso.

Queenia si girò e raggiunse nuovamente il centro della stanza, sorridendo. Per dono di natura lei sapeva scorrere tra le cose. Non era superficialità, ma una forma spontanea di sintonia con la realtà. Aderiva agli avvenimenti con disinvoltura e partecipazione, anche intensa, ma quando c'era da scendere in verticale, quando scorgeva il profilo di ricordi o immaginava sensazioni altrui, ecco che quel vascelletto della sua coscienza si incagliava. Lo vedevo dalla fissità del suo sguardo, ora. Provai ad avvicinarmi, ma proprio in quel momento lei notò qualcosa sulla scrivania e fece un passo indietro. Istintivamente portò le braccia al seno come per difendersi. E improvvisamente mi parve che con quegli stessi occhi adesso cercasse il mio aiuto. Oppure ero io a pensarlo?

In effetti mi si avvicinò, un piede davanti all'altro come una ballerina. Si era portata alle labbra una ciocca di ricci e mi guardava senza parlare.

Beethoven intanto continuava a borbottare. Ora sembravano di nuovo due mondi lontani. Provai una sensazione di sollievo, ma la ricacciai con tale impeto che feci un gesto inconsulto con la mano, come se scacciassi un insetto. Lei aveva smesso di guardarmi e adesso spiava inquieta i movimenti di lui, che era tornato a frugare tra le carte della scrivania.

«Sarà ora di muoversi», disse a un tratto, concludendo a voce alta quel dialogo interiore. «Si è fatto tardi, ma potete venire con me se ne avete voglia. Devo uscire per la mia missione. Datemi un attimo e aspettatemi sul pianerottolo».

5

Non voleva dirmi cosa l'avesse turbata in quella maniera. Avevamo trascorso un'ora di un'intensità annichilente, io mi sentivo esausto anche se per la maggior parte del tempo ne ero stato spettatore. Coinvolto sì, ma sempre sul ciglio di quelle emozioni.

Come un garbuglio in un gomitolo, il filo delle sensazioni che avevano attraversato quegli ultimi giorni era ormai un intrico ostico da sbrogliare. Tra angosce e intuizioni di bellezza, paure, ricordi prossimi e lontani nel tempo, sprazzi di felicità umorali, incapaci di sedare quel senso profondo di disagio, come un basso continuo che non si accorda con la melodia.

Si era scostata avvicinandosi al finestrone del pianerottolo. Ora i capelli li stuzzicava come se stesse avvitando qualcosa a vuoto. La guardavo, ma capivo che aveva deciso di tenermi lontano, estraneo a quel mondo di spettri che si affacciavano alla sua mente, ogni volta attirati da una sensazione, o un'impressione visiva. Viveva tutto con il corpo, lo sapevo.

Poi improvvisamente parlò ad alta voce. «C'era la piramide, capisci? Una piramide rovesciata all'angolo della scrivania dietro quel cumulo di carte e sotto un altro disegno di una piramide. Non il ritratto di una donna amata o di un genitore. No, capisci?», tremava mentre lo diceva. «Quella maledetta piramide».

Ora rimaneva bloccata e rigida nel guardare fuori, come per prendere forza e scagliare il più lontano possibile il pensiero. La piramide, le carte, i tarocchi, quella specie di setta degli Illuminati. Allora aveva davvero ragione Andreas? C'era di mezzo anche Beethoven? Era quella la sua magia?

Mi venne in mente quello che il pubblico napoletano aveva immaginato la prima volta che ascoltò Mozart suonare in quel modo divino. Portava un anello al dito e quelli pensarono subito che fosse un amuleto magico. Solo così si poteva spiegare il talento di un adolescente. Il genere umano prova da sempre a screditare le doti altrui ancora di più se lo ammira. Lui cosa fece, invece? Si tolse l'anello e ricominciò a suonare meglio di prima.

Una leggera inquietudine cominciava però a impossessarsi dei miei nervi, mentre il cervello cercava spiegazioni razionali.

E però lui aveva appena parlato di una missione. Dove doveva andare? Doveva, poi? Era quella la parola? Eppure ci aveva chiesto di accompagnarlo. Quindi non era una cosa segreta, neanche privata o forse, magari, voleva coinvolgerci. Per questo si era dato tanta pena. Avevano bisogno di adepti? Pensai a quanto facilmente delle premonizioni negative trovino terreno fertile in una mente provata da emozioni forti. Gli indizi, o presunti tali, erano talmente labili, però, eppure così sinistri. Bastava questo per conferire loro la consistenza di una realtà.

In quel momento Beethoven comparve sulla porta. Aveva in testa un cilindro piuttosto mal ridotto, indossava una mantella bruna sopra una giacca verde scuro. Certo, se era una missione, quella, non avrebbe avuto luogo in qualche palazzo nobiliare o quantomeno non esigeva un abbigliamento da rituale.

«Possiamo andare», disse. «Verso il Prater».

Appena scesi in strada incrociammo due persone che lo salutarono calorosamente. Beethoven rispose accennando un inchino.

«È una sensazione molto particolare vedersi e sentirsi lodare o guardare con ammirazione e, nello stesso tempo, rendersi conto della propria inferiorità, così pienamente e autenticamente come faccio io», rivelò guardandomi con occhi incredibilmente sinceri.

Sorrisi e feci cenno di no col capo per sconfessare quella sua per me inaccettabile modestia. Ma la cosa mi rincuorò, la trasparenza della sua umanità era di conforto, l'immediatezza di sentimento era una lama di luce che penetrava nei meandri di quella mia zona oscura di vaghi sospetti e irragionevoli deduzioni. Sospirai e cercai gli occhi di Queenia, che invece stava guardando davanti a sé verso il Donaukanal.

Una volta sul ponte, Beethoven riprese a parlare sempre a se stesso, le mani dietro la schiena, il passo affrettato e pesante.

«Migliaia di persone si sposano per amore», stava dicendo, «eppure l'amore non si rivela mai a essi, così migliaia di individui hanno rapporti con la musica, ma non ottengono mai la sua rivelazione».

Si fermò e noi con lui. Queenia lo guardava preoccupata.

«Ma per fare questo bisogna fare rinunce, rinunciare a se stessi», riprese fermandosi, «alla base, della musica come d'ogni arte, sta l'alto contrassegno del senso morale. Ogni vera creazione è un progresso morale».

Un asceta, pensai, sempre più rinfrancato. Altro che mago.

Scendemmo verso l'argine. Il sentiero lungo l'alveo era costeggiato da casupole, piccole abitazioni poco più che dignitose e qualche bottega. Sulla riva opposta si intravedevano dei locali, una vineria e anche un caffè con delle ampie vetrate e gli infissi in legno decorato che contrastavano col paesaggio campestre e l'aura rustica dell'insieme.

Una fila di salici, avidi d'acqua, protendeva i rami quasi a toccare la superficie del fiume e ci faceva da verde galleria. Beethoven aveva rallentato e respirava a pieni polmoni, mentre Queenia si fermava ogni tanto a toccare le foglie, poi riprendeva il passo e ci si appaiava. Chissà da quanto tempo non tornava lì dove tutto per lei era cominciato. Forse ci stava pensando o forse no, ma in ogni caso sembrava più rilassata, anche i lineamenti del viso le si erano distesi. Con gli occhi cercava spesso il cielo tra le foglie e i riflessi di luce di un pomeriggio ancora giovane.

«Sono veramente inqualificabile», esclamò a un tratto Beethoven piantandosi in mezzo al sentiero. «Non vi ho neanche detto dove vi ho chiesto di accompagnarmi. Ma ve l'ho chiesto? O me lo sono immaginato?».

Sorrisi allargando le braccia, ma lui continuò. «Vedete quell'edificio alto, laggiù? Ci abita la signora Antonie Brentano, una mia cara amica, assieme ai suoi figli. Viveva a Francoforte col marito ma mesi fa venne a Vienna per assistere il padre malato, il famoso diplomatico e collezionista Johann Melchior Birkenstock, che però poco dopo il suo arrivo è passato a miglior vita. Lei ne ha sofferto molto e ora è debilitata nel corpo ma soprattutto nello spirito. Così ogni settimana la mia missione è andare a suonare per lei. E mi fa piacere che oggi ci siate anche voi. È sempre desiderosa di incontrare bella gente. Le farà bene quanto la mia musica. E potrete anche farle ascoltare uno dei vostri canti», concluse rivolgendosi a Queenia.

«Se lei vorrà», rispose asciutta e quasi indifferente, ma ebbi la sensazione che dentro di sé un po' di quelle paure stessero evaporando. Guardandola e deviando inavvertitamente il passo non mi accorsi di una radice che spuntava dal terreno alla mia destra, la urtai e persi l'equilibrio rovinando a terra. Beethoven che era alla mia sinistra scoppiò in una grassa risata offrendomi poi il braccio per rialzarmi. Mi spolverai i pantaloni e mi riassettai la giacca per darmi un contegno, Queenia mi rivolse un'occhiata di disapprovazione.

«Non si faccia male, mio buon Wilhelm, o mi costringerà a venire a suonare anche per lei», disse lui continuando a sorridere.

Lo ringraziai con una smorfia e riprendemmo a camminare. Eravamo ormai ai piedi di quella specie di torre che si ergeva a fianco di altre case basse circondate da giardini.

Due bambini sotto lo sguardo vigile di un domestico giocavano a inseguirsi di fronte all'ingresso.

Beethoven si annunciò come fosse di famiglia e uno di loro gli corse incontro avvinghiandosi alle sue gambe tozze e robuste come piccoli tronchi. Anche il domestico sfoderò un sorriso franco, non di circostanza.

La stessa atmosfera di distesa serenità ma dal sapore vagamente malinconico regnava all'interno dell'edificio. La donna sedeva su una chaise-longue e ricamava assieme a una domestica. Al momento del nostro ingresso fece per alzarsi, ma Beethoven con un cenno della mano le face capire che non doveva darsi pena per inutili formalismi. Quindi le si avvicinò e dopo averci presentato le baciò la mano inchinandosi.

Aveva un volto dall'aspetto elusivo, gli occhi dolci e quieti, un'espressione di remissività accentuata dal suo stato di infermità. Non si poteva dire fosse bella, soprattutto per il naso un po' troppo pronunciato che pareva messo lì come dispetto di una fata malevola.

Beethoven ci presentò con un lungo giro di parole e le raccontò di come era nata la nostra fresca amicizia, la definì proprio così, e io mi chiesi se davvero stavo vivendo quello che vivevo. La contessa annuiva compiaciuta e non ci staccava gli occhi di dosso, poi – noi eravamo sempre in piedi e io non sapevo davvero dove guardare – parlarono della sua salute e anche lui fece cenno a quei consueti disturbi gastrici di cui lei era a conoscenza. Provai dell'imbarazzo e mi sentii sollevato quando dopo altri veloci convenevoli si diresse al piano mentre un domestico sottovoce ci disse che se volevamo potevamo fare un giro per la casa. Pensai che fosse giusto lasciare la donna da sola col suo medico dell'anima, così feci un cenno a Queenia e uscimmo dalla sala mentre risuonavano le note di un preludio.

Che il famoso diplomatico scomparso da poche settimane fosse stato un avido e bulimico collezionista lo si avvertiva da subito, appena messo piede nel lungo corridoio sul quale davano numerose salette tutte più o meno della stessa grandezza.

Ma lo si percepiva soprattutto dalla meticolosità con la quale i più svariati oggetti erano stati conservati e quindi raggruppati per affinità ed evidentemente catalogati nelle diverse stanze seguendo un ordine che era tutto nella testa del padrone di casa. Incisioni, disegni, urne antiche e reperti, vasi in marmo, quadri e vestiti cinesi, monete e raccolte di minerali che però Queenia sminuì con piglio professionale. Nulla di veramente prezioso, mi spiegò.

Al termine del corridoio si sbucava in una sala più grande, opposta e praticamente gemella come dimensioni e struttura architettonica di quella dove Beethoven stava suonando. Qui invece le pareti erano tappezzate di mappe e piante di antichi regni e città dai nomi leggendari. Mi avvicinai per esaminarle a una a una, fin da bambino qualsiasi cartina esercitava su di me un fascino irresistibile. Mi piacevano quanto più erano antiche, con i tratti stentati e approssimativi. Alcune poi presentavano miniature di animali reali o favolosi. Leoni per l'Africa, unicorni nel remoto nord d'Europa, dragoni rosso fuoco nel lontanissimo Catai. Nella maggior parte dei casi le iscrizioni erano vergate in una grafia talmente minuta da risultare illeggibili. Solo una mostrava un'indicazione più chiara. Era la Firenze del Cinquecento in una stampa ad acquaforte. Mi ero incantato a seguire quei tratti di una meticolosissima esattezza quando sentii la mano di Queenia che mi si posava con insistenza sulla spalla.

«D'accordo, è tutto bello, ma prova ad affacciarti a quella finestra», mi disse come per trarmi fuori dal mio mondo verso il suo. Dalla torre infatti si dominava tutto il Prater. Alberi su alberi e radure con un verde infantile che bussava alle porte della primavera. C'erano castagni che accennavano una tenue fioritura e i ciliegi con i frutti ancora minuti, in cielo stormi di rondoni disegnavano traiettorie miracolosamente perfette.

«Senti come canta il fiume?», riprese. «Lascia stare quelle carte. Lì c'è solo passato. È tutto fermo. Non vuoi vivere di musica? La cerchi? E allora ascolta le cose. Lì invece non troverai niente. Dai, salutiamoli e scendiamo. Vieni. Non se ne accorgeranno».

Aveva assunto un tono ispirato. Ma era come a casa sua, incurante di ogni formalità, non aveva detto qualcosa del genere Margarethe quando si erano incontrate la prima volta? E poi era incredibile come fosse capace di liquidare anche i miei pensieri con quattro parole. Ed erano quasi sempre giuste, erano delle risposte sbattute in faccia al mio Ego presuntuoso e velleitario. Stavolta però le risposi bruscamente provando uno strano piacere al pensiero di attaccarla, visto che aveva palesemente torto. Per un attimo, anzi, detestai quasi il suo sorriso.

«Pensi che sia da persone per bene scontentare così la signora e soprattutto il Maestro?».

Ma lei non fece una piega. «Non è che gli abbiamo proposto noi di venire quassù».

«Appunto», ribattei.

«Appunto cosa?».

«È stato un suo invito». Mi spazientivo quasi a precisare quella che mi sembrava un'ovvietà.

«Un po' particolare come invito. Ci ha quasi trascinato».

«E allora mettila così: è una questione di rispetto».

Mi accorsi che il mio tono di voce stava salendo un po' troppo.

«Pensi che io non lo abbia?».

Non volevo dire quello ovviamente. In realtà la giornata continuava a ribadire quanto eravamo distanti. E io reagivo. Male, probabilmente.

«Io so che tengo a lui», ripresi cercando di calmarmi. «E visto come avete cantato insieme e come vi guardavate dovrebbe stare a cuore anche a te».

«Tu sai qualcosa del mio cuore, quindi?».

Tacqui. Mi girai e mi incamminai lungo il corridoio. Sentii che mi seguiva. La musica si era interrotta. Si aprì la porta della sala e Beethoven si fermò sull'uscio chiamando qualcuno. Poi si accorse della nostra presenza.

«Avete visto quali meraviglie», ci disse. Evidentemente ci voleva far chiamare dal domestico. «La signora Brentano avrebbe ora piacere di parlare un po' con voi. Sarà una cosa breve, immagino, non vi preoccupate, non regge ancora lunghe conversazioni».

Io non me ne preoccupavo affatto, anzi, quell'invito confermava che avevo ragione. La donna nel frattempo si era alzata e ora era in piedi accanto al pianoforte. Prese subito la parola con un tono vivace che mi sorprese.

«Ludwig mi ha detto di questi canti delle isole britanniche e che voi avete una splendida voce. Ma ne ricordate molti? Ne sapreste trascrivere i testi?».

«Sono solo dei ricordi di infanzia, mia signora», rispose Queenia, «ce ne sono alcuni che mi sono rimasti impressi. Soprattutto la musica. In realtà non sono mai stata lassù. Me li cantava mio padre».

«Capisco», rispose, «ve lo chiedevo per via di mio cognato Clemens, lui è un poeta e narratore e da anni va raccogliendo storie e fiabe antiche. Volevo contribuire», sorrise, «alle sue ricerche».

«Clemens e la sorella Bettina li conosco bene. Sono persone di grande sensibilità», sottolineò Beethoven, «ne avrà sentito parlare, credo, caro Wilhelm».

Annuii imbarazzato. Sopravvalutava sempre la mia presunta cultura letteraria.

«Ludwig mi ha detto anche che quel Thomson ha fatto rielaborare quei canti, anzi, addirittura riscrivere in molti casi da poeti contemporanei... questa è una cosa che non mi piace. Abbiamo imparato da Herder che le voci dei popoli sono tanto più poetiche quanto più sono ingenue, e solo conservandole come sono mantengono una loro verità. E ci portano le emozioni di epoche lontane. Dell'antico».

«Herder!», si lasciò scappare Queenia. «I canti dei popoli».

«Proprio lui. Vedo che anche voi, signorina, ne sapete di letteratura. I miei complimenti. Si vede che unite i vostri saperi. È la migliore garanzia per una coppia».

«Veramente noi...», intervenni.

«Ma è Goethe il vero imperatore del nostro secolo», si intromise Beethoven.

Si era riacceso. Sembrava quasi più alto e come quella sera dalla Erdödy assecondò un impulso che lei aveva provocato. Così tornò al pianoforte prendendo Queenia per un braccio e poi, rivolgendosi a me: «Ve la rubo qualche minuto ancora».

Così riascoltai per la terza volta il lied di *Mignon*. Ma stavolta mi piacque meno.

6

Rientrammo a casa Strolz sul tardi. Dietro al domestico che ci venne ad aprire spuntò la sagoma trafelata della padrona di casa.

«La ragazza doveva riposarsi», ci rimproverò Heike Strolz, «siete stati un po' troppo in giro». Provai a prendermi la colpa ma Queenia mi zittì perentoria. «Sono stata benissimo. Era tempo che non passavo un pomeriggio così».

La signora mi guardò con commiserazione. Avrei quasi preferito un'occhiata maliziosa. Immediatamente si premurò di sfilare la mantella dalle spalle di Queenia e le mise la mano sulla fronte.

«Sei fresca come una rosa».

«Una rosa che sta bene», rispose. La passeggiata e la musica. Lo stesso toccasana, pensai.

«Mia madre diceva sempre che già affermare di sentirsi bene fa stare bene», sorrise la signora. «Siete giovani, d'altronde, e avete mille risorse. Quando si sta insieme poi…».

Ecco un'altra dimostrazione, pensai, di come le donne anche involontariamente ti mettono in difficoltà. Provai a cercare nel mio repertorio una via d'uscita dignitosa ma ancora una volta Queenia mi anticipò.

«È comunque colpa mia, signora, sono io che lo trascino, lui starebbe volentieri in mezzo ai suoi spartiti».

Volevo dire che no, non era vero, ma ormai il femminile aveva preso il timone della serata.

Ci fece sedere. Si ravviò i capelli e si sistemò accanto a noi.

«Continui così ragazza mia, noi ci teniamo al nostro Wil e per lui desideriamo il meglio. E comunque...».

«Comunque?», contrappuntò Queenia.

«Aspettatemi solo un attimo...».

Si rialzò, si diresse verso la cucina e stette qualche istante ad armeggiare con pentole e vasellame. Poi la sentimmo dire a voce alta: «Sì, è ancora calda. Meglio così».

Rientrò velocemente con una caraffa e tre bicchieri. Dentro c'era una delle sue tisane. Si vedevano ancora in superficie le foglie che aveva messo in infusione. Queenia si informò su tutti i dettagli della preparazione e sui nomi delle erbe. Era deliziata, col naso quasi immerso nel recipiente faceva suo tutto l'aroma.

«Ottima», disse. «Proprio quello che ci voleva». Io continuavo a fissare il mio bicchiere fumigante. Già solo quel calore mi metteva sulla difensiva oltre all'odore che mi risultava nauseante.

«Wilhelm non mi sembra dello stesso parere», insinuò Heike.

«È che è ancora troppo calda», provai a difendermi.

«Non mi raccontate niente? Siete stati bene?», riprese lei.

Ero così frastornato che non avrei saputo da dove iniziare. Queenia sorrise e si limitò a un sì, ma molto convincente. Vedere la sagoma di Heinz che scendeva per la scala mi rinfrancò. Aveva in mano delle buste aperte. Di solito quell'ora era dedicata alla lettura della corrispondenza. Si fermò davanti a noi e squadrò con occhi affettuosi le due donne, complici della natura. E mi sorrise.

«Vi vedo in difficoltà, amico mio», disse, ma c'era una tenue sporcatura d'affanno nel timbro della sua voce.

«Solo stanchezza. È stata una giornata lunga e piena di cose», gli risposi, mantenendomi sulla sua stessa vaghezza.

«Poi mi dirai, anzi, dopo vieni nel mio studio. Vorrei metterti a parte di un progetto».

«Che non ci riguarda, immagino», disse Heike alzando il suo bicchiere verso Queenia come per invitarla a un brindisi.

Lui allungò il braccio e le afferrò mano e bicchiere, ridendo: «Sai che non è così, non ti tengo mai all'oscuro...».

«Insomma...», replicò lei.

Heinz posò il bicchiere e allargò le braccia. Queenia intanto lo fissava, la mano destra sotto il mento e due occhi meravigliosamente indisponenti. Ero curioso di vedere se avrebbe accettato la provocazione o lasciato disperdersi quel sorriso di sfida.

«Tra l'altro nel suo zelo per quelle brodaglie mia moglie vi ha chiesto se avevate mangiato?».

«Al Prater», risposi. E intanto pensai: perfetto. Un rilancio magistrale il suo.

«Ah, bene. Sicuramente sarà già pieno di bancarelle in preparazione della festa», si affrettò a intervenire Heike. Come se questa sua conoscenza delle dinamiche organizzative per la celebrazione di santa Brigida sottintendesse la certezza che avessimo sicuramente provveduto al nostro stomaco. E la scagionasse agli occhi del marito.

«*Wurst* e crauti», sottolineò Queenia.

«Più salutari di questa bevanda», aggiunsi io, ma la provocazione cadde nel vuoto. Heike mi guardò stavolta con aria di sufficienza.

Lui le mise la mano sulle spalle, poi si rivolse a Queenia: «In ogni caso, signorina, sarà bene per te riposare ora. Un altro po' di sonno non potrà che giovarti».

Rimanemmo così in silenzio. Ma ognuno sembrava trarre piacere dal tacere altrui. Forse aprire un discorso più serio ci avrebbe riportato nell'atmosfera di quell'altra sera.

«La tisana distende, direi», riprese Queenia accennando a uno sbadiglio, «quanto camminare nel verde. Conosco il Prater più di lui che detesta la natura».

«È troppo cittadino, vero?», si inserì Heike.

Non risposi. Mi ero ormai arreso al loro gioco di sponde.

«Comunque ubbidisco ai vostri ordini, mio comandante». Detto questo Queenia si alzò assieme a Heike, prese dal tavolo il suo bicchiere e fece per andare verso il tinello. Poi si fermò, tornò sui suoi passi e prese anche il mio, ancora mezzo pieno. Poi le due donne scomparvero dietro la porta.

«Possiamo parlare qui?», chiesi a Strolz dopo qualche istante di silenzio.

«Meglio salire su», rispose indicando con un misurato cenno del capo il piano superiore. «Non ti piaceva quella roba, vero? Neanche a me».

«È stato carino da parte sua».

«Esattamente come per Queenia prendere e portar via il tuo bicchiere».

Si aprì la porta del tinello.

«Domani però rientro al lavoro, vero signor Strolz?», gli disse Queenia, che si era tolta le scarpe e le teneva tra le mani come su un vassoio. «Potrebbero venire clienti a fare dei regali per santa Brigida. Non potete sbrigarvela da soli».

«Vedremo, vedremo, decidiamo domattina. Così hai un motivo in più per ritirarti presto. Buonanotte».

«Grazie. Anche a voi», rispose. E poi rivolta a me: «Wil, non essere arrabbiato. Lui è stato contento».

Mi limitai a un cenno d'intesa, mentre tenevo dentro

tutto quello che avrei potuto dirle. Aveva delle caviglie più levigate del riccio di uno Stradivari.

Heike rientrò subito dopo nel salone. Guardò il marito con aria interrogativa. Era una donna pratica che sapeva gestire le diverse situazioni, ma forse questa nostra invasione le scombussolava un po' il ménage quotidiano. O forse c'era dell'altro. Non avrei saputo dire. Ci augurò la buonanotte.

«A domani, Wil. Non rientrare troppo tardi. Queenia si sarà già addormentata».

A casa lo studio di Strolz era diverso rispetto a quel bugigattolo ricavato in un angolo della sua bottega. E non solo per le dimensioni. Unica cosa in comune, la presenza delle bacheche. Qui però in ogni cella c'era una pietra diversa, tutte ordinate per file secondo la gradazione dei colori. Pietre forse meno preziose ma un ristoro per la vista. Ambre, acquemarine, quarzi rosa. Qualche nome l'avevo memorizzato. Sulla scrivania tre portapipe, di cui solo due ospitavano il legittimo occupante, più a destra un tagliacarte e una clessidra. Due astucci di pelle invece presidiavano il lato sinistro della scrivania. Sopra la sedia di rovere, appesa perfettamente al centro del muro, una piccola tavola lignea che raffigurava santa Barbara protettrice dei minatori.

«Perché dovresti essere arrabbiato?».

«Allora? Questo progetto?».

Prese in mano una delle due pipe. La sollevò all'altezza degli occhi, poi tirò fuori uno scovolino dal cassetto, di quelli che si usano per pulire l'interno del cannello e il bocchino.

«Quanto mi piaceva da bambino osservarvi mentre facevate questa operazione».

Sorrise. Completato il procedimento ripose lo scovolino nel cassetto e posò la pipa.

«Non mi vuoi rispondere?».

«Ma sono io che aspetto qualcosa da voi».

«Non sei mai sfuggente, tu, però. Devo preoccuparmi anche di questo?».

«Perché? C'è altro?

«Eccome!». Sfilò una lettera da una busta e la fece scivolare sul tavolo con un gesto secco e ruvido da giocatore di carte. Poi aggiunse: «Prima di leggere guarda la firma in fondo, però».

Rimasi a fissarlo per qualche istante. Erano problemi legati al suo lavoro? La guerra? Poi lessi quel nome.

«Non ci posso credere. Non è possibile».

«L'ha indirizzata a me. Ma questo ha poca importanza. Anche quello che dice, in fondo, è talmente... ma leggi, non voglio influenzarti. Dopotutto è tuo amico. O dovrei dire era?».

Illustre signor Strolz,

ho scelto lei per queste poche righe in cui dico addio a quanto sono stato finora. E l'ho scelta in quanto uomo saggio, anche se lei non penserà lo stesso di me.

Ho deciso di unirmi a un gruppo di asceti in cerca dei segreti del mondo, della perfezione. Con la musica, con la meditazione, con l'astinenza da ogni lusinga. Non è stato facile, ma oggi è l'unica possibilità di vita che vedo davanti a me.

C'è un maestro che ci guida e accanto a lui un uomo geniale che mi ha aiutato a scoprire di cosa avevo bisogno e a sottopormi alle prove di iniziazione. Per apprenderne i poteri.

Grazie a loro ho ottenuto una fiducia che mi guida sicuro al di là delle preoccupazioni del mondo.

Mi preme solo una cosa e per questo in fondo le scrivo. Le avranno raccontato quello che è accaduto a Zwenten-

dorf. Nessuno in realtà mi ha arrestato. È stata una messinscena. Lo hanno deciso loro. Mi dovevano strappare via dal mio passato. E ho capito solo dopo perché dovevano fare così: dovevano ucciderlo il passato, e io cancellarlo definitivamente. E con esso anche chi mi stava accanto. Solo così potevo tagliare il cordone ombelicale che mi legava all'uomo vecchio. In fondo, il vero inganno era la mia vita di prima.

Non credo che ci si rivedrà più, né per questo mi logoro o mi struggo. Sono un altro.

Addio.

Andreas Janowsky

7

Gli porsi il foglio, ma lui lo lasciò lì davanti.

«Tra l'altro...». Si fermò perché mi aveva visto sovrappensiero. In realtà non capivo neanch'io se dovessi addolorarmi, infuriarmi o provare un senso di liberazione.

«Dicevo... quella mia fonte alla cancelleria mi ha fatto sapere proprio oggi pomeriggio che non gli risultava nessun prigioniero con quel nome. È Janowsky, vero? Per un attimo temevo di essermi sbagliato».

«Sì. Senza dubbio».

«Ti starai facendo qualche domanda, immagino», disse con voce raddolcita ma complice. «Anzitutto se dobbiamo...».

«Dirlo a lei?».

«Infatti».

Scossi il capo. E rilessi un paio di capoversi. Poi posai la lettera sul tavolo.

«Immagino tu sappia che in questo periodo le controllano tutte», riprese.

«Sono bravi poi a richiuderle, direi».

«Potrebbe passare anche dei guai, il tuo amico. A qualcuno potrebbe sembrare un messaggio in codice. E potrei anche andarci di mezzo io».

«Questo francamente non mi era venuto in mente».

«Dicevo per dire. È un'ipotesi remota, e poi avrei a chi rivolgermi per spiegare, nel caso».

«Ma spiegare cosa? Un delirio? Potrebbe mai risultare credibile?». Mi girava la testa. Odiavo dover fare altre congetture.

«La follia in questo caso potrebbe essere una ragione plausibile per scagionare un povero gioielliere, destinatario di queste balordaggini».

Sorrise. Riprese in mano la pipa e se la portò alle labbra, anche se era spenta.

«Stavo pensando piuttosto che non ha avuto neanche il coraggio di nominarla», l'indignazione di prima stava diventando rabbia. «Sarebbe questa la sua perfezione, l'ascesi?».

«Perché parli di coraggio?».

«Vi sembra strano da parte mia, vero?».

Poggiò nuovamente la pipa. Colsi un'espressione di imbarazzo.

«Non strano. Ma mi ha colpito», precisò guardandomi negli occhi.

«Lo dica Heinz! Lo dica, per Dio Onnipotente, che non mi ci vede con lei!».

Lui non diede peso alla mia reazione e riprese la lettera.

«Ha scritto "chi mi stava accanto"», scandì con sarcasmo. «Questo ti irrita, vero?».

Ma io ero in un dialogo interiore con un fantasma e tacqui per qualche istante, guardando in basso.

«Mi perdoni», ripresi a fatica, «sono confuso».

«Torniamo alla domanda iniziale, allora. Ragioniamo».

«Vi sembra utile?». Mi tornò a scuotere le membra un impulso di un'aggressività irrefrenabile.

Heinz mi guardava paziente. Lavorava con la mente, io una volta tanto con il corpo. Era un uomo di caratura superiore. E autocontrollo.

«Lui voleva ucciderla?», ripresi, incurante dei suoi tentativi di ragionare. «Ma sperava davvero che morisse? È partito un colpo nella... messinscena». Presi il tagliacarte e lo conficcai nel legno dello scrittoio. Era come se Strolz non ci fosse. Ora ce l'avevo di fronte, quel fantasma.

Si alzò, mi girò attorno e mi afferrò con forza per le spalle. «Ora calmati. Non è così. L'hai detto anche tu che è un delirio quella lettera, un delirio di narcisismo».

Mi divincolai e mi alzai di scatto. Dovevo proteggerla ancora. Mi precipitai fuori dalla stanza e mi diressi verso quella di Queenia. Lui mi corse dietro e mi fermò proprio mentre stavo per aprire la porta.

«Wilhelm, sei fuori di te. Fermati. Lo senti? È il respiro del sonno. Lasciala dormire».

Rimasi con la mano ferma sulla maniglia. La porta era stata lasciata socchiusa. Nel corridoio la pendola batteva il suo tempo uniforme.

«Ma la devo proteggere ovunque, Heinz. Lei è indifesa».

Lui sospirò e abbassò il capo.

«Lo avete detto voi: è fragile».

Entrai nella stanza. Queenia dormiva fuori dalle lenzuola. Aveva lasciato gli scuri semiaperti, un riflesso lattiginoso di luna filtrava all'interno e nutriva il suo sonno. I riccioli le si erano accomodati sulle guance. Heinz mi mise la mano sulla spalla. Ora era quella di un padre.

«Dai, usciamo di qui».

Stavo recuperando la calma appoggiandomi al respiro di lei. Mi avvicinai al letto in punta di piedi. Poi andai alla finestra e accostai gli scuri. Ora il buio doveva custodirla. I fantasmi non esistono, mi dissi. Richiusi la porta.

«Lavori decisamente troppo con quel cervello pieno di cose. Molto ragionamento e poca osservazione difficilmente conducono alla verità».

Tacqui. Altro che ragionamento avevo dimostrato, pensai.

«Mi sbaglio?», riprese lui. «Puoi anche dirmi di stare zitto. Ma non volevo certo attaccarti».

«Ma osservare cosa?», risposi. «Avete visto come è difficile capire cos'hanno dentro le persone». Eravamo tornati a sederci nel suo studio. Estrassi il tagliacarte infilato nella scrivania, arrossendo, e lo rimisi al suo posto.

«Guarda che si impara. Con umiltà. Klaus mi ha educato così. Un giorno dovrai andarci a parlare con quel monaco».

Si alzò e andò verso la finestra. Scostò la tenda e guardò fuori. C'era parecchio vento. La luce dei lumi oscillava regalando ombre sghembe e frastagliate. «Neanche la notte è serena», disse.

«Una cosa credo di aver capito, però, signor Strolz. E qui direi che la mia inclinazione a ragionare troppo mi ha forse aiutato». Mi alzai anch'io e mi avvicinai a lui.

«Prima di ingannarla così Andreas le ha appesantito il cuore. Le ha appesantito la vita, la percezione delle cose. Anche la faccenda delle pietre. Voi le avete dato un lavoro in cui lei cresceva. Il suo istinto, la sua intelligenza manuale modellava qualcosa di tangibile. Provava la soddisfazione, il piacere di aver fatto qualcosa che prima non c'era; lui, invece, stava rovinando quel sentimento con i suoi arcani, le sue ossessioni. Metteva sempre il diaframma della sua mente tra lei e il mondo».

«Un altro che ragiona troppo». Sorrise incerto, timoroso del paragone, forse.

«Esattamente».

«E lei non poteva sostenere tutto questo», concluse, tornando a sedersi.

Lo raggiunsi sistemandomi sulla poltrona di fronte. Stavo riguadagnando una certa lucidità. Così gli raccontai dell'impressione che le aveva fatto quella piramide a casa di Beethoven e di come invece si fosse rianimata semplicemente cantando. E poi della passeggiata serale. Ci eravamo seduti sotto un castagno e aveva sentito il bisogno di estraniarsi: «Ti dispiace se chiudo gli occhi Wil, e ti lascio un po' solo?». Avrei voluto baciarla in quel momento, ma poi avevo chiuso gli occhi anch'io e mi ero accontentato di lasciar fare alla natura.

«Ha cantato, mi hai detto?».

«Sì. Con Beethoven. Vi sembrerà assurdo, ma è andata davvero così».

«Lì nel suo studio, quindi?», chiese.

«Sì, ma non pensate che sia un *sancta sanctorum*. Abiti ammonticchiati, polvere dappertutto, gli avanzi della cena, e addirittura un vaso da notte… eppure quella vista, ripensandoci, ha aiutato anche me».

«E in che modo?».

«Capisco sempre meglio che un conto è l'uomo un altro la sua musica. Sembra banale ma poi facciamo finta che non sia così. E pretendiamo dall'uomo quello che c'è nella sua musica. A me invece viene in mente una cosa quasi blasfema. Non è più eroica l'*Eroica* se chi l'ha scritta lascia in vista il vaso da notte?».

«Capisco il senso di quanto dici in ogni caso». Gli venne da ridere e io tornai a rilassarmi.

Così, ricominciai a riassumere quello che era accaduto in quel pomeriggio e mentre parlavo vedevo la sua espressione lievitare sulle guance tra incredulità, sorpresa, piacere, soddisfazione.

«Per lei, la musica è un fatto di natura. Non ci pensa su, ma prende e canta. Canta variando, inventa, diamine! Ve lo giuro. Beethoven, dico Beethoven, la seguiva. Vi rendete conto? Lei cantava e lui armonizzava. Penso che nessuno dei suoi allievi, e alcuni sono già pianisti affermati, abbia mai sperimentato una cosa del genere. Ma non voglio essere troppo tecnico ora…».

«Non ti fermare», mi incoraggiò sorridendo. «Klaus dice che se anche uno non capisce, l'anima gli si inzuppa comunque».

«Io pensavo soluzioni, riflettevo sui bassi, sulle note ornamentali e mentre ragionavo così capivo che non sarei stato in grado di farlo in quel modo. E pensavo agli anni passati, signor Strolz, a riempire fogli di esercizi, a far tardi la sera prima della lezione del giorno successivo e invece…».

«Invece?».

«Lei come nulla fosse ha cantato una linea melodica che era come un controsoggetto del tema iniziale. E non mi sembra abbia mai studiato composizione. Mi spiego, e mi perdoni il concetto tecnico, mentalmente Queenia ha immaginato e poi ha cantato una melodia che aveva affinità precise con il tema precedente. Una cosa di un'estrema raffinatezza formale».

«Sei stato chiarissimo», commentò col sorriso pieno di quando la comprensione si accompagna al piacere di aver colto quel che c'è oltre il significato.

«Ma non è ancora questo il punto. Io avevo sempre pensato che in casi del genere bisognasse godere dell'ingegnosità della trovata, di aver scoperto qualcosa cui finora nessuno aveva pensato. Il compito del musicista era inventarsi qualcosa di nuovo. Uno dei miei maestri diceva che la musica è come l'architettura. E quella che è stata creata nei secoli è come un palazzo ma senza mura esterne. Ogni nostro pezzo, ogni invenzione, addirittura ogni singolo tema spinge questa costruzione più avanti. Verso l'ignoto. E che noi con la logica razionale siamo come dei conquistatori, dei coloni dello spazio vergine al di fuori e che dobbiamo abitare, sottoponendolo alla nostra progettazione. Dobbiamo fare di una selva un parco, diceva…». Mi guardava in silenzio. Non avevo mai sentito una consapevolezza simile nell'esprimere un concetto, cui peraltro non credevo più. Forse cominciavo a distaccarmene. Il buio a volte lava la mente.

«E quindi?», chiese.

«Gliel'ho chiesto poco fa mentre rientravamo. Non ho saputo resistere. Non era invidia la mia, mi creda. No. Perché ero felice davvero quando la sentivo cantare con lui. Sono stato felice e sono felice, ma ho visto il castello di anni di studio crollare in un pomeriggio e davanti a quello che considero il più grande musicista mai vissuto».

«D'accordo», rispose. «Ora però hai cambiato discorso e ho perso il filo. Sei tornato indietro».

«La faccio breve, allora. Mi ha detto: "Mio papà mi cantava un'aria e poi diceva: 'Ora te ne ricanto un'altra che le assomiglia'". E allora, mentre cantava la nuova melodia la prendeva in braccio e la rovesciava a testa in giù e poi ne ricantava un'altra e la abbracciava, stavolta tenendola in orizzontale tra le sue braccia. Capisce Heinz?».

«Credo… credo di no».

«In quel modo lei da quel momento ha abbinato la musica, l'invenzione di una musica a un movimento, a un'esperienza del corpo. Altro che misteri! Ci si poteva giocare con quelle melodie, ma era un gioco concreto perché si faceva insieme al corpo. Io ho capito che questa è la chiave. Questo il segreto che non si può apprendere sui manuali. Un'esperienza selvaggia, un amplesso tra mente e corpo, questa è la musica. Quello spazio vuoto disabitato, ignoto, noi dobbiamo farlo entrare. Non il contrario. E quella musica remota, senza bellurie, senza sofisticatezze, quella musica primitiva suonava così naturale perché viene da lì, da quello spazio lontano che non dobbiamo invadere».

«E Beethoven cosa c'entra?».

«Lui l'ha capito subito, ma quella è questione di genio. Che è come la grazia di Dio. Viene da solo, come una bella giornata».

Sorrise ancora più convinto. Non solo perché avevo messo in mezzo Dio. Lui aveva questa voglia continua di apprendere cose nuove. Il suo palazzo era in continua costruzione.

«Ora l'ho capito, ma solo capito», ripresi, «e faccio fatica, perché la musica è prigioniera del mio cervello, temo sia l'espressione di un'ambizione, proprio come per Andreas. Questo non vuol dire essere musicisti, ma forse non importa più».

«Non dire così... non affrettare conclusioni. Hai bisogno di tempo proprio come lei».

Eccola la saggezza, pensai. A me c'era voluta una lunga campata di pensieri. A lui due parole. Avevo ancora bisogno di guarire.

«Credo dovremo dirle la verità, Wil. Probabilmente le farà bene. Ma certo tu non sei la persona più indicata a farlo. Anche se...».

Lo fissai negli occhi come fino a quel giorno avevo fatto solo con mio padre. «Perdonatemi se prima mi sono alterato in quel modo».

«Ma scherzi, figliolo? È che tu l'ami. La stavo maturando questa convinzione, e tu me lo hai confermato adesso».

Dissi semplicemente di sì chiudendo gli occhi come per tacitare qualsiasi impulso razionale. Mi alzai e mi accasciai a fianco a lui, seduto goffamente sul pavimento.

«Non mi chiedi da cosa l'ho capito?».

«Non saprei dirvi», dissi girandomi.

«Ti si legge negli occhi: tu godi della superiorità che pensi ci sia in lei. Ti compiaci del suo dono e non lo invidi, e questo lo dà solo l'amore».

Mi alzai imbarazzato. Non sapevo se era già del tutto

così. E mi sentivo invaso dalle sue parole. Questo mi piaceva e insieme mi turbava, mi richiamava ad agire, però, a fare qualcosa. Non bastava solo l'osservazione, pensai.

«Ma sei ancora un ragazzino Wil».

Tornai a sedermi. Ma guardavo in terra.

«Ecco, quindi non posso essere io la persona giusta per lei».

Scosse il capo. «Non funziona così tra le persone, Wil. Guarda me e mia moglie. Abbiamo percorso mano nella mano chilometri di strade facendo progetti, ma io parlavo e lei camminava. Io delineavo piani, architetture di spazi, organizzazioni, lei arrivava alla bottega e con due mosse sistemava tutto. Davvero. E ho imparato da lei, prima ancora che da Klaus, a osservare di più e ragionare meno. E lei invece ha appreso da me il gusto di avere una mente umile e fertile, sempre aperta a nuovi pensieri, nuove idee… Nessuno dei due, però, ha mai chiesto requisiti all'altro. Semplicemente ci siamo amati prima di capire chi eravamo, prima di pensare a quali qualità avessimo. E invece abbiamo sempre avuto la sincerità di dichiarare le nostre debolezze in modo che l'altro provasse a colmarle con delicatezza, senza imporre nulla. È così che funziona, figlio mio. Ci si ama per uno sguardo e poi a poco a poco si fa spazio all'altro».

Lo ascoltavo concentratissimo, ma non riuscivo a rialzare il capo. «Ma io non ci riesco», mi limitai a dire, «non so se posso fare a meno di pensare a quello che sento, più che a quello che faccio».

Rimanemmo in silenzio per un po', poi lui si rialzò e con un cenno della mano mi invitò a seguirlo nel salone.

Scendemmo facendo attenzione a non fare il minimo rumore. La pendola mi accompagnava ancora e cercavo di accordare il battito del mio cuore alla sua carezza uniforme e fidata.

Mi indicò una poltrona mentre si spostava verso l'angolo dove sopra a un mobiletto basso c'era un recipiente di coccio. Dalla vetrina, accanto, prese una reticella, simile a quella che aveva al laboratorio, un acciarino, una forma di zucchero e una bottiglia contenente un liquore. Ne impregnò lo zucchero, poi la poggiò sopra la reticella sotto la quale aveva sistemato il recipiente, poi con l'acciarino accese la forma. Subito guizzò verso l'alto una fiamma azzurra. Lo zucchero prese a fondere e a gocciolare nel recipiente. L'odore di alcol e di zucchero saturò l'aria inducendo una specie di delicata euforia.

«Sarà il tuo primo *Fuerzangenbowle*», mi disse porgendomene un po' in un piccolo calice. «Bevilo e mi farai vedere quanto sei forte, ma prima ti devo dare un'avvertenza».

«Ditemi». Avevo assistito a quella preparazione come a un rito di liberazione. Dopo tante parole, vedere qualcosa che prende vita.

«Klaus, che non so se sai ma da giovane è stato un discreto organista, mi ha raccontato che alcuni musicisti suggeriscono di usare vini diversi per realizzare questa bevanda che stimola la creatività. Per la musica chiesastica vino francese o del Reno, del borgogna per l'opera seria, per quella buffa dello champagne. Vedi come nascono le idee? E vedi soprattutto come la musica e la vita si incontrano? C'è spazio per tutti in quel palazzo di cui parlavi, non solo per Michelangelo e... Beethoven».

Portai il calice alla bocca e ne assaggiai un po'. Ma avevo appena buttato giù il primo sorso che subito iniziai a tossire e a lacrimare, strabuzzando gli occhi.

Mi guardò sorridendo. Poi, come si fa con i bambini, mi diede una serie di colpetti sulla schiena.

«Hanno ragione, però. Funziona», gli dissi tossendo, «mi ha fatto venire in mente una cosa».

«Il liquore? Ne sei proprio sicuro?», mi chiese sarcastico.

«Ma no, in realtà ci stavo già pensando», mi affrettai a smentirmi, finalmente ridendo.

«E quindi?».

«Quindi le farò un regalo. Ci ho pensato. Un regalo, sì».

8

Per la festa di santa Brigida Franz mi propose di fare un giro al Prater fino alla Brigittenau. È la festa di primavera che cade il primo di maggio e di solito in città si attende con ansia e trepidazione l'evento, ma l'incombere della guerra e le notizie dell'avanzata delle truppe francesi avevano raffreddato gli entusiasmi e limitato le iniziative, anche se percorrendo il lungo viale a destra del Danubio notammo comunque un discreto andirivieni di carrozze, mentre diversa gente procedeva a piedi.

C'è una sorta di accordo non scritto dalle nostre parti: i cocchieri guidano a una velocità esagerata, i pedoni non se ne curano e non fanno nulla per scansarli, perché sanno che loro comunque saranno bravi a evitarli. E infatti, nonostante tutto, non capitano mai incidenti.

Di solito sull'argine e fino all'imbocco del ponticello si procedeva pigiati come in un collo di bottiglia. Stavolta invece il passaggio era più agevole.

A sinistra, sul pendio della strada posta alla sommità dell'argine, vedemmo le prime bancarelle, e poi, quasi in fila, alcuni musicisti ambulanti che cercavano di accaparrarsi le primizie di generosità di un pubblico ancora vergine di spettacoli e intrattenimenti vari.

«L'anno scorso», disse Franz, «non so se lo ricordi,

qui c'erano due poveri sciancati che improvvisavano su un organetto che secondo te si erano costruiti da soli».

«E la musica non era neanche male», risposi, «fummo giustamente generosi».

«Tu ovviamente più di me».

Sorrise e poi riprese dando voce a un altro ricordo grottesco: «E poi dovetti fermare mio padre che voleva aggredire quel ciarlatano. Ti ricordi? Millantava di fare l'oroscopo e prevedere il futuro secondo il canto dei propri uccelli ammaestrati. E c'era chi tirava fuori dei soldi per farselo fare».

Notò che gli rispondevo senza troppo trasporto.

«Qualcosa ti dà fastidio? Forse non sopporti tutta questa gente. Anzi... quest'anno si respira».

«No, non ti preoccupare. Mi ero distratto».

«A me piace molto venire qui perché amo quando le persone tutte insieme, in massa, si dimenticano per un po' dei propri scopi, delle proprie preoccupazioni e finiscono per sentirsi parte di un tutto. E così una festa popolare diventa una specie di pellegrinaggio, un momento sospeso nel tempo di ognuno che diventa per poco tempo il tempo di tutti. Diverso per un giorno da quello del proprio quotidiano. Ecco forse ho finito per incartarmi un po'...».

«Ma no, no», risposi ammirato. «Io adoro questo modo di ragionare».

Nel frattempo eravamo arrivati nel vivo della festa. I viennesi stavano facendo la fame ma a questa giornata di fuga dalla realtà non sapevano rinunciare. C'era decisamente una calca là davanti, ora. Molti si affrettavano alle bancarelle, disposte a raggiera, per prendere un boccale di birra. Altri si erano portati delle seggiole da casa e degli involti con del cibo. Era divertente vedere la maggior parte delle famiglie in cui ci si alternava per andare ad acquistare cibarie, mentre di norma il più anziano dei componenti rimaneva seduto a mantenere la bandiera familiare ben piantata sul posto.

Proseguimmo sul vialone principale. Ora avevamo davanti agli occhi un paio di mangiafuoco e delle ragazze in costume tirolese che ballavano in una specie di aia sotto un'enorme quercia. Più avanti su un palchetto c'erano scimmie che saltavano, due cani dritti sulle zampe che abbaiavano a tempo e infine una squadra di acrobati che formava una piramide umana.

Mi si stringeva il cuore a pensare quanta tristezza e inquietudine si nascondeva e a tratti trapelava da quelle maschere forzatamente atteggiate a festa.

Noi ci sedemmo sotto una pergola a bere qualcosa. Lui si fece portare una birra scura, io una bevanda frizzante alle erbe. Avevo ancora fresco il ricordo del Feuerzangenbowle di Strolz.

«Quindi hai deciso?», gli chiesi sapendo già la risposta. «Ti unisci alla brigata».

«Sì», rispose serio, «già da domattina. Lo sento come un dovere».

Non me lo faceva pesare ma mi sentivo lo stesso in imbarazzo. Lui con un fuciletto assieme ad altri sbarbatelli e due ufficiali in pensione contro i cannoni di Napoleone. Era coraggio o incoscienza? Non so se si rendesse conto che stava per abbracciare una causa persa, ma era la nostra e io mi vergognavo della mia apatia morale.

«E tu?», disse. «Questa amicizia con Beethoven ormai è cosa fatta, a quanto mi hai raccontato…». Sorrisi. Era un giovane privo di qualsiasi malizia. Uno studioso di umanità non per succhiarne emozioni ma per condividerle. Sarebbe diventato un grande scrittore, ne ero certo. Franz Grillparzer. Suonava già benissimo.

«Wilhelm Werner, con tanto di allitterazione, e Ludwig van Beethoven domenica mattina all'Augarten. Suona benissimo».

«Non credo proprio…», mi affrettai a rispondergli, «mi sto sempre più convincendo che non è quella la mia strada».

Scosse il capo con un sorriso di bonaria contrarietà. Poi con la mano destra allontanò con delicatezza un'ape che minacciava di tuffarsi nella sua birra. All'inizio della primavera era un'evenienza ricorrente nelle locande all'aperto.

«Ho capito, oggi non va proprio», commentò.

«No, Franz. Non dartene cura, hai cose più importanti a cui pensare».

«A proposito, sai, poi ho fatto un po' di ricerche in biblioteca. E alla luce di quanto mi hai raccontato sgombrano ancora di più il campo da ricostruzioni fantasiose, almeno a proposito di quelle carte di Mozart e della tomba».

«Vale a dire?».

«Una cosa su tutte. Il padre di Mozart, Leopold, non si è mai interessato di occultismo, non ha mai citato Paracelso nei suoi scritti. Figurati, ha lavorato per anni a un manuale di violino. La musica per quella famiglia era tutto e…».

Sorrisi. «Guarda, non c'è bisogno di aggiungere altro. Se ci sono dei segreti nelle loro vite, e ce ne saranno di sicuro, la loro musica è un'altra cosa. Sono uomini liberi. La musica libera anche dai propri fantasmi».

«Le seduzioni dell'Oriente», riprese, «la piramide, così come i personaggi del *Flauto magico*, che splendido materiale per raccontare storie e fare musica! Come Napoleone, come Coriolano, oppure una festa paesana sull'aia o gli occhi di un'amata, Orfeo ed Euridice. Pensa, si dice che in quel concerto che abbiamo ascoltato lo scorso dicembre Beethoven abbia voluto rappresentare col pianoforte il canto delicato e sommesso di Orfeo che riesce a vincere con la dolcezza la violenza cieca delle forze dell'Ade».

«Cioè gli archi, sì. Può essere. Che alla fine si arrendono e suonano delicatamente, è vero. Ma Euridice è stata comunque inghiottita dalle tenebre, se ricordo bene il mito».

«Lo ricordi bene, certo», mi rassicurò dandomi un colpetto sulla mano.

«Lui però non può accettare una sconfitta al termine di una sua musica. Ci deve essere consolazione. Il dolore non lo cancella ma lo invita a cantare. E lui può farlo con la musica perché lo prova nel corpo, quel dolore, che non lo abbatte, non lo vince, diventa anzi la sostanza distintiva della sua arte. Per questo è così umana. Sarebbe ipocrita non riconoscere da parte nostra che noi dobbiamo gran parte della nostra emozione al suo dolore».

«E tu saresti quello che non si considera più musicista? Non ho mai sentito qualcuno che meglio di te la sappia tradurre in parole».

«Parole, appunto. Ma serve a qualcosa?». Rimanemmo a studiarci così per un po'. Non è che la discussione si fosse incagliata, ma ognuno tentava tra sé e sé un rilancio plausibile. Si era alzata una leggera brezzolina. Al tavolo vicino al nostro un ragazzo si era inginocchiato davanti alla sua donna con in mano un mazzo di viole.

«C'è un diaframma tra me e la musica», ripresi, «il diaframma del pensiero. Io penso la musica e anche quando suono penso di stare suonando. Io mi dico: "Ora devi fare così", non è che lo faccio e basta. Come invece lo fa meravigliosamente…».

«Lui?».

«Certo. Lui, ovviamente. Ma anche lei».

Mi sembrò che mi guardasse come mi aveva guardato

in precedenza Strolz o probabilmente ero io che tornavo a invadere il terreno dei pensieri altrui. Non mi bastava solo il mio.

«Con lei ovviamente intendi…».

«Sì, la donna di cui sono sempre più innamorato».

La ragazza ora teneva il mazzo tra le mani e il sorriso le traboccava dalle labbra. Mi persi a guardarli.

«Tu non pensi di essere innamorato. Lo sei», Franz stavolta mi tenne la mano ferma sotto la sua. «Ma per comunicarlo a lei avrai bisogno di parole. Quelle non ti mancano».

«Non capisco dove tu voglia arrivare».

«Anche quando parli di musica lo fai da innamorato. Devi solo trovare il modo in cui questo amore possa manifestarsi al meglio».

Certe volte la sua saggezza era disarmante. Sarebbe diventato, anzi, era già un grand'uomo per quanto non avesse neanche vent'anni. Nel frattempo la coppia si era alzata. Camminavano tra la gente come fossero soli. Le cose e la folla erano sparite. Le cose che non fossero lui e lei[7].

«Fa' attenzione quando sarai lì con un fucile in mano», ripresi cambiando bruscamente discorso, «mi raccomando».

«Lì non c'è spazio per i pensieri. Devi solo eseguire un ordine. È questo che può insegnare un'esperienza del genere alla vita».

A quel punto tirai fuori un foglietto sul quale mi ero fatto scrivere i versi del canto da Queenia.

«Me la potresti tradurre? Tradurla alla tua maniera? Guarda, vicino ci ho scritto il senso. La figlia di Strolz sa un po' di inglese ma non so fino a quanto sia affidabile».

7. Ispirata a Pär Lagerkvist, "Chiudi i tuoi occhi cara", in *Poesie*, Rimini, Guaraldi, 1991.

«Fammi dare un'occhiata».

«L'ha cantata lei a Beethoven… ti ho detto che l'ha praticamente convinto senza far nulla a musicare dei canti britannici».

«E quindi questi versi? Servono al Maestro?».

«No. È per un regalo. Le ho comprato un clarinetto da Holzmann».

«Non hai badato a spese…».

«Il vecchio non credeva che di questi tempi ci fosse chi potesse spendere quella cifra».

«Sarà il tuo anello di fidanzamento».

«Ho bisogno di quei versi, Franz, mi rendo conto di quanto sia egoista, narcisista e insensibile in questo momento».

«Non preoccuparti. Ognuno ha la sua battaglia. Domani ti lascerò la traduzione in una busta sotto il portone di casa tua. Dovrò uscire molto presto».

«Grazie. Ma tu abbi cura di te prima di tutto».

«E della patria, Wil».

«Prima di te. Poi della patria».

9

Rossa è la rosa che cresce nel tuo giardino
Un incanto il giglio della valle
Chiara è l'acqua che scorre nel ruscello
Ma il mio amore è più vero.
Tu hai scelto la strada, e io farò il mio voto
Sarò il tuo vero amore per sempre.

Era una mattina di maggio e io camminavo verso la bottega Strolz. In spalla, in una sacca di tela dentro una scatola di mogano, il clarinetto e un biglietto con i versi tradotti da Franz.

Le strade erano quasi vuote, salvo un paio di carrozze e qualche raro passante. La maggior parte della gente si era rifugiata dentro casa, chi poteva aveva abbandonato la città quando l'eco dei colpi di cannone si era fatta sempre più vicina. Molte botteghe erano state chiuse. C'era chi era andato a fare provviste nelle campagne. Anche il pane scarseggiava. Alcune taverne avevano iniziato a distribuire pasti caldi per i più bisognosi.

In quel clima irreale mi sentivo ancora più a disagio. Perché mi ero confinato dentro il mio mondo e raramente mi balenavano nell'animo delle impressioni provenienti dalla realtà. E quando lo facevano arrivavano frammentarie, disturbanti, come segnali di un universo maldisposto.

Era addirittura più forte l'inquietudine che mi portavo dentro della percezione del pericolo. Quel gradino che separava il mio sentimento dagli occhi di lei mi pareva una barriera invalicabile. E di là c'era la sua reazione, così imprevedibile. Lì si stendeva la mia paura. Non avevo problemi a controllare ogni mia singola emozione. La esaminavo, la scarnificavo, la estraevo dalla coscienza come un chirurgo, ma pensando a quel che c'era in lei quel muro era avvolto di nebbia, infittita dalle mie interpretazioni che ci si sperdevano dentro.

Giunto davanti a palazzo Taroucca, mi fermai. Mi sembrava che anche il rumore dei miei passi fosse un fastidio per il mondo. E pensai a dov'era in quel momento Franz. Avrebbe parlato di letteratura anche ai suoi nuovi commilitoni? Improvvisamente anche quello che stavo per fare mi parve una messinscena. Farmi tradurre quel testo che lei cantava in una lingua che conosceva forse anche meglio. La lingua paterna. Di quel padre di cui ricordava la voce più e meglio del volto. E io volevo usare quelle parole in modo ruffiano, come fossero una novità. Che mancanza di fantasia. Ma nello stesso tempo continuavo a vederla quando l'aveva cantata per la prima volta ad Andreas. E allora la mia era una sfida fuori tempo.

"Tu hai scelto la strada, e io farò il mio voto".

Nella canzone originale era una donna a dirlo all'uomo cui stava dando un addio. Io invece la volevo accanto. L'avrei aiutata a percorrere la sua strada. Quello era il mio voto. Ma lei forse non ne aveva neanche bisogno. La strada le si era aperta davanti.

Ripensai a una delle ultime serate a casa Strolz. Margarethe aveva tirato fuori da un cassettone nella sua stanza il vestito con cui la madre aveva debuttato in società tanti anni prima e gliel'aveva fatto indossare per gioco.

Lei era comparsa in cima alle scale ridendo, poi con

innaturale rigidità era scesa giù, incerta ma concentrata come un bambino che conta gli scalini per esercitarsi coi numeri. Era la prima volta che indossava un tacco così alto e aveva il timore di inciampare nell'orlo dell'abito ampio quanto la campana di Santo Stefano.

Ma ricordavo soprattutto il momento in cui mi si era seduta accanto. Avevo avvertito esattamente come quella volta la stessa onda di calore del suo corpo, l'odore di un profumo, però, che non era il suo ma sembrava deliziosamente rétro e poi il fruscio delle stecche del bustino che ne accompagnava gli imbarazzatissimi movimenti. Portava una mantella corta di raso pregiatissimo che esaltava l'esilità della vita, mentre la scollatura era così ampia da andare da spalla a spalla. Heike quasi si era messa a piangere arrossendo, poi aveva applaudito.

Trasalii, ormai ero arrivato all'angolo della strada. I colpi delle granate sembravano sempre più vicini. Rimbombavano sordi e ostili nel silenzio della città. Avrei voluto guardare negli occhi quelle povere anime che magari spiavano dietro le imposte o cullavano un bambino appena sveglio, assistevano una vecchia con una pietosa bugia e intanto trattenevano il fiato con le orecchie tese, come prede nascoste tra i cespugli del sottobosco. Avrei voluto comunicare la tenerezza che provavo per ciascuno di loro. Vienna: le sue glorie, i palazzi con le insegne nobiliari, le aquile dell'Impero, la corona di Federico Barbarossa erano come ninnoli dimenticati sulla mensola di un edificio in rovina.

Ma erano solo pensieri e la mia città non ne aveva bisogno.

Improvvisamente da una rientranza della strada percepii il suono di un violino. Feci qualche passo all'indietro e rigirai l'angolo. Un vecchio era lì, seduto su un gradino, dietro un piccolo leggio di legno sghembo e logoro al piedistallo. Nonostante la barba incolta aveva un aspetto nobile. Due occhi grigi e morbidi in continuo movimento dall'archetto alla strada. La fronte ampia, solcata da rughe profonde, infondeva quel senso di sicurezza disincantata che difficilmente inganna. I movimenti della mano destra magra e venosa lasciavano intuire la forza irriducibile di una vecchiaia ancora vigorosa. Ecco, pensai, quella era la resistenza che noi uomini potevamo opporre alla guerra. Inerme, insignificante, eppure quel suono, tra l'altro pieno e pulito, continuava a dire che nella vita c'era altro. Tirai fuori dalla tasca una manciata di kreuzer e glieli porsi lasciandoli cadere nel cappello. Mi stavo ripulendo la coscienza? Vedevo in quell'uomo, che intanto si era alzato in piedi nella foga di una nuova frase, ci vedevo, insomma, un complice della mia ignavia?

Ma lui, conclusa la frase, si fermò. «No, mio caro giovane. Non ne ho bisogno. Non sono un mendicante», e aveva nelle parole la stessa serena determinazione del suo volto e della sua mano.

«Mio figlio è andato a combattere, a difenderci e io non smetterò di suonare finché non lo vedrò ritornare. Non posso smettere, per la vita sua e dei suoi amici. Vedete, ho un'anca sfondata e fatico anche a camminare ma posso dare alla città quello che so fare. Quindi riprenda pure le sue monete, anche se la ringrazio per il gesto».

Sorrisi ma facevo fatica a trattenere la commozione e la vergogna. Un calore mi aveva invaso il torace. Non sapevo cosa rispondere. Quindi accennai un inchino e assieme alle monete presi in mano anche il cappello e mi permisi di sistemarglielo sulla testa, aggiustandoglielo bene sulle tempie. Ricambiò il sorriso.

«Così non ci saranno dubbi», precisai, scegliendo una frase netta per incanalare l'emozione nella logica.

Dovevo andare, ma invece tirai fuori la scatola di mogano dalla sacca. Sganciai le cerniere e la aprii inginocchiandomi sul gradino inferiore.

«Le piace?», gli dissi, mostrandogli il clarinetto.

Lui posò l'archetto e il violino e si sedette.

«Splendido. E prezioso. È nuovissimo, vedo», lo studiò con occhi esperti. «Direi che è un soprano in si bemolle».

«Sì. Infatti», risposi.

«Quindi lei è un musicista».

«Non è per me».

«Ah», fece, «allora non lo toccherò. Se è un regalo, la prima dovrà essere la mano di colui a cui è destinato».

«Colei», dissi sorridendo

Alzò gli occhi e mi fissò. Anche lui mi stava leggendo dentro come ormai accadeva a ogni persona con cui parlavo in quegli ultimi giorni? Così mi rialzai e richiusi la scatola. Due piccioni si erano posati lì di fianco vicino al violino. Si girò di scatto e li cacciò via riprendendolo in mano.

«Ce n'è rimasti pochi in città. Chi lo sa fare li cattura e se li mangia».

Sospirai rialzandomi. Lui intanto spostò il leggio e si mise a suonare un valzer, e mentre suonava parlava. «Bisogna improvvisare, lasciare andare l'immaginazione, quel poco che ci resta».

Gli sorrisi ancora ma sentii che dovevo allontanarmi. Altrimenti sarei rimasto lì tutta la mattina. Ripresi a camminare ma ero così turbato che la mia risibile missione di innamorato irrisoluto mi sembrava ormai un dettaglio improprio e fastidioso. Mi voltai un'ultima volta da più lontano. Lui strizzò l'occhio continuando a suonare lì, da solo, per il suo ragazzo e anche per Franz.

Giunto davanti alla bottega mi accorsi che all'interno si vedeva solo Dorothea che stava sistemando alcuni fogli sulla scrivania di Strolz. Con dei movimenti lenti e svogliati, pareva ingannasse il tempo. Poi si fermò avvertendo la mia presenza, si passò la mano tra i capelli e si sistemò il colletto della camiciola. Pensai che Queenia fosse nel laboratorio. Mi limitai a un saluto senza dire di più.

«Wil? Sei arrivato fin qui? Com'è la situazione per strada? Non c'è quasi nessuno in giro ormai, vero?».

«Poca gente. Sì». Ascoltò senza alzare la testa, prese uno straccio da una cesta e cominciò a spolverare la parte della scrivania che aveva liberato dai fogli. Ero incerto se darle una mano ma temevo di esserle di impiccio. Neanche potevo rimanere lì, però, fermo come una statua.

«Ma non si sente nessuno. Sei da sola? Che fine ha fatto il capo? E Queenia?».

«Quei due non hanno avuto una buona idea, ma mio suocero è fatto così. Dovresti conoscerlo».

«Cosa vuoi dire?».

«Sono andati a Santo Stefano a portare delle provviste per i poveri. Hanno accompagnato Klaus. Margarethe era lì già da questa mattina. Loro mancano ormai da più di un'ora».

Rimasi interdetto e quasi inconsapevolmente feci per nascondere la sacca dietro la schiena, provando di nuovo un senso di vergogna.

«Hai ragione. Che idea», aggiunsi così, soltanto per sfuggire all'imbarazzo di quel silenzio.

«E però...», fece lei, ma si fermò guardandomi.

«Però?», la incalzai.

Si sentirono altri due colpi sempre più ravvicinati.

«Non so, Wil, vuoi provare a raggiungerli? Avevi qualcosa da dare a Queenia?». Ormai ero un libro aperto per chiunque. Finsi un distacco quasi professionale.

«Posso aspettare. Non ci metteranno molto, credo», risposi. «Se hai bisogno d'aiuto intanto dimmelo pure».

Sorrise. «Non ti preoccupare. In realtà non so neanche io cosa fare. Così mi sono messa a riordinare un po' di cose. Credo anche che Heinz voglia chiudere per qualche giorno in attesa degli eventi. Ormai qui nel quartiere non c'è quasi più nessuno. Hanno seguito la corte».

«Lo si diceva già da parecchio tempo».

«Magari dopo vieni con noi a casa. È una consolazione stare un po' insieme in questi momenti». Annuii, sfilai la sacca dalla schiena e la poggiai sul tavolino sulla destra e stavo per sedermi, quando un boato improvviso ci stordì di colpo. Al fragore si accompagnò una ventata impetuosa e maleodorante, le mura tremarono. Dorothea lanciò un urlò e io venni sbattuto come da una mano invisibile contro la scrivania. Non feci in tempo a risollevarmi che seguì un altro scoppio ancora più forte. E poi un rombo prolungato stavolta come dal sottosuolo. Le bacheche caddero a terra e il muro divisorio dello studio di Strolz cominciò a sgretolarsi franando poi dentro la stanza. Dorothea cadde in avanti riversa sulla scrivania. C'era troppo fumo intorno e mentre il vetro della finestra esplodeva sentii che il soffitto stava vibrando. Nell'aria un tanfo metallico mi penetrò fino dentro i polmoni. Mi slanciai in avanti per soccorrere la donna ma in quel momento qualcosa mi colpì tra la schiena e la nuca con grande violenza.

Mi accasciai anch'io sul tavolo e vidi tutto bianco.

10

Eccoli di nuovo. Fantasmi trasparenti. Sono esili, diafani, compaiono ma non si fanno riconoscere. Uno scende, mi pare, da una carrozza, un altro sta strigliando un cavallo. Non sono davanti a me. Sto di nuovo immaginando. Ma non si possono immaginare i fantasmi, perché non esistono. Semmai sono cose che ho visto. Le sto ripensando, allora?

Io e il mio corpo non stiamo vivendo insieme. La mente ne approfitta e se me va per conto suo. Libera e vigliacca. Il dolore è ancora acuto, a tratti lancinante. Per questo evade e mi guarda mentre provo a dormire, mentre tento di rigirarmi dalla parte destra, quella che duole meno. Ma lui, il corpo la richiama subito a sé: smettila di vaneggiare, dice. Non sprechiamo le nostre forze. I sogni sono un lusso.

Faccio fatica anche quando mia madre mi porge da mangiare. Minestra di cavoli o di porri, della carne macinata perché le mascelle funzionano ancora poco. Le orecchie continuano a ronzare anche se da un paio di giorni è diventato un fruscio più leggero, acqua sulle pietre. È mia madre, certo, mi dico. Deve essere lei.

Poi, a volte, c'è un altro volto che si china su di me e mi sorride. Sento che quel volto parla, che sussurra parole che non capisco ma gli occhi sono limpidi, di un verde tenue e fragile, come le gemme che ho visto sugli alberi del viale dell'Augarten. Ma è l'unica luce che vedo con chiarezza e mi ci fermo dentro, sentendo un sollievo; di comprendere quelle parole poco me ne curo.

Ma è accaduto per caso o torna ad accadere ogni giorno? Vorrei pensare di sì ma non ne sono certo.

L'ho vissuto ancora qualche ora fa. Oppure era ieri? Lei che si avvicina, poi mi accarezza il viso, scorre con i polpastrelli sulle mie sopracciglia e mi sistema i capelli. Poi si alza, va al treppiede che intravedo a fianco del divano. Sopra c'è una brocca piena d'acqua. Lei ci inumidisce un panno di stoffa, torna verso di me e lo passa con delicatezza tra il collo e la spalla. Poi ne prende un altro e mi asciuga prima di cospargermi la parte con un unguento dall'odore forte di cannella. Così acuto che mi stordisce. Devo avere ancora la febbre.

Ma sì. Oggi arriverà di nuovo. Lo sento. E allora proverò ad alzarmi. Quando farà giorno pieno. E magari le parlerò anche. Le labbra stanno provando ad articolare sillabe. Non riesco ancora a chiamare nessuno. Mia madre ha sistemato sul comodino il campanello con una pietra azzurra al centro del manico, quello che usava mia nonna per chiamarci quando in quell'ultimo mese era rimasta allettata.

Questo è un ricordo nitido. Anche se è lontano. È la mia mente che si rifugia nel passato in cerca di sicurezza, in questa nebbia di vaghezza in cui annaspo.

Ecco lei, mia nonna, uno degli ultimi giorni, che dal suo letto guarda verso l'alto. È una notte d'agosto e stiamo scrutando il cielo per esprimere un desiderio alla prima stella cadente che riusciremo a distinguere. C'è fervore lassù, una vita remotissima percorre la volta notturna. Lei ora si gira verso di me e fa cenno di no con la testa. Io le dico: guarda meglio. Ma lei continua a fissarmi e senza parole esprime una sofferenza, una silenziosa ribellione verso quella vita che le sta sfuggendo, mentre lassù si celebra un baccanale di scie luminose. E allora io penso: quella mente lì che sta guardando le stelle è molto, molto più giovane di loro. Eppure quelle stelle che sono antiche forse più del mondo continueranno a fare capriole, giravolte e scivolate nel cielo come fossero bambine, incuranti di noi che le pensiamo, loro che senza il nostro pensiero sarebbero solo briciole di materia perse nell'immensità. C'è qualcosa di ingiusto in tutto ciò, sembra dire mia nonna con i suoi occhi, o forse sono i miei che vedono quello che forse lei neanche immagina e magari sta solo lamentandosi perché il respiro le sfugge. Ma la mente e l'anima di un uomo non dovrebbero durare più di una stella che fa solo finta di cadere?

Poi rivedo lei. Ecco di nuovo quel volto pallido. Uno sbuffo di rosa affiora piano sulla pelle accompagnando la luce del giorno. Ma si allontana e si muove verso la finestra. Sposta la tenda con un movimento misurato e composto. Filtra una scheggia di luce. È già mattina inoltrata, allora. Ma poi sembra la abbassi un po' e vedo bene quel movimento, dall'alto verso il basso, un movimento perfetto: fa-re, un intervallo di terza, come alle prime lezioni di solfeggio conto con la mano. È una terza minore: un intervallo delicato, umile. Poi però il mio sguardo si sposta e vedo di nuovo quella massa di ricci neri, lei si muove e loro oscillano come grappoli appesi ai tralci.

Ma è solo un ricordo. Davanti a me non c'è nessuno. Ora. È ancora notte, infatti. La memoria, penso. Anche alla memoria importa poco di me. Fa come le pare. Come un bambino organizza i suoi giochi a caso o secondo un suo vezzo. Ai bambini bisogna dire tutto, dare raccomandazioni, questo non lo puoi fare, non metterti le mani in bocca, non parlare con la bocca piena. E invece loro continuano a ripetere e ripetono quello che dà loro piacere. Così si comporta la mia memoria. Ricorda ciò che le pare. E allora devo concentrarmi. Per soggiogarla.

«Tu pensi troppo», me lo ha detto riccioli neri. Ora la rivedo, che si è arrampicata sull'albero e sta per entrare in una casa dalla finestra. Ma piove, piove tantissimo e io la guardo con apprensione. «Non ci pensare, ce la faccio», dice. E allora mi metto a camminare su e giù e torno sulla strada dove aspetto qualcuno. Piove così tanto che non riesco a vedere oltre qualche metro. A un tratto qualcuno corre verso di me. Ci parliamo. Lui parla di susine, possibile? Gli parleremo di susine, sta dicendo. Ma non so a chi. Poi però se ne va e io rimango sotto l'acqua che mi sferza e mi cola lungo la schiena. Non mi resta che cercare riparo e finisco in un cortile. E lo riconosco. Sì, devo incontrare lui, il mio Maestro, Beethoven. Devo prendere lezione? Certo, salgo per le scale e busso alla porta.

Ma è lei che la apre. Mi guarda e mi dice: «Mamma mia come sei ridotto. Non puoi presentarti così al Maestro». Che nel frattempo è accorso alla porta. «Chi è che ci disturba?», dice, e io lo vedo. Gli occhi, i suoi occhi sono opachi.

«Se ne vada, se ne vada, io devo dettare alla ragazza un documento importante, solo lei può scriverlo e nessuno deve ascoltarmi mentre lo detto. Solo lei ne ha diritto. Lei mi capisce». E le mette una mano sulla spalla. «Se ne vada». Detto questo mi sbatte la porta in faccia. Io rimango lì fermo, inebetito e mi fa di nuovo male tutto il corpo. Poi però la porta si riapre. È lei che mi dice: «Non ci fare caso, io sono la tua regina, del resto mi chiamo Queenia, che nella lingua dei miei vuol dire 'regina'».

Queenia. Mi sveglio. Allora sei tu? Mi metto a sedere sul letto ripiegando le gambe che per troppo tempo sono rimaste immobili. Stiro le braccia, mi massaggio la testa e con la mano scendo sulla nuca quasi contando le vertebre. Ci saranno tutte? Immagino di sì. Poi tocco una cosa solida che mi blocca tutta la parte sinistra del corpo.

È ancora notte fonda, ma non c'è più quella nebbiolina davanti ai miei occhi e i miei pensieri sono svegli. Sono io che li penso, non più loro che vagano dove vogliono. Le mie gambe invece fanno fatica a muoversi e con una torsione della schiena le lascio pendere fuori dal letto. Senza forza. Mi vengono in mente gli utensili appesi in fila nel tinello della fattoria di Oskar. Ancora un sospiro poi sento il freddo del pavimento al contatto dei miei piedi. Quel freddo mi arriva fino al cuore e mi dà un'altra scossa alla coscienza. Eccomi. Sono io, Wilhelm, sono io questo qui. E ci sono andato davvero da Oskar, quella mattina che ho cavalcato con Asgard.

Ma ora non vorrei più ricordi. Ora sono io. Io in piedi accanto al letto. Ho un lieve capogiro, così poggio una mano sul materasso e piego il busto di lato. Fa male, ma non mi va di rimanere fermo. Ho voglia di cose. Mi accontento anche della notte cieca e vuota. A passetti brevi giro attorno al letto. La riconosco: non è la mia stanza. Sono in quella della servitù, ecco perché ieri ho visto il pianoforte in fondo. Sì, tutto ricomincia a mettersi in ordine, non ho più bisogno di memoria come non ho bisogno d'aiuto: mi avvicino alla finestra e sgancio delicatamente gli scuri, appoggio la fronte al vetro freddo. Ora apro anche i vetri e aspiro l'aria della notte frizzantina e leggera. Deve essere quasi estate. Due lumi in strada emettono una luce fioca. Passa un cane che avanza a zigzag e dentro il cono di luce ha un pelo fulvo e brillante, ma è magrissimo. Non ha da mangiare per via della guerra, penso. E allora improvvisamente riecco la memoria: quei colpi di cannone, il muro che si sgretola, Dorothea riversa sul tavolo, e il mio regalo, il clarinetto, dov'è? Sto rivivendo tutto ma troppo velocemente, il cuore sobbalza all'altezza della gola, ma allora devo cercarlo, io glielo devo regalare, non posso perderlo. Mi chino a terra, rovisto il pavimento in preda a un'eccitazione febbrile. Sento il sangue che invade selvaggio il mio corpo risalendo su furiosamente fino alla testa. Con uno scatto secco provo a rialzarmi ma il buio si fa più pesto, mi piego in avanti e barcollo, si sono spenti i lumi, sarà quasi l'alba allora? Poi mi avvolge un sopore diffuso e il buio si sgretola in sottili filamenti dorati che improvvisamente prendono forma come di una ragnatela che mi avvolge. Oscillo di nuovo, ora sono le ginocchia che si piegano e inciampo ancora. Sarà il clarinetto, penso mentre ricado a terra. E perdo i sensi.

11

Ma ho ricominciato a sognare? Piove di nuovo e mi ritrovo dentro un cespuglio. Eppure sento un calore accanto al mio corpo. Un tepore tenue che mi dà sollievo. Lo sento sulla pelle ma poi pian piano sale fino alle labbra. Si riversa nel mio corpo come un bacio. Anzi, è un bacio. Ci stiamo baciando io e Queenia, ci baciamo a lungo. Non so come sia iniziato né quando, ma so solo che dico al sogno che non mi voglio fermare. Di solito quando nel sonno ti metti ad argomentare col sogno quello ti scappa via. È insensibile ed è abilissimo a far finta di assecondare i tuoi desideri e poi piantarti in asso. E invece. Invece stavolta continua. E ancora sento le sue mani attorno al mio viso, poi tra i capelli, quei riccioli neri che ondeggiano. Però ora si è staccata, e cosa fa? Mi scuote, mi sta scuotendo e torno a sentire un dolore, una fitta acuta tra la nuca e la schiena.

«Wil! Wil! Mi senti? Wil?». Apro gli occhi. Sono sveglio.

«Dio santo, che è successo? Sei andato in giro stanotte?».

«Io…io».

«Stupido. Vuoi rovinare tutto! Sei matto! Ma capisci qualcosa di quello che fai? Wil? Mi rispondi? Riesci a parlare?».

«Sì che ti rispondo Queenia, sì, eccomi».

«Tu… mi chiami per nome. Tu mi riconosci?».

«E certo! Chi altro potresti essere?».

Lei si alza in piedi e fa un lungo respiro, si passa la mano sulla fronte imperlata di sudore. Poi chiama qualcuno, mia madre, ma le parole le escono come sillabate e sdrucciolevoli.

«Signora! Venga! Lui c'è». Si gira col corpo verso la porta ma continua a tenermi d'occhio. È dimagrita.

Mia madre si precipita nella stanza correndo e quasi inciampa nella gonna. Ha le lacrime agli occhi mentre si china su di me e mi bacia, ma poi si arresta e mi accarezza piano, quasi fossi un soprammobile crepato.

Ora sono certo che era lei quella che mi imboccava la minestra coi porri. O erano cavoli? Forse non è stagione per i porri. Queenia si fa da parte e poi si abbandona sulla sedia di fianco. Non smetto di guardarla mentre parlo con mia madre per rassicurarla. «Mi sento meglio. Bene no. Meglio sì però, posso dirlo». Una cosa certa è che mi sento molto stupido.

«Il clarinetto», dico subito dopo a Queenia. «Il tuo clarinetto. Dov'è?».

Lei mi guarda con un sorriso che le divide in due il volto. Le mascelle sono ancora tese come in uno spasmo, mentre lì sopra gli occhi ridono di gusto.

«Stai calmo, calmo. Non ti agitare. Una cosa per volta».

«Aiutatemi, piuttosto. Voglio sedermi sul letto. No, datemi una sedia, Cristo santo! Il clarinetto, però, che fine ha fatto?». Non capisco perché ma se alzo la voce mi viene da ridere. Forse il corpo non vuole più tensioni.

Lei si rialza scuotendo il capo ma mi prende da un lato mettendomi la mano sotto l'ascella sinistra, dove mi fa male, mentre mia madre mi solleva dalla parte opposta.

«Chiamiamo gli altri. Ullrich dovrebbe essere rientrato giù di sotto con Kaspar».

«Ma non vuoi sapere altro? Pensi solo alla musica?

Non vuoi sapere che cosa ti è successo?». Queenia lo dice con un tono che prova a essere severo, ma stavolta il suo rimprovero è più ammorbidito. Il volto è troppo impegnato a sorridere.

«È a te che penso», le dico. Quella strana sensazione di euforia mi ha sbrigliato totalmente ogni freno. Non penso neanche che c'è mia madre lì a fianco e faccio per baciarla adesso, dal vivo. Alla malora i sogni. Le afferro i capelli e la tiro con forza verso di me ma lei mi strattona e si rialza, sfuggendo alla presa.

«Wil calma, devi calmarti. Sei convalescente. Non devi fare sforzi. E poi...», si ferma avvitandosi un riccio e sistemandosi la blusa.

«E poi cosa?», rispondo.

Si alza e guarda mia madre.

«Sono quasi le nove, vero, signora? Allora abbiamo meno di un'ora per preparare tutto».

«Preparare? Tutto?», le interrompo. «Ma di cosa state parlando? Avrò il diritto di sapere cosa sta succedendo dentro casa mia!».

«Lo sentite?! Sono due settimane che lo vegliamo giorno e notte e lui parla dei suoi diritti».

«Due settimane? Da quando? Ma io ero venuto da te ieri e tu te ne sei andata in giro per la città con le cannonate che arrivavano da tutte le parti e...».

Mi fermo. Sono più serio. Ci vedo anche più chiaro ma i battiti del cuore hanno ripreso a correre.

«Dorothea! Come sta? Si era accasciata sulla scrivania».

«Sta bene, tranquillo», interviene mia madre. «Ha avuto solo uno svenimento. Non si è ferita, lei».

«Lei, dici, ma io invece...», balbetto, «mi sono rotto qualcosa, ditemelo. Cosa è successo? Potrò camminare? Sono stato all'ospedale? Chi mi ha portato qui, insomma. Due settimane dite?».

«C'è qualcuno che può spiegartelo meglio di me», mi dice Queenia con calma e io sento un rumore di passi, delle andature familiari. È Kaspar che entra insieme a mio padre. Il mio vecchio si tiene la mano al costato e mi sorride con gli occhi gonfi. Mi accorgo invece che Kaspar si è fatto crescere la barba e ha un nuovo paio di occhiali. Sembra davvero quel luminare che diventerà presto, se già non lo è a ventisei anni.

Si avvicina e mi sistema meglio sulla poltrona. Faccio un lungo sospiro.

«Tieni le spalle dritte e non inclinare il busto in avanti. Ma soprattutto non stare storto. Non viziare il tuo corpo. Sei come un bambino ora. Ecco, mettiti per bene e ti racconto tutto».

Così mi spiega che ho subito un trauma cranico che ha interessato la corteccia cerebrale e ho una frattura, grazie a Dio composta, alla clavicola e una lussazione alla spalla. E mi è andata bene perché il medico che mi ha soccorso è stato bravo a suturare la ferita profonda causatami da una scheggia che mi si era conficcata proprio sotto la spalla. Poi, continua, la signora Strolz mi ha fatto arrivare attraverso Queenia una mistura di unguenti che ha accelerato la cicatrizzazione. Ora ho solo bisogno di riposo. Le gambe riprenderanno presto il tono, è che il mio corpo è rimasto addormentato, come la mente del resto. Ho delirato per diversi giorni, conclude, senza articolare parole comprensibili.

A quel punto si raddrizza in piedi e prende Queenia per un braccio.

«Ma soprattutto devi ringraziare questa figliola meravigliosa. Ha passato tante di quelle notti dando il cambio a nostra madre, a vegliarti senza chiudere occhio. Ogni ora ti rinfrescava la fronte perché hai avuto la febbre alta e con delicatezza ti accarezzava l'arto prima di curare la ferita. Non ci fosse stata lei non so come staresti adesso».

«Lei», e la guardo però come intimidito e farfuglio qualcosa, «so chi è lei. Tu invece sei sceso da Jena, per me?».

«E me lo domandi? Sono qui da una settimana, fratello. Sono passato in mezzo ai francesi con un salvacondotto. Sai, ormai hanno occupato la città. Napoleone si è insediato a Schönbrunn».

«E tutto questo per... ma io pensavo...».

«Ecco, non pensare», mi interrompe Queenia, «se poi ti sentirai meglio ti mostrerò un po' di cose, ma ora lasciaci fare e poi vedrai che...».

«Adesso non ricominciate con gli indovinelli, vi prego. Il dottore qui dice che non devo sforzarmi». Ora sono io ad alzare il tono della voce ma non sono credibile e scoppio a ridere di nuovo come un bambino.

«Tra l'altro non saprei dirti quando potrai ricominciare a suonare», precisa Kaspar accentuando il tono professionale, «con quel braccio così malridotto...».

«Non importa. Questo davvero non importa. Ora ricordo tutto. Ricordo anche cosa avevo in mente mentre stavo venendo a trovarti, Queenia. Ma...», e la guardo fisso. Sono serio, forse. «E il clarinetto? Allora? L'avete ritrovato? È finito sotto le cannonate?».

«Aspetta! Aspetta ancora un po'. Abbi un po' di pazienza, te ne prego. Sei tornato tra noi appena da mezz'ora e già vuoi sapere tutto?». Si china su di me e quasi si inginocchia. «Sai», e sorride di un sorriso ancora diverso. Quella gemma ora è una foglia. «Io la strada l'ho scelta, ma il tuo voto qual è?».

Una vampa di calore mi trasmette nitido il ricordo del foglio che stava nella scatola con la traduzione della sua canzone della rosa. Lo ha letto quindi? Per forza. Meccanicamente lo cerco senza pensare che al momento indosso una vecchia vestaglia che non ha tasche.

Da bravo medico, sentendo l'atmosfera raddolcita, Kaspar si allontana in punta di piedi e prende sottobraccio mia madre. Mio padre è rimasto immobile a guardare, ma poi li segue. Come al solito non ha parlato ma lui è fatto così. È una porta sbarrata alle effusioni e tutto si comprime in quel suo torace possente e allenato a tenere le emozioni a freno.

Ora siamo soli. Siamo straordinariamente calmi e teneri e io penso che in un momento così ognuno riesca a percepire le emozioni dell'altro come fossero le proprie. Sono certo di sentire quello che lei sente e sono sicuro che per lei sia lo stesso. Avrei voglia di aprirmi ma invece provo ancora a fuggire all'indietro. Non so da dove mi venga fuori questo pensiero.

«Ora sai tutto, vero?».

«Sì, Wil».

«E hai voluto stare qui con me, che non c'ero. Non riesco neanche a pensarlo».

«Ora non lo devi pensare, vuoi capirlo?», ma le sue parole sono un sussurro.

Sospiro e le prendo la mano.

«Di quel… tutto come dici tu, non voglio più parlare», riprende a dire, «ci ho pensato nelle notti in cui ti vegliavo. Strolz mi ha raccontato molte cose quella mattina mentre stavamo andando a distribuire i pasti ai poveri dietro Santo Stefano».

«Mi aveva detto che l'avrebbe fatto lui e che io non ero adatto a…».

«Sì, Wil, non importa tornarci su. Ci sono anche altre cose che mi ha detto. Di te, però. Ma davvero, basta parlarne. Io ora sono con te. Dove avrei dovuto essere fin dal principio, dalla prima volta che ti ho visto davanti alla locanda».

«E inseguivi le farfalle».

«E non avevo mai visto un ragazzo che provava un piacere sincero per quello che facevano gli altri. Senza nessuna remora nel dimostrarlo. Mi ricordo di come ci guardavi mentre suonavamo. Il tuo entusiasmo. Caspita, mi sono detta, ma questo qui fa sul serio? O è la solita maschera? No, l'ho capito poi. C'è voluto un po', è vero. E però... Perché tu in questi maledetti occhi neri che è impossibile evitare, ecco, tu hai uno sguardo che non lascia nulla fuori, mentre lui mi ha sempre tenuto sulla soglia della sua vita. Tu invece mi hai lasciato entrare dal primo sguardo. E una donna queste cose le sente anche prima di ragionarci sopra, anche prima di capire di essere innamorata».

Vorrei dirle che continuando così mi farà svenire per davvero e che per di più sta disubbidendo al medico sfiancandomi di emozioni, ma devo dimostrare di essere davvero quell'uomo che lei presume io sia.

«Ma ti ricordi del bacio nel cespuglio? E di quello che mi hai detto? Mi hai gelato, altro che lasciarmi entrare. E mi hai tenuto così in sospeso per mesi», le do un pizzico sulla guancia. Mi rendo conto con un'ebbrezza contenuta a stento che è come se fossimo già insieme. Perché risponde con uno schiaffetto che è una carezza di complicità. Il sentore di una coppia che sta per nascere ma deve prendere le misure al sentimento più che al mondo, che comunque si è appena capovolto.

«Certo che me lo ricordo quel bacio», risponde piccata. E rilancia subito: «Ma mi ricordo soprattutto un'altra cosa. Quando a casa tua, dopo, mi hai dato lo scialle di tua madre e me lo hai posato sulle spalle umide con una delicatezza e una premura che non appartiene alla tua età. È della tenerezza tua che mi sono innamorata. E quel tuo gesto l'ho sentito come una dichiarazione. Mi ha dato quasi fastidio il tuo essere così pensando che invece io avevo vicino una persona così freddamente diversa. Andreas non aveva il tocco della tua mano, quelle attenzioni. Di quella dolcezza tua avevo bisogno, sai. L'ho confidato a Strolz, una sera. Sapevo che ti voleva bene e che un po' ti assomiglia. Lui è uno che ha premura degli altri. Come te. Mi ha detto chiaramente: "Rifletti solo se è un bisogno tuo o vuoi che lui si riprenda perché ami la sua vita. Sono cose diverse". E io tutte le notti che ho passato accanto a te ci ho pensato. Ho capito che dovevo imparare a voler bene al tuo modo di vivere e così ho provato a restituirti quel momento di tenerezza che era una cosa nuova per me e non volevo perderla e...», noto che le spunta una lacrima, «certo, lo ammetto, desideravo quasi solo per questo la tua guarigione. Ero egoista, sai, e lo sono forse ancora un po' tuttora. Io voglio la tua dolcezza per me. Ma tu mi insegnerai». Tace alcuni istanti. Poi riprende più concentrata: «Ti ricordi quando a casa della contessa Brentano ti ho detto che non dovevi illuderti di conoscere il mio cuore?».

Annuisco con una punta di inquietudine. Perché mai dirlo adesso?

«Mentivo. È stato l'ultimo tentativo di scappare da te. Ma poi sotto l'albero, ti ricordi anche questo, immagino... ti ho detto che volevo chiudere gli occhi e starmene per conto mio. Ecco in realtà speravo mi baciassi lì come una volta aveva fatto lui. E invece tu, quella tua delicatezza, quel rispetto che avevi... Sei rimasto lì vicino, tu sì che mi conoscevi, e anche a occhi chiusi mi custodivi. Li ho aperti io allora e ti ho guardato pensando che sarebbe stato bello intanto entrare nei tuoi sogni».

Non so cosa aggiungere ma mi mette la mano davanti alla bocca.

«Ma ora sei qui per me. A occhi aperti, vero? Per cui, dove eravamo rimasti?». Mi accarezza le labbra e poi i capelli, mi abbraccia e stiamo per baciarci. Sto per dirle ti amo ma vedo Kaspar che fa capolino nella luce della porta.

«Ragazzi lui è qui. È arrivato. Non possiamo farlo attendere, direi...».

«Direi proprio», dice Queenia spostandosi i capelli dalla fronte. «Ma lo strumento c'è?».

«Ai suoi ordini, madamigella». Detto questo Kaspar apre del tutto la porta scorrevole della stanza e mi accorgo che, è vero, non sognavo, il pianoforte è proprio lì davanti. Sopra c'è il clarinetto, dietro alla custodia di mogano brunita e crepata. Ma lì accanto in piedi c'è un uomo che ci scruta con occhi impazienti ma sorridenti.

«Questa poi», dico cercando di mantenermi calmo, «dovrete faticare a convincermi che non sto sognando».

«Non state sognando mio buon Wilhelm», mi dice Beethoven, «ve lo avevo detto quel pomeriggio mentre andavamo dalla contessa Brentano che prima o poi avrei suonato anche per voi. Non lo ricordate?».

E si mette a ridere del riso di una divinità olimpica che si china benevola su questo straccio di umanità marcita che sono diventato.

«E suoneremo solo per voi. Ora».

Mi vede perplesso ma è solo felicità sopita, incapace di manifestarsi, di credere finalmente alla realtà.

«Due arie britanniche per pianoforte e clarinetto, eccezionalmente per voi, non è vero signorina?».

Preso da quel vortice di emozioni non mi sono neanche accorto che Queenia sta già scaldando il clarinetto che invece è sano e lustro.

«Agli ordini Maestro!».

Kaspar sorride ma si gira e fa per imboccare l'uscita.

«Perché te ne vai?», gli dico. «Rimani...».

«No, Wil. È solo per te. Mi accontenterò di ascoltare da dietro la porta».

12

Behold, my love, how green the groves,
The primrose banks how fair;
The balmy gales awake the flowers,
And wave thy flowing hair.

The lav'rock shuns the palace gay,
And o'er the cottage sings:
For Nature smiles as sweet, I ween,
To Shepherds as to Kings.

These wild-wood flowers I've pu'd, to deck
That spotless breast o'thine:
The courtiers' gems may witness love,
But, 'tis na love like mine.[8]

Lei sorrise timida e schiva senza neanche una punta di orgoglio. Aveva suonato il clarinetto assieme a Beethoven, si era esibita col più grande musicista mai vissuto. E lui la dirigeva con lo sguardo e la fulminava con quegli stessi occhi se ritardava un'entrata. Lui, che come quella volta in teatro a un certo punto l'ha fermata a voce alta e stentorea: «Così non va, ricominciamo da capo».

8. Si tratta di *Behold My Love, How Green The Groves*, una delle arie arrangiate dallo stesso Beethoven sul testo del poeta Robert Burns e seguendo le richieste del folklorista George Thomson.

Suonarono due di quelle arie che venivano dal paese di lei, poi lui aveva improvvisato a lungo e in piena libertà a occhi chiusi, il capo reclinato all'indietro, assorbendo le idee da quelle melodie e restituendole a frammenti, lampi di luci remote resi presenti. E poi lei aveva cantato.

«Me li ha mandati Thomson, ve l'avevo nominato quel pomeriggio, ricordate?», mi disse quando, terminata l'esecuzione, si avvicinò alla mia poltrona. «E secondo voi, Wilhelm, sarà più efficace arrangiarli per una voce, vero? Cosa ne pensa? O forse quest'ultimo esige un duetto?».

Da quel punto cominciai a parlare. Di sfumature, di colori, del fatto che era giusto trovare la voce naturale di quei canti, che era vero, talvolta sembrava evocassero un dialogo. «E voi, Maestro», aggiunsi infervorandomi, «siete l'unico a poterlo fare».

Qui mi fermò. «Ora non mi adulate, non è cosa degna di voi. E io non ne ho bisogno. Vi ho fatto una domanda precisa. Ragionate piuttosto». E lo disse col tono brusco che gli conoscevamo. In lui non c'era mai calcolo, né discrezione, neanche malanimo, però, né falsità o tatticismi; era tutto immediatezza.

«Lo dico perché lo penso, Maestro», proseguii, «la vostra musica io l'ho capita. Il vostro segreto. Che è semplicissimo ma inimitabile. Un'aderenza totale allo spirito di quello che esprime. Mi spiego… la maggior parte dei musicisti pensa a impressionare, a trovare il motivo caratteristico, la melodia che suscita un affetto. Voi no. Prendiamo queste melodie. Avrebbero cominciato a infiocchettarle di trilli e gruppetti, le avrebbero appesantite di armonizzazioni artificiose. Voi invece avete a cuore quello che la musica ci dice, che aveva detto molti anni fa e vuole continuare a dirci. E così voi cercate la sua voce antica, cercate di restituirla per come era. Non le fate attraversare il tempo, la lasciate a casa propria».

Mentre parlavo mi resi conto che si era avvicinato tantissimo, sempre più concentrato, strizzando gli occhi e girando il capo in modo che il suo orecchio destro fosse quasi a contatto con la mia bocca. Sperai che desse davvero importanza al mio discorso improvvisato lì per lì. In ogni caso mi sentivo ispirato. Stavo rinascendo. Ora capivo che in quello ero bravo. Ero bravo a parlare di musica come mi aveva detto Franz alla festa di santa Brigida. Quello mi riusciva. Liberamente, così come per lui suonare. Sarei diventato improvvisatore di parole? Ma dovevo rispettarle, cercare la loro esattezza. Per un attimo mi tornarono in mente i frammenti musicali di Novalis, quelli che mio fratello mi aveva regalato. Ma ora sapevo usare parole mie. E, cosa più importante, pareva facessero effetto, fossero efficaci, utili a qualcuno. Anche a quel Qualcuno.

«Ogni brano che voi suonate ha un corpo», ripresi, «le vostre creazioni sono creature. Hanno le memorie del vostro Io... per questo la vostra musica è così umana, carnale, sanguigna, anche se poi c'è tanto lavoro, come su un gioiello, come sull'argento che va prima scaldato e poi lavorato per farlo risplendere. Voi siete un poeta del suono. Il poeta è uno che fa». Ma stavo parlando a me stesso?, pensai. Sì, forse. Ma come tutti i risanati mi sentivo invincibile.

Beethoven però mi diede improvvisamente le spalle. Provai un brivido di delusione, lo scherno del disincanto. Fece due passi e si riavvicinò al pianoforte. Temevo di averlo stancato, invece estrasse un foglio bianco dall'astuccio e me lo porse.

«Potete scriverla questa cosa? Devo capirla bene. Sapete, sono ormai quasi del tutto sordo. A voi lo posso confidare. Oggi poi sento delle fitte lancinanti qui a sinistra e se voi parlate troppo forte per farvi capire, il dolore diventa intollerabile. Ma capisco che avete detto una cosa profonda e vera. Scrivetela qui. Fatelo per me».

Queenia ci guardava e forse ripensava al suo lavoro nella bottega Strolz. Giuro che quell'ultima metafora mi era venuta così non per compiacerla ma perché ora raccoglievo esperienze e le filtravo, succhiavo il senso dalle cose che vivevo esattamente come faceva lui col materiale sonoro. Così riscrissi più o meno quello che avevo detto un attimo prima e gli restituii il foglio che lesse con grande attenzione e trasporto emotivo. Poi riprese a parlare a voce altissima.

«Le mie idee le porto a lungo dentro di me, spesso molto a lungo, prima di metterle per iscritto. E la memoria mi è tanto fedele che sono sicuro di non dimenticare, anche per anni, un tema una volta che l'ho concepito. Faccio molti cambiamenti, scarto e tento di nuovo finché non sono soddisfatto. Poi comincio a elaborare nella mia testa, allargo, restringo, spingo verso l'acuto e verso il grave e, poiché so cosa voglio, la concezione di fondo non mi abbandona mai. Si sviluppa, cresce, sento e vedo l'immagine in tutta la sua estensione, come di getto, così che non mi rimane che il lavoro di mettere per iscritto. Il che avviene rapidamente, a seconda del tempo che ho a disposizione, poiché alle volte lavoro a più cose contemporaneamente, ma sono sicuro di non confondere l'una con l'altra».

«Ecco. Per queste musiche dovrà restringere l'armonia fino a trovare il nucleo, la pasta di cui sono fatte. Quella sarà la loro concezione di fondo». Mi ero talmente entusiasmato che non pensai a riscrivere ma parlai anch'io a voce molto alta. Con la coda dell'occhio vidi che lo sguardo di Queenia vagava per la stanza. Stavamo perdendoci in filosofia, forse, pensava.

Ma lui riprese. Sicuramente non mi aveva sentito o aveva capito qualcos'altro.

«Mi chiede da dove prenda le mie idee? Non posso dirlo con certezza: mi vengono non so da dove, non chiamate. Potrei quasi afferrarle con le mani, all'aperto, nei boschi, durante le passeggiate, nel silenzio della notte, all'alba. Sono stimolate da stati d'animo che nel caso del poeta vengono tramutati in parole, e nel mio in suoni: risuonano, fremono, si agitano, fino a quando prendono finalmente per me la forma di note musicali».

«Poi mi è venuta in mente un'altra cosa poco fa», gli dissi. Praticamente glielo stavo sussurrando nell'orecchio con delicatezza. «Dopo i due brani voi avete improvvisato su un tema che assomigliava tanto a quello di una vostra sonata che mi illudo di conoscere bene».

Fece un sorriso sornione, come se sapesse quello che stavo per dire.

«Era quella sonata in re minore maestro, vero?».

Sorrise. Ma non so se aveva sentito bene.

Lo ripetei a voce più alta ma lui rimase fermo su quel sorriso. Chissà dove lo stava trasportando la mente. Ripresi il foglio e lo scrissi aggiungendo dell'altro.

«*Avete letteralmente fatto impazzire lo scorso anno il mio Maestro con l'incipit di quella sonata in re minore*».

Ora pareva davvero compiaciuto. Continuai a scrivere.

«*Non ne capiva la forma. Diceva che non c'era un vero tema, perché quell'accordo di sesta spezzato non lo è ancora e quando subito dopo sembrerebbe prendere forma, ecco che lei tira fuori un altro tema, diverso. Quindi diceva: "Prima è un non ancora, poi un mai più"*».

«*Ma questa è teologia!*», scrisse lui subito sotto.

Certo, era difficile continuare così tra carta e voce.

Mi guardò con aria serena ma forse distaccata, magari lui era già oltre. Così ripresi il foglio ma mi accorsi che c'era poco spazio per quello che mi stava venendo in mente. Feci un gesto sconsolato e allora lui si riavvicinò e quasi con un sussurro mi disse: «Riproviamo, cerco di concentrarmi ma parlatemi scandendo bene le parole senza urlare».

Mi sembrava di essere in un confessionale. Chiusi gli occhi e immaginai che attorno ci fosse il buio.

«Come in quella sonata voi non vi compiacete mai di un'idea per se stessa. Perché i temi musicali sono come le cose del mondo: hanno dentro un di più che ci sfugge se li pensiamo separatamente o separatamente li idealizziamo. Gloria e bassezze, tenerezza e ruggiti, volgarità e grazia. Ci vuole tutto questo, ma conta l'insieme, quei temi che prima chiamavo personaggi si inseguono e si attraggono, sembrano poi confliggere ma invece si riconciliano perché… si necessitano e così arrivano a noi che ascoltiamo. Anche la melodia più bella, da sola, è fragile e si perde, nella vostra forma invece tutto assume valore perché si muove insieme. Lo dicevo prima: il vostro è un mondo e noi una volta dentro sperimentiamo e facciamo nostra la forza dei legami, l'energia che lo tiene in equilibrio, quel continuo dire noi per ogni momento e per ogni suono».

Trassi un gran sospiro. Mi sentivo estenuato, forse per via della convalescenza mi stava crescendo di nuovo un tremore nelle membra e avevo il fiato grosso. Il sacerdote mi avrebbe dato l'assoluzione? Avevo osato spiegare quello che non si può, che non si deve spiegare ma far essere. Però ci vuole un dono. E a me non spettava. Ma non faceva nulla. Spettava a chi volevo bene. A quelle due creature che avevo di fronte. L'uomo che più ammiravo al mondo, la donna che avrei voluto per sempre al mio fianco, per amarla ogni giorno della mia vita.

«Lei diverrà un grande studioso, Wilhelm», disse lui, e a me parve che quelle parole fossero il battesimo della mia nuova vita. Non sarei mai diventato un compositore, un virtuoso o un concertista, ma potevo lavorare per la musica con quello che mi riusciva meglio. Parlarne, con devozione e rispetto. Aiutando chi lo possedeva a rivelare il dono. Ora non potevo più mentire. In nulla. Neanche a fin di bene.

«Vi dirò un'altra cosa, Maestro», ripresi senza curarmi del fatto che lui sentisse bene o meno. «Lichnowsky non aspettava me quel giorno».

«Non vi capisco», mi disse con un filo di voce. Ma io proseguii. Dovevo farlo.

«Le dirò: per portare quelle cose da mangiare in teatro il conte si era rivolto a un'altra persona, che però non poteva e quindi mi chiese di andare al suo posto». E qui mi fermai guardando Queenia che cercava di afferrare i sottintesi di quel discorso. «Forse», ripresi, «in quel momento sono diventato quello che quella persona doveva essere e non ha voluto e...».

«È una cosa nebulosa», disse, «ma non importa. Comunque sono contento di vedervi con una buona cera. La signorina era molto preoccupata per voi, tremava nel parlarmene. Mi ha subito convinto a suonare per voi. Anzi, diceva... la vostra musica, Maestro, potrà risvegliarlo. Ma voi l'avete già fatto... E allora amatevi, vi dico. Sposatevi e abbiate dei figli. La famiglia», sospirò, «la famiglia...».

Si alzò e tornò al pianoforte. Per un attimo sperai riprendesse e invece radunò gli spartiti e li ripose nell'astuccio. Prese il cappello che aveva lasciato su una sedia, quindi ci si riavvicinò e se lo mise in testa.

«Si è fatto tardi ormai per me», disse salutandoci, «ma non c'è neanche bisogno di ricordarvi che la porta della mia casa sarà sempre aperta per voi».

Queenia gli sorrise senza un'ombra di soggezione, come se fossero davvero un duo consolidato che si aggiorna alla prossima prova, e in quel momento sentii di nuovo una punta di invidia. E forse fu l'ultimo rantolo dell'uomo vecchio che stava morendo in me.

«Mi raccomando. Studiate, studiate e studiate», si fermò un attimo e si tolse il cappello come se avesse percepito che stava peccando di etichetta, «non tralasciate neanche il canto, quello che fate vi viene naturale e non c'è nulla di più naturale della voce, mi creda. Io del resto ho un'idea in proposito ma chissà se mai prenderà forma».

Accennai un movimento di scatto, intuendo che stava per farci una rivelazione importante. Queenia mi guardò male pensando che volessi provare ad alzarmi in piedi.

Lui, penso, lesse le mie intenzioni e si rigirò verso di me. «Voi conoscete Schiller, immagino?».

Feci cenno di sì, temendo però che mi chiedesse di citare.

«Tengo sulla scrivania dei suoi versi che hanno a che fare con Mosè e l'Egitto, e ci ho messo vicino una piramide. Che idea, vero? Mi piacciono le suggestioni esotiche, ma detesto la magia. Oggigiorno molta gente si appassiona alla saggezza dell'Oriente e credo che ci sia del vero. A volte citare quei miti fa colpo soprattutto sulle donne, ma a me di Schiller piace quell'ode che parla della gioia e del fatto che dovremmo abbracciarci tra uomini, perché è questo che nella vita conta. Vorrei trovarle una musica adatta e prima o poi ci riuscirò. Abbracciatevi, milioni, questo bacio è per tutto il mondo».

E allora accadde una cosa tanto inattesa quanto improvvisa. Queenia gli si avvicinò e fece per abbracciarlo, come per baciarlo davvero con un trasporto che non ammetteva impacci, ma lui si ritrasse imbarazzato. Così lei si fermò arrossendo. «Mi scuso, Maestro, era solo per dirvi grazie. Sono le parole che mi servivano, perché voi avete scacciato l'ultima ombra, quella che non mi voleva lasciare».

Lui si risistemò il soprabito e capimmo che non aveva

neanche sentito bene. Ci voltò le spalle e si diresse con foga verso la porta. Un uomo condannato a essere solo. Estraneo al mondo. Alla malevolenza e alle adulazioni. A chi vuole trovare in lui il sublime per illudersi di averne parte come a chi insiste su ruvidezze e meschinità per allontanarle da sé. E così ignora la sua qualità più umana: la compassione. Talmente inconsueta quando è così inattesa da dare le vertigini.

In silenzio ascoltammo i suoi passi nell'andito e poi nel corridoio. Kaspar e mia madre gli tennero dietro. Ci furono, credo, dei rapidi convenevoli.

Poi Queenia, che era rimasta sulla porta a origliare, si riavvicinò al pianoforte. Sul seggiolino c'erano dei fogli. Li prese e mi venne vicino. Ma aveva assunto un'espressione seria. Per un attimo mi si offuscò l'orizzonte, lei era sempre così naturale che ogni suo mutamento pareva un evento atmosferico.

«Sono tre le cose che devo dirti se vuoi», e quel piglio aritmetico mi rassicurò.

«Certo che voglio. Ma c'è qualcosa che non va?».

«Anzitutto non devi più iniziare una frase con "ma". Non c'è più spazio per i tuoi "ma", per i tuoi dubbi, le tue elucubrazioni. Io so a cosa pensi…».

«Ma quell'ombra è passata davvero? Ne sei sicura?».

«È passata Wil, e il modo migliore per farla passare del tutto è non parlarne più. E ti faccio notare che hai ridetto "ma"».

«E allora dico con tutta la solennità del caso e anzi affermo come farebbe Kaspar il professore di medicina che la piramide è definitivamente una forma geometrica», e aggiunsi una gran risata forse un po' forzata. Ma era una sottolineatura.

Lei fece un gesto eloquente con la mano aperta dall'alto in basso, per zittirmi del tutto, ma rideva.

«Questi sono i versi del brano di prima», riprese, «ti ricordi? La contessa Brentano ci aveva detto che li ha riscritti un poeta contemporaneo, non saprei, io ricordavo solo la musica quando la cantava mio padre. Bisognerà tradurli in tedesco però e tu puoi farlo visto che sei stato così bravo con la mia rosa, sei d'accordo?».

Non sapevo bene cosa rispondere perché ancora una volta mi stavo facendo bello con le virtù di un altro. Mi ero appena detto che sarei stato tutto verità ed ecco che la realtà mi prendeva subito in castagna. Il mondo a volte ha vicoli troppo stretti e obbligati per farci passare dentro le nostre promesse.

«Stai pensando troppo e di nuovo. Mi dici di sì?».

«Io ti direi sempre di sì, lo sai».

«Non è il caso di fare il sentimentale adesso. Abbiamo tempo per quello. Seconda cosa: guarda questa lettera, me l'ha data Strolz l'altro ieri».

«Un'altra lettera?».

«Sì, Wil, ma non è *quella* lettera, ovviamente. Leggila».

Era una copia di una missiva di un amico di Heinz che riportava la corrispondenza tra Beethoven e certe suore Orsoline. Il Maestro aveva concesso alcune delle sue musiche per un concerto di beneficenza per sostenere il convento delle religiose in questi tempi difficili. L'amico raccontava che Beethoven inizialmente si era offeso perché loro avevano accennato a un compenso. Si era davvero sdegnato, per cui le suore per sdebitarsi gli avevano fatto pervenire una scatola con dei buonissimi dolcetti.

Queenia si accorse che stavo sorridendo, così mi chiese di leggere a voce alta la risposta conclusiva che Beethoven volle far arrivare alle suore.

La ringrazio per le buone cose che le reverende suore mi mandarono da gustare e la prego di dire loro tante cose gentili da parte mia. Del resto non c'è bisogno di tanti rin-

graziamenti. Io ringrazio Colui che mi ha messo in grado di poter essere utile qualche volta con la mia arte. Tosto che ella vorrà far uso delle mie piccolissime forze a beneficio delle reverende suore mi scriva liberamente, ma non vorrei ch'ella potesse attribuire questa mia volenterosità nell'aiutare le reverende suore a una certa ambizione o a un desiderio di gloria; mi offenderebbe assai. Che se le reverende madri vogliono tuttavia dimostrarmi in qualche modo la loro gratitudine, mi ricordino nelle loro devote preghiere e in quelle delle loro bambine.[9]

«Mio caro pensatore», disse guardandomi con le mani giunte, «qui devo riconoscere che nonostante tutti i tuoi "ma" l'avevi capito da subito. È un uomo buono, davvero. Profondamente. Burbero. irascibile, permaloso, grossolano a volte, contraddittorio, ma buono forse senza rendersi conto di quanto lo sia».

«Questo non possiamo saperlo», le dissi.

Ma lei riprese il filo dei suoi ragionamenti con il terzo foglio.

«Prima abbiamo ricordato quel pomeriggio a Heiligenstadt...».

«Sì, certo». Ora non arrossivo più ricordando, ora pensavo al plurale anche dentro di me e sentivo che potevo dire noi. Anche Beethoven mi aveva incoraggiato: del resto, lo diceva la sua musica.

«Mi ascolti o te ne sei andato per conto tuo?». Di nuovo mi afferrò il volto tra le mani con dolcezza ma risoluta. «Guarda che me ne accorgo. Ora sei il mio libro aperto. Cosa credi?».

«Certo, certo...», risposi e la baciai lievemente sulle labbra.

«Va bene», disse lei, «ecco allora, però...».

9. Lettera di Beethoven riguardante le suore Orsoline, in A. Bruers, *Beethoven*, Roma, Giovanni Bardi Editore, 1951, p. 54.

«Però cosa? Ti rendi conto che sei tu a dire però stavolta, *milady*?».

«Ti ricordi il foglio cui lui teneva tanto?».

«Lui?».

«Sì, Andreas che inseguiva segreti a partire proprio da quel foglio. Sai, l'ho ritrovato la settimana scorsa quando ero dal Maestro a provare».

«Cioè?».

«Sì, per la verità non è proprio che l'ho ritrovato».

«Lo hai cercato?», chiesi insinuante.

«Aveva ricevuto la visita di un amico e mi ha lasciato sola nella sua stanza. E io ero terrorizzata dal guardare su quella scrivania. Sì, mi faceva paura la piramide, lo sai. Risentivo dentro le parole di quell'uomo, la falsità della sua voce». Le presi la mano. Lei si raggomitolò come un animale che vuole andare in letargo.

«Così, non so perché, ti giuro, ho sentito l'impulso di aprire il cassetto e ho trovato subito quel foglio. E sai cosa c'era scritto sopra? "Testamento", perché era rivolto ai suoi fratelli».

«Ma lo stesso che avevi visto quel pomeriggio arrampicandoti nella sua stanza...».

«Sì, e l'ho riletto tutto, Wil, e ne ho ricopiata una parte per bene, stavolta, quella più toccante. Mi veniva da piangere ma anche un moto di stizza perché ho pensato a quanto eravamo, anzi, a quanto era stato stupido lui».

«Me lo dai?», le chiesi cingendola tutta, come faceva l'argento con le piccole pietre della sua officina.

«Certo. Ma tu continua a tenermi così, come quel pomeriggio dentro il cespuglio. Così...».

«Così cosa?».

«Così ricominciamo da lì, io e te».

«Cioè noi».

«Sì, noi. Abbiamo tempo, Wil».

«Un tempo nostro».

«Sì, Wil, e dobbiamo ringraziare anche lui, se ora è nostro».

Dio Onnipotente, che mi guardi fino in fondo all'anima, che vedi nel mio cuore e sai che esso è colmo di amore per l'umanità e del desiderio di bene operare. O uomini, se un giorno leggerete queste mie parole, ricordate che mi avete fatto torto; e l'infelice tragga conforto dal pensiero di aver trovato un altro infelice che, nonostante tutti gli ostacoli imposti dalla natura, ha fatto quanto era in suo potere per elevarsi al rango degli artisti nobili e degli uomini degni.

Il mio augurio è che la vostra vita sia più serena e più scevra da preoccupazioni della mia. Raccomandate ai vostri figli di essere virtuosi; perché soltanto la virtù può rendere felici, non certo il denaro. Parlo per esperienza. È stata la virtù che mi ha sostenuto nella sofferenza. Io debbo a essa, oltre che alla mia arte, se non ho messo fine alla mia vita con un suicidio – State bene e amatevi – Ebbene questo è tutto – Con gioia vado incontro alla Morte – se essa venisse prima che io abbia avuto la possibilità di sviluppare tutte le mie qualità artistiche, allora, malgrado la durezza del mio destino, giungerebbe troppo presto; e indubbiamente mi piacerebbe ritardarne la venuta – Sarei però contento anche così; non mi libererebbe essa da uno stato di sofferenza senza fine? Vieni dunque Morte, quando tu vuoi, io ti verrò incontro coraggiosamente – Addio, non dimenticatemi del tutto, dopo la mia morte. Io merito di essere ricordato da voi, perché nella mia vita ho spesso pensato a voi, e ho cercato di rendervi felici – Siatelo –.

Ludwig van Beethoven,

Heiligenstadt, ottobre 1802[10]

10. Il brano del testamento di Heiligenstadt è disponibile online all'indirizzo <https://www.lvbeethoven.it/biografia06/>.

Epilogo

Heiligenstadt, 26 marzo 1827

Non è voluto venire. Non c'è stato verso. Io ho insistito perché sono ancora il giovane entusiasta che l'aveva incontrato qui, sotto questa quercia, dove mi sarebbe piaciuto tornare insieme a lui. Dopo quasi vent'anni. Ma nulla.

Comparve come d'improvviso in fondo alle scale della casa dove il Maestro si era appena spento. Era lì assieme ad altra gente, lo riconobbi subito nonostante una barba brizzolata e i capelli grigi che ora portava sciolti e più corti.

Uscì di corsa attraverso il portale e io lo seguii strattonando un paio di persone. Era iniziato a piovere più forte. Si era dovuto riparare sotto la muraglia davanti al Glacis.

«Non puoi scappare anche questa volta», urlai e lui mi guardò quasi intimorito. Lo raggiunsi e l'abbracciai, come nulla fosse. La pioggia aveva completato l'opera da galantuomo del tempo. E poi quella morte. Il pensiero che d'ora in poi la sua musica avrebbe ripetuto un'assenza. Che ci avrebbe illuso di astratte resurrezioni. E noi a suonare, ad ascoltare quello che è per sempre anche se non è più. Dovevamo essere uno per l'altro, adesso, perché eravamo rimasti soli e pensai che ritrovare un amico era il segno che quel noi poteva essere sempre più grande. Accogliere storie, dubbi, errori e riconciliazioni.

«Sono passati vent'anni». Dissi solo questo, forse perché non avevo trovato di meglio, ma anche perché non avevo idea di come avrebbe reagito.

«Ma io ti avevo visto, Wilhelm. Tre anni fa alla prima della *Nona*. Eravate attorno a lui».

«In teatro. E quando? Al termine della sinfonia?».

«In mezzo a quel tripudio», si staccò con forza e si ravviò i capelli. «Ma lui sembrava un automa. Un estraneo. Una scena miserevole».

«Invece il Maestro era contento, te l'assicuro». Pensai che certamente non aveva perso la sua vena polemica, il suo solipsismo.

«E tu? Perché non sei venuto da noi?», ripresi.

«Noi chi? Cosa intendi con questo "noi"?».

«Noi che l'abbiamo amato e che l'amiamo».

«Continui a essere un ingenuo. E speri di risolvere tutto coi tuoi moti di entusiasmo. Ma la vita non è così. La vita è una commedia impietosa e i sentimenti sono un ingombro, solo un espediente per fare andare avanti la storia».

«La prima volta che qualcuno mi ha riparlato di te è stato diversi anni fa», ripresi senza far caso alla sua durezza. Se la vita era una commedia, lui allora indossava l'ennesima maschera. «Al funerale del principe Lichnowsky. La sua vedova. Mi ha detto che avevate tenuto una lunghissima corrispondenza e che tu cambiavi spesso progetti e idee e alla fine ti eri arruolato. Il vezzo di scrivere lettere rientra nel tuo personaggio, a quanto pare».

Aveva colto la mia allusione? Oppure l'avrebbe considerata solo una piccola postilla nel copione? Trascurabile, in fondo. Un espediente insignificante.

«Ma tu perché hai parlato di me con lei?». Magari c'era un tono di rimprovero in quella domanda così perentoria, ma io ci sentivo anche tracce autentiche di dolore, o forse di rammarico? Un uomo che prova ad appoggiarsi al passato ma lì non trova un appiglio solido e affidabile.

«Anch'io ho avuto una parte nella tua commedia, Andreas». Così gli raccontai quello che era accaduto con Beethoven in teatro quel giorno di dicembre, quando mi aveva scambiato per lui. «Da lì è iniziata la mia fortuna. Grazie a te. Cercai di dirtelo al concerto, ma tu eri troppo preso a parlare con quell'uomo. Era Schikaneder, vero?».

Annuì. Per un attimo vidi quel lampo antico di aggressività nei suoi occhi, ma passò velocemente. «È morto e sepolto anche lui».

«Ma sono contento di dirtelo adesso. Per me era importante».

«Dettagli».

Non disse altro. Pioveva sempre più, tirava vento e ci stavamo infradiciando.

«Come a Heiligenstadt. Bagnati come pulcini».

Non colse. Sembrava si fosse ancora più incupito. Ma non mi persi d'animo e gli proposi di tornare alla locanda. Insieme.

«Non è previsto, questo, nella commedia», rispose seccamente. «Non funzionano i ritorni».

«A Vienna comunque sei tornato».

«E tu hai cambiato idea sul *Settimino*?».

Mi venne da sorridere. Non poteva fare a meno di qualche ricordo lieto. Non si può vivere troppo a lungo dietro una maschera cerebrale. Cinica. Il cuore a un certo punto reclama le sue ragioni.

«Ora insegno, Andreas. Mi hanno affidato una classe al conservatorio. Siamo agli inizi. Ci sono pochi soldi. Non so tu, ma io non sarei mai potuto diventare un musicista da concerto o un compositore».

«Christiane, la principessa, ti ha detto altro?».

«No, lei no». Ebbi l'impressione che era lui ora a voler farmi aprire.

Restammo a guardarci come due giocatori davanti alla

scacchiera. Sapevo che avrei potuto fargli male semplicemente ripetendo quel nome, ma non lo feci.

L'imbroglio vero, di Schikaneder, anche quello mi avevano raccontato. La storia degli Illuminati. Una loggia falsa con persone che il vecchio impresario ormai fallito manovrava per il suo piacere, ne faceva attori inconsapevoli, per sentirsi ancora importante. Manovrare gli uomini come aveva fatto in teatro, ma dal vero. Ridendo ci aveva riportato ogni particolare una sera Ignaz von Born, l'uomo che aveva lavorato all'epoca con Schikaneder e Mozart e ora andava in giro a dire che era lui e non quel teatrante da strapazzo il vero autore del testo del *Flauto magico*. Lo detestava quindi anche dopo morto.

Ma io avevo provato dolore e non avevo riso. Andreas era stato uno di quei plagiati. La piramide, le pietre, Paracelso. Tutte trovate di una mente fertile e prolifica, ma soggiogata dal gusto per la finzione, per l'inganno. E quelle carte di Mozart. In effetti tra quelle del Mercante in Fiera non è contemplata la piramide, ma la sfinge. Solo che il Cigno l'aveva persa e se ne era fatta disegnare un'altra qualsiasi che avesse a che fare con l'Egitto. Non ricordando più quale effigie ci fosse nel mazzo originale aveva detto a un suo amico pittore: fa' un po' tu… Anche questo me l'aveva spiegato von Born, da chi l'avesse appreso non lo disse, magari da Mozart stesso. Io so solo che lui è uno scienziato, un geologo, studioso delle pietre. Quelle vere, che spiegano come funziona la terra senza scomodare misteri.

Ora si sentiva solo il rumore della pioggia che però andava scemando. Lui mi guardò fisso, mi strinse la mano con tutte e due le sue ma senza aggiungere più nulla. Si voltò e lo guardai sparire in un attimo dietro l'angolo.

Ma io avevo deciso che invece i ritorni c'entravano con la vita. E che questa forse è la nostra speranza di eternità. Tornare non per rimpiangere il passato ma per rivivere noi nei luoghi, nonostante il tempo. Perché il nostro amore ha bisogno di legami, ancore con la punta rigirata verso il cielo, non di tempo che sfugge.

Ecco perché ora sono qui. Con questo calice di mosto che mi sono fatto dare da Manfred e con la luna che si è abbassata su un orizzonte opaco dei vapori rilasciati dall'erba. Ma il cielo è ormai libero dalle nuvole. È un ritorno anche il suo.

Il mio amico Karl mi ha raccontato che il maestro ebbe l'idea di uno dei quartetti dell'*Opera 59* una notte in cui camminando sui prati di Baden si fermò proprio a guardare un cielo sgombro di nubi come questo, e la volta stellata gli parve talmente limpida da sembrare vicina, gli sembrò che cantasse e quella, disse, era la musica delle sfere di cui parlavano i filosofi.

Mi piace chiamarlo il quartetto del cielo e spero che il principe Razumovsky cui è dedicato non se ne avrà a male visto che con questa definizione salgo un po' più in alto rispetto alla vanità umana.

Karl dice anche che nell'adagio Beethoven abbia voluto rappresentare il brillio tremolante degli astri, al confronto dei quali l'uomo percepisce la propria pochezza, la propria insignificanza.

Io non sono d'accordo. Lui oggi pomeriggio mentre spirava ha alzato la mano verso il cielo. Non ero ancora arrivato ma chi era lì mi ha detto di questa sua risposta al temporale. Lui con quella mano alzata non sfidava la morte ma gridava ancora per l'ultima volta che non si arrendeva al dolore. Che il dolore non ha mai l'ultima parola, neanche al momento del trapasso. Che Qualcuno vede e poi chissà, forse raccoglierà quella mano che per l'ultima volta si alza e cade.

Cosa importa in fondo all'uomo della musica delle sfere se pensa che dietro al suo dolore c'è solo il nulla, quale consolazione può dargli l'idea che il mondo è un orologio perfetto se nessun orologiaio ha contato i suoi capelli[11]?

A me non interessa il titano che avrebbe sfidato il Cielo. No. Neanche la maschera dell'uomo arrogante, a tratti volgare, irascibile, misantropo che chi non lo conosceva sovrappone al suo volto.

Mi interessa il gigante fragile che non voleva le lodi ma sperava di essere amato.

Il lottatore, che si è battuto per anni, ostinato come un mulo, per avere con sé un nipote scapestrato, segno imperfetto di una paternità che desiderava più di ogni altra cosa.

L'uomo ingobbito, esiliato dai suoni del mondo che abbiamo rigirato a forza verso il pubblico perché vedesse l'applauso e lo sventolio di fazzoletti che celebravano la sua ultima insuperabile sinfonia.

Il compositore che un giorno mi ha detto: «Tutto quello che faccio, a parte la musica, è stupido e mal fatto», mentre sedeva su un divano impolverato e di fronte a sé su una sedia c'erano i piatti ancora pieni degli avanzi della cena precedente.

Il malato che ho soccorso un pomeriggio, seduto con le gambe molli fuori dal letto, lo sguardo assente e umiliato davanti al pavimento della sua stanza inondato dallo spurgo del suo ventre idropico e percorso da scarafaggi immondi.

Il visionario dell'ultima sonata per pianoforte che, su un tappeto di trilli, si consegna alla fantasia dell'ascoltatore, libero di sovrapporci i suoi pensieri.

Il mistico che rileggendo il testo del *Credo* della *Messa* ha pianto, commuovendosi come la più ingenua delle beghine.

11. Riferimento a Matteo 10,30.

E io proverò a mantenere nei miei occhi tutto questo.

Di quest'uomo deve scrivere Franz. Di tutta la sua verità dovrà dire al funerale quando leggerà l'orazione che sta ultimando qui, a pochi passi da me, dentro la locanda di Manfred.

Gli ho dato quel foglio, i passi del testamento del Maestro che nessuno oltre a me e Queenia ha mai letto, e che da quei giorni lontani abbiamo tenuto in casa nostra non come una reliquia ma come il segno di come sia grande l'uomo quando chiede perdono e annulla ogni finzione, si sbarazza della maschera e lascia che gli altri possano guardarlo. In trasparenza. Questo fa grande l'uomo. Una sincerità totale in un'aderenza assoluta al suo Io reale, che come per grazia si è riversata intatta nella sua musica.

Mi alzo ora e mi incammino a passi lenti verso la locanda. I grilli si sono addormentati.

E lo vedo in piedi sotto la pergola, Franz. Deve aver finito, credo. C'è Manfred davanti a lui. Appoggiato alla balaustra e fuma, la solita camicia a scacchi e un gilet di raso. Dovrà sbarbarsi meglio domattina, vorrei dirgli, perché gli voglio bene. Ma mi limito a restituirgli il calice.

Mi dice: «Puoi entrare. Ma fa' piano. Mi pare che dorma».

Il piccolo Ludwig si è addormentato sul seno della mamma succhiandone il latte. Io mi fermo lì davanti, facendo attenzione a non far rumore. Lui di tanto in tanto dischiude le labbra continuando a suggere e i suoi occhi sono come due piccole fessure ancora troppo sottili per far entrare il mondo. Lei mi guarda e mi dice sottovoce: «Poi dobbiamo tornare sotto la quercia. Appena si sarà addormentato». Dalla sacca sulla sedia alla sua destra spunta l'ancia del clarinetto.

Finito di stampare
nel mese di novembre 2020
presso Print on web s.r.l.
Via Napoli, 85 – 03036 Isola del Liri (FR)
per conto di
Fazi Editore